2019年度教育部哲学社会科学研究重大课题攻关项目「更好发挥审计在党和国家监督体系中的重要作用研究」(19JZD027)研究成果；2022年度江苏省法学会法学研究课题「新《审计法》背景下深化审计体制改革研究」(SFH2022B02)研究成果。

审计法的理论与制度实现

以《审计法》的修正为背景

THE THEORY AND SYSTEM REALIZATION OF AUDIT LAW
Taking the Amendment of Audit Law as The Background

胡智强 著

北京大学出版社
PEKING UNIVERSITY PRESS

图书在版编目(CIP)数据

审计法的理论与制度实现：以《审计法》的修正为背景／胡智强著. —北京：北京大学出版社，2022.7
ISBN 978-7-301-33100-2

Ⅰ.①审… Ⅱ.①胡… Ⅲ.①审计法—研究—中国 Ⅳ.①D922.274

中国版本图书馆 CIP 数据核字(2022)第 103920 号

书　　　名	审计法的理论与制度实现——以《审计法》的修正为背景 SHENJIFA DE LILUN YU ZHIDU SHIXIAN——YI《SHENJIFA》DE XIUZHENG WEI BEIJING
著作责任者	胡智强　著
责 任 编 辑	陆建华　陆飞雁
标 准 书 号	ISBN 978-7-301-33100-2
出 版 发 行	北京大学出版社
地　　　址	北京市海淀区成府路 205 号　100871
网　　　址	http://www.pup.cn　http://www.yandayuanzhao.com
电 子 信 箱	yandayuanzhao@163.com
新 浪 微 博	@北京大学出版社　@北大出版社燕大元照法律图书
电　　　话	邮购部 010-62752015　发行部 010-62750672 编辑部 010-62117788
印 刷 者	大厂回族自治县彩虹印刷有限公司
经 销 者	新华书店
	965 毫米×1300 毫米　16 开本　19.5 印张　313 千字 2022 年 7 月第 1 版　2022 年 7 月第 1 次印刷
定　　　价	68.00 元

未经许可，不得以任何方式复制或抄袭本书之部分或全部内容。
版权所有，侵权必究
举报电话：010-62752024　电子信箱：fd@pup.pku.edu.cn
图书如有印装质量问题，请与出版部联系，电话：010-62756370

前　言

　　我国审计监督有着悠久的历史,审计监督制度长期与国家政治制度(主要是御史监察制度)融为一体,成为统治者强有力的工具。近代以来,任何一个国家,不管是何种政治结构都离不开一定的税收和财政制度,这就需要专门的监督机制和相应的部门法,审计法便应运而生。现代审计制度与中国古代审计监督制度的根本差别在于,现代审计制度自14世纪初在英国萌生时就是作为宪法制度的一项内容而存在的,它以市场经济为基础,将经济监督作为民主政治的核心,实现对国家征税权和政府财政支出的监督。

　　随着现代政府财政活动范围的不断扩张,审计监督成为一个综合性的经济监督,国家审计的职能向多元化发展。审计监督逐渐渗透到组织微观治理和市场经济领域,内部审计和社会审计得行其道,促成了国家审计、内部审计和社会审计之间的融合发展。至此,审计监督具有了更加系统化的治理价值。《中共中央关于全面推进依法治国若干重大问题的决定》将审计监督纳入科学有效的权力运行制约和监督体系的系统工程,努力构建集中统一、全面覆盖、权威高效的审计监督体系,更好发挥审计在党和国家监督体系中的重要作用。[①]

　　1982年宪法确立现行审计监督体制,是我国审计法治现代化转型过程中第一次质的飞跃。宪法性审计法条文为我国审计法治的发展提供了根本保障,审计立法从此步入快车道。1995年1月1日起施行的《中华人民共和国审计法》(以下简称《审计法(1995)》)及其2006年的首次修正(修正后简称为《审计法(2006)》),是我国审计法治现代化转型中的第二

---

① 参见《习近平:更好发挥审计在党和国家监督体系中的重要作用》,载中国经济网(网址:http://views.ce.cn/view/ent/201805/25/t20180525_29243632.shtml),访问日期:2022年6月29日。

次飞跃，从此，以宪法和审计法为核心，包括审计行政性法规、地方性审计法规、部门审计规章和各种规范性文件在内的不同层级的审计法律制度构成了层次分明、结构清晰、形式统一的具有中国特色的审计法律制度体系。至此，我国的审计工作已基本上做到了有法可依。新时代全面依法治国战略启动了我国法治建设的新征程，促成了2021年审计法的修正（修正后简称《审计法（2021）》），此次修正成为我国审计法治发展史上的第三次飞跃。它总结了自2006年修正以来16年间我国审计实践和理论研究的最新成果，对于推动审计法治再上新台阶具有极重要的意义。

审计法的立法与实施受国家法律文化、法治发展程度和相关配套制度等内外部因素的影响。同时，审计法的立法与实施也会对国家政治、社会制度产生多方面的深远影响。2021年我国第二次修正《审计法》有以下特点：第一，虽然属于法的局部修正，但是条款变化不少。条文从54条增加到了60条，满足了审计实践对审计立法的需求。第二，将内部审计和社会审计的有关内容纳入审计法治进行总体考量，拓宽了审计法所调整的社会关系范围，审计法的作用在加强。第三，将新时代审计实践中的一系列制度创新进行了法律确认，将审计制度改革成果法治化。

《审计法（2021）》的十大制度亮点是：(1)创设中央审计委员会制度，坚持中国共产党对审计工作的领导。(2)适应党和国家监督体系发展的需要，构建集中统一、全面覆盖、权威高效的审计监督体系。(3)适应新时代国家治理体系现代化发展的需要，拓展审计监督范围，提升审计在维护国家经济社会安全方面的作用。具体体现在以下方面：审计机关对其他关系国家利益和公共利益的重大公共工程项目的资金管理使用和建设运营情况进行审计监督；将国有资源、国有资产、公共资金纳入审计监督范围；在原审计法对国有资本占控股地位或者主导地位的企业、金融机构进行审计监督的基础上，增加了审计机关为维护国家经济安全和公共利益对其他金融机构进行审计监督的内容；规定了审计机关就经济社会运行中的风险隐患履行信息披露的法定义务。(4)发挥审计对促进国家重大决策部署落实的保障作用，将贯彻落实国家重大经济社会政策措施情况审计正式上升为法律制度。(5)适应数字治理时代新趋势，彰显审计法的数据法价值属性，增加了审计机关对取得的电子数据等资料进行综合分析，国家政务信息系统、数据共享平台和被审计单位信息系统开放等有关方面的内容。(6)强化审计监督的权威，扩大审计机关的职责、权限及其实现方式，特别规定了领导干部经济责任审计和自然资源资产离任审的内容。(7)提高了审计队伍建设的法治化要求。在高素质专业化审计队伍、审计人员履职守法情况监督、依法独立履职、审计保密义务、禁止要求被审计单位重复履行义务等方面提出了更高的规范化目标。(8)将内部审计和社会审计法治化发展的有关内容纳入审计法治建设,提高了审计监督系统化发展的水平。(9)审计整改制度首次在审计法中获得了应有的法律地位。(10)对中国人民解放军和武装警察部队的审计工作以及国家审计与军队审计联合审计作出了规定。

这些内容也是我国审计法区别于他国审计法的地方,即具有鲜明的中国特色,体现了立法的创新和中国智慧。

《审计法(2021)》也存在一些不足,最明显的就是:第一,审计法律程序法治建设相对薄弱,很多审计程序因缺乏必要的时限性规定而显得不够严谨,看上去是"留有余地",实际上既不利于提高审计质量,也不利于规范审计执法行为。第二,依然没有涉外审计方面的相关规定,对国家海外经济活动的安全关注不够。第三,未能完全体现审计法作为数据和信息处理专门法的特征,无论是在总体思想还是在具体制度方面对大数据时代的深刻影响不够。这些不足之处势必影响审计监督的效果,需要补齐短板、统筹推进。

《审计法(2021)》在我国审计法治史上具有重要的意义:第一,推进审计立法体系化。以本次修改为契机,我国的审计立法将进入更加系统、完整的体系化发展阶段。第二,完善权力监督法律体系,有效提升国家监督体系的现代化。第三,有利于审计自由裁量权的规范运行,提升依法审计的水平。

现代法治的核心在于规范公权,要害是规范政府的经费收支使用过程,审计法具有独一无二的价值。法律一旦公布,就需要人们从全部文本的外在语言、逻辑结构去理解和执行。审计法是一个跨学科的部门法域,是一门独立的科学,应当避免意外地成为一个装满杂物的"概念篮子"。密尔说过,法律的每个条款,必须在准确而富有远见地洞察到它对所有其他条款的效果的情况下制定,凡制定法律必须能和以前存在的法律构成首尾一贯的整体。迄今为止,法学仍然是一门(实践)规范性诠释科学或"理解的"科学,以"理解""反思""评价"为其学问之要端。着眼于处理法律事项(法律问题)、采取诠释—评价方式来"寻找法理"的"法学"之代名词。这种法学有时也被称为"严格意义上的法学""单数的法学"或"原本的法学"①。本书正是从法教义学立场出发,坚持问题导向和实用原则,对《审计法(2021)》进行系统化的研究——解读其体系构造和每一个具体制度的实现,在表现方式上采取的是对《审计法(2021)》进行逐条解释与分析评价,在立场上采取整体论方法,力图帮助读者形成对审计法治系统性的理解。

笔者从《中华人民共和国审计法(修订草案征求意见稿)》开始着手研究,因《审计法(2021)》历经了不同立法机关不同程度的修正,立法文本不断变化,本书内容也随之不断更新、修改,最终根据2021年新发布的《审计法(2021)》定稿。由于笔者水平和视野局限,难免存在不准确甚至讹误之处。诚挚恳请学术界和实务界同人批评指正。

胡智强
2022年2月于金陵

---

① 舒国滢:《论法学的科学性问题》,载《政法论坛》2022年第1期。

目　录

第一章　总则 … 001
- 第一条　【本条立法目的】… 001
- 第二条　【国家实行审计监督制度】… 011
- 第三条　【审计机关依法审计】… 019
- 第四条　【审计工作报告】… 023
- 第五条　【审计监督权的独立行使】… 030
- 第六条　【审计职业道德】… 033

第二章　审计机关和审计人员 … 037
- 第七条　【审计体制】… 037
- 第八条　【地方各级审计机构设置】… 040
- 第九条　【审计业务的双重领导】… 043
- 第十条　【审计派出机构】… 046
- 第十一条　【审计机关履职经费保障】… 049
- 第十二条　【高素质专业化审计队伍】… 051
- 第十三条　【审计专业知识和业务能力】… 055
- 第十四条　【影响审计独立性行为禁止】… 059
- 第十五条　【审计监督回避义务】… 062
- 第十六条　【审计监督保密义务】… 065
- 第十七条　【审计执法的法律保护】… 075

第三章　审计机关职责 … 079
- 第十八条　【预算与财政审计监督】… 079
- 第十九条　【审计结果报告】… 083
- 第二十条　【中央银行审计】… 088

第二十一条　【事业组织审计】……………………………………… 094
　　第二十二条　【国有企业与金融机构审计】………………………… 098
　　第二十三条　【政府投资建设项目审计】…………………………… 108
　　第二十四条　【国有资源、国有资产和公共资金审计】…………… 112
　　第二十五条　【国际组织和外国政府援助及贷款项目审计】……… 115
　　第二十六条　【国家重大经济社会政策措施情况审计】…………… 119
　　第二十七条　【其他法定事项审计】………………………………… 123
　　第二十八条　【全面审计和专项审计】……………………………… 127
　　第二十九条　【专项审计调查】……………………………………… 129
　　第三十条　　【经济社会风险隐患披露】…………………………… 133
　　第三十一条　【审计管辖】…………………………………………… 137
　　第三十二条　【内部审计监督】……………………………………… 140
　　第三十三条　【社会审计报告核查】………………………………… 144

第四章　审计机关权限……………………………………………………… 157
　　第三十四条　【资料索取权】………………………………………… 157
　　第三十五条　【国家政务信息系统和数据共享平台开放】………… 163
　　第三十六条　【审计检查权】………………………………………… 165
　　第三十七条　【审计调查权】………………………………………… 168
　　第三十八条　【审计强制措施】……………………………………… 173
　　第三十九条　【规范性文件纠正建议权】…………………………… 179
　　第四十条　　【审计结果披露权】…………………………………… 184
　　第四十一条　【提请协助权】………………………………………… 190

第五章　审计程序…………………………………………………………… 195
　　第四十二条　【审计送达】…………………………………………… 195
　　第四十三条　【审计调查】…………………………………………… 201
　　第四十四条　【审计组审计报告】…………………………………… 203
　　第四十五条　【审计机关审计报告】………………………………… 207
　　第四十六条　【审计决定的变更与撤销】…………………………… 211

第六章　法律责任…………………………………………………………… 218
　　第四十七条　【拒不配合审计的法律责任】………………………… 218

第四十八条　【违反审计强制措施法律责任】…………… 222
第四十九条　【审计处理】…………………………………… 230
第五十条　【审计处罚】……………………………………… 235
第五十一条　【审计决定】…………………………………… 238
第五十二条　【审计整改】…………………………………… 240
第五十三条　【审计行政复议与诉讼】……………………… 244
第五十四条　【审计处理建议与移送】……………………… 249
第五十五条　【财政财务收支违法的刑事责任】…………… 252
第五十六条　【报复陷害审计人员的刑事责任】…………… 254
第五十七条　【滥用审计职权的刑事责任】………………… 256

第七章　附　则 …………………………………………… 264

第五十八条　【领导干部经济责任和自然资源资产离任
　　　　　　　审计法律适用】……………………………… 264
第五十九条　【解放军和武警部队审计法律适用】………… 269
第六十条　【时间效力】……………………………………… 278

附录　审计署关于《中华人民共和国审计法（修订草案征求意见稿）》向社会公布征求意见的通知 …………………… 280

附件1　中华人民共和国审计法（修订草案征求意见稿）……… 281
附件2　关于《中华人民共和国审计法（修订草案征求意见稿）》
　　　　的说明 …………………………………………………… 291

后记 …………………………………………………………… 297

第一章 总　则

第一条　【本条立法目的】

为了加强国家的审计监督,维护国家财政经济秩序,提高财政资金使用效益,促进廉政建设,保障国民经济和社会健康发展,根据宪法,制定本法。

【立法目的】

本条为立法目的条款,对审计法的立法目的和依据进行了规定,《中华人民共和国审计法》(以下简称《审计法》)的立法目的反映了我国审计法立法的基本指导思想,也反映了审计执法和司法的指导原则和基本标准。

【条文解读】

2019年3月15日,国家审计署公布《中华人民共和国审计法(修订草案征求意见稿)》(以下简称"审计署稿"),《审计法(2021)》(以下简称"新法")与"审计署稿"第1条[①]的规定相比,没有采纳"审计署稿"复杂、冗长的表述,而是保留了《审计法(2006)》(以下简称"原审计法")第1条[②]的全部内容,体现了立法者稳中求进的立场。在本次修改中,没有将有关文件或大众媒体关于审计的政治语言直接搬入立法文本,也是立法

[①]　"审计署稿"第1条:"为了加强国家的审计监督,维护国家财政经济秩序,提高公共资金、国有资产、国有资源的使用效益,促进经济高质量发展,促进全面深化改革,促进权力规范运行,促进反腐倡廉,保障国民经济和社会持续健康发展,根据宪法,制定本法。"

[②]　《中华人民共和国审计法(2006)》第1条:"为了加强国家的审计监督,维护国家财政经济秩序,提高财政资金使用效益,促进廉政建设,保障国民经济和社会健康发展,根据宪法,制定本法。"

技术成熟、稳定的具体表现之一。

本条构建了我国审计监督多层次的价值体系,为整个审计法体系提供了依据、指南和思想基础。

任何一个部门法调整的领域都存在复杂的社会关系,因此,一部法律的立法目的条款往往包含多项立法价值。立法者首先要做的就是仔细考量不同立法价值之间的关系与逻辑结构,对法的价值的表述一般可以从两个角度入手:其一是法理角度。例如,审计法的权利、正义、公正、秩序与效率等,这些价值往往是作为深厚的法理蕴含在整个审计法律体系中,而不单单限于《审计法》。即使有特殊,法的价值也不必专门在某个单行法的法条中予以表述。其二是法律视角,将某个单行法视为一个独立的规范体系来考察其各个立法价值如何安放。在作为审计法律体系龙头的《审计法》,必须对体现审计法特质的法的价值进行专门的表达与安排,以求规范并约束整个审计法体系。

我国是成文法国家,强调法律体系在逻辑上的严密、完整和自足,审计立法的科学性首先就要通过合适的立法目的表达,将审计法领域内的法律目的条文进行有机统合,其次,需要将该法的立法目的进行科学地表达并合理编写各条文间的相互关系。① 我国审计法的价值表现为以下几个层次:

1. 监督国家财政是审计法的直接目的

近现代审计制度自诞生开始就是作为权力分工与制衡的国家机器中的一环,以制约权力为己任。审计法制约权力的具体路径就是通过监督财政预算来实现,正所谓"审计是国家财政看门狗"。威廉·普罗克斯迈尔(William Proxmire)在《美国审计总署》一书的序言中,曾精辟地概括了国家审计在美国宪政结构中的地位和作用,即"审计总署对财政预算的监督对于国会顺利地发挥其作用是不可或缺的。没有审计总署和它拥有的审计权与调查权,国会在监督和监察方面就几乎无能为力。而且,审计总署几乎是国会可以用来调整行政部门片面用款要求的唯一机构"②。"审计机关是在宪法层次上唯一被赋予经济监督权,专司经济监督职能的机

---

① 参见胡智强:《从审计法修订看法律价值体系的构建》,载《审计观察》2019年第4期。

② Richard E. Brown, *The GAO—Untapped Sources of Congressional Power*, The University of Tennessee Press, 1970, p. 10.

构。"①因此,"维护国家财政经济秩序,提高财政资金使用效益",作为我国审计法的直接目的,体现了世界审计监督史的基本规律。此外,我国自2006年修改审计法时,将"提高财政资金使用效益"规定为审计法的目的,不仅丰富了国家审计制度的内容,提升了国家审计制度的层次,还为今后开展政府绩效审计提供了直接的法律依据。

新时代《中共中央关于全面推进依法治国若干重大问题的决定》《国务院关于加强审计工作的意见》《关于完善审计制度若干重大问题的框架意见》等一系列文件精神重新规定了我国审计监督的总体目标:对公共资金、国有资产、国有资源实行审计全覆盖,做到应审尽审、凡审必严、严肃问责。这为审计法的修正提供了最深刻的实践基础,也赋予了审计监督以更重要的历史使命。公共资金、国有资产、国有资源实际上是国家财政的实现形式,与"审计署稿"不同的是,新法并没有将"提高公共资金、国有资产、国有资源的使用效益,促进经济高质量发展",直接在立法目的条文中予以表达,是科学、慎重的立法精神的体现。

2. 廉政建设是审计法立法目的的民族化表达

"促进廉政建设"体现了我国国家审计制度权力监督的功能,在立法语言和制度供给上也体现出鲜明的民族特色。"所有政治体制研究的中心是国家性质的问题,而国家研究的中心则是控制和经济责任问题。"②实现全过程民主就必须:"一是选拔具有领袖才干的政治家;二是控制行政部门。"③审计监督作为专业性的权力监督机制,其是否完善已经成为衡量一个国家权力监督机制是否完备的重要标志之一,包括我国在内的很多国家从宪制的高度来审视国家审计制度的构建。但"廉政建设"的立法价值还承载了审计监督制度的民族性内涵,早在西周时期国家审计就已经成为我国监督官员的一项专门工作。《周礼》称:"宰夫之职,掌治朝之法,以正王及三公、六卿、大夫群吏之位。掌其禁令,叙群吏之治。"④我国的国家审计制度从源头开始就重视审计监督制度"临制百司,纠绳不法"的吏治功能——在维护中央集权的同时对官员的政绩和廉洁程度进行考察。但国外审计监督制度却一直是围绕制约王室财政支

---

① 审计署科研所课题组:《论国家审计对权力的监督》,载《审计研究》2003年第5期。
② 〔美〕E. A. Rees. *State Control in Soviet*, Russia. Macmillan Press,1987,p. l.
③ 〔英〕戴维·比瑟姆:《马克思·韦伯与现代政治理论》,徐鸿宾等译,浙江人民出版社1989年版,第120页。
④ 冯绍霆:《周礼·天官·宰夫》,上海古籍出版社2008年版,第134页。

出,而不是直接指向具体的官员考核进行博弈的,两者的制度演进路径存在本质的不同。前者的目的是更好地维护封建皇权,作用主要是任"天子耳目","考稽诸府百官",但后者恰恰相反,因为现代审计立足民主,把国家利益看作最高原则。从另一个角度看,重视"吏治"也正是我国审计制度中的优秀文化遗产,对我国的国家审计制度尤其是其中的经济责任审计制度的衍生和构建有着重要的影响。这也为国家审计从"吏治"的工具或自律性质的权力体系内部的自我监督机制调整为"人民当家作主"时代的国家审计提供了民族土壤。需要指出的是,审计法的立法目的在逻辑上应该是递进式的,即"促进反腐倡廉,促进权力规范运行",如此表达更能体现民族特色与现代政治的衔接。

3. 社会目的是审计法价值的理性拓展

在《审计法(2021)》第 1 条的表述中,"保障国民经济和社会健康发展"是审计法的社会目的。此前,"审计署稿"曾激进地将审计法的社会目的表达为"促进经济高质量发展,促进全面深化改革,保障国民经济和社会持续健康发展",但是未被采纳。笔者认为,"审计署稿"的表达更多地体现了审计人的诉求和语言风格。但是从内容上看,它并没有超出"保障国民经济和社会健康发展"的范围,而是为其所涵摄。从语言风格上看,"经济高质量发展""全面深化改革"等具有鲜明阶段性色彩的经济生活用词,在没有经过严密论证的情况下就直接搬入立法文本也未必妥当。

中共十九大报告指出,国家建设的目标是到 2035 年,社会主义现代化基本实现,国家治理体系和治理能力现代化基本实现;到 2050 年,社会主义现代化实现,同时,国家治理体系和治理能力现代化实现。审计法在其中承载促进经济和社会健康发展的使命,审计法的社会目的体现了新时代的新要求。审计监督之所以能够在国家治理体系和治理能力现代化过程中有更多担当,一个重要的原因是监督财政和促进廉政建设本身就是实现其社会目的的根本途径。此外,本次修改一个重要的指导思想就是国家审计和社会审计、内部审计的一体化发展,而从国家审计和社会审计、内部审计的分工来看,国家审计和一般的经济监督存在本质的不同,社会审计和内部审计一般专注于微观社会领域内的具体目标,"社会审计服务于市场经营主体的审计、鉴证的需要,内部审计则服务于企事业单位的经营管理目标和价值增值的要求,而国家审计制度服从和服务于国家的政治、经济目标,特别是特定时期的政治目标、经济目标和社会发展的其他目标"①。

类似"保障国民经济和社会持续健康发展"的短语,在我国的预算法、消费者权益保护法、反垄断法等诸多立法的目的性条款中屡见不鲜,也需要人们从法的价值属性的正当性和立法技术的角度深入思考。审计法的社会目的必须与其直接目的和根本目的联系起来进行系统解读,才能获得在审计法域应有的内涵,否则容易陷入空洞和抽象。审计法是通过"加强国家审计监督,维护国家财政经济秩序,提高财政资金使用效益"的方式,实现"保障国民经济和社会健康发展"的制度追求,从而区分于其他部门法类似的价值追求。就制度属性而言,审计法在实现社会公共利益方面的作用主要侧重于经济领域,即使赋予其在国家和社会治理体系中更大的作用,也难以脱离其基础职能作用,因此,抽象而遥远的价值诉求看上去"高大全",实际上难以起到应有的指导和规制作用。

我国审计监督制度多元化的价值功能形成了一个有机的整体,审计法的价值体现了审计监督制度不同的功能定位和合理分层,即不仅体现出民族特色,而且符合审计监督制度发展的世界趋势。

【理论分析】

中国现行立法体制是中央统一领导、一定程度分权的多级并存、多类结合的立法权限划分体制,我国特定的部门法在形式上一般都表现为规范数量众多、层次多样。我国审计法律规范形式多样,具体表现为"法""条例""批复""通知""决定""规定""办法"和"准则"等,需要将特定的立法目的作为整个立法活动的基础和出发点,以此指导和约束整个执法和司法活动。从立法技术上看,立法目的一般以条款形式安排在法律文本的开篇或第1条,但也有一些国家根据需要将其安排在后面,并以多个条款的方式存在。现代审计立法大多包含了数个立法价值,我国审计立法同样如此。在我国审计法多元化立法价值背后,有着深刻的政治学和法学理论基础。西方审计监督制度最初植根于"三权分立"这样一种关于国家政权架构和权力资源配置的政治学说之中。1866年6月,英国为限制王权而颁布的《英国国库和审计部法》标志着现代国家审计体制的建立。长期以来,国家审计制度一直就是近代法治和民主政治的产物,国家

---

① 尹平主编:《政府审计理论与实务》,中国财政经济出版社2008年版,第3页。

审计制度伴随本国政治制度的变化而不断发展和创新。直到今天,全球已经出现立法型审计、司法型审计、行政型审计和独立型审计四种基本模式,每一种模式内又可以细分为诸多形态,尽管东西方对政治的基本结构的理解和具体实践存在很大的差异,但制约权力一直是审计监督的核心和主线。

在人类设计的精致的权力制约体系中,审计监督是如何制约权力的?"从本质上讲,审计制度是一种独立经济控制"[①]。早期各国的审计监督显得相对比较单纯——通过对政府收支账目的审计,揭示财政活动中的违法违规行为并向权力机构报告。早期世界各国的审计监督内容与限制王权的现实需求是相适应的,直到今天,这仍然是审计监督的当然内容。生产力和生产关系的矛盾运动日新月异,人类的经济活动日趋广泛和复杂,各个社会领域之间的迭代交错频繁,公权力发挥作用的领域变得极为广泛,特别是"行政国家"的出现和发展使得国家权力进一步深入到人类活动的各个细微之处。审计监督的内容从单纯的经济监督、制约权力向更为复杂和广阔的深层次监督发展,这是全球性的发展规律,即审计法价值向多元化方向发展具有必然性。

新时代审计制度改革是在国家治理体系和治理能力现代化战略的大背景下展开的。通过对财政预算、国家各种类型的资金资产、经济活动、公共政策甚至公共信息的运行情况进行审计监督,实现制约权力、社会治理多元化的价值目标。从2002年党的十六大首次将审计制度纳入权力制约和监督体系开始,到2014年10月《中共中央关于全面推进依法治国若干重大问题的决定》和中共十九大报告,都明确提出:加强党内监督、人大监督、民主监督、行政监督、司法监督、审计监督、社会监督、舆论监督制度建设,努力形成科学有效的权力运行制约和监督体系,增强监督合力和实效。审计法的多元化价值是社会价值的内化和映射,其为新时代全面依法治国战略的实施提供了前所未有的良好的审计法治环境。2020年11月召开的中央全面依法治国工作会议正式提出"习近平法治思想",提出法治国家、法治政府、法治社会一体建设,全面推进依法治国的战略布局,审计法多元化价值体系就是全面推进依法治国战略布局的具体表现。

---

① David Flint, *Philosophy and Principles of Auditing: An Introduction*, Macmillan Education Ltd, 1988, p. 12.

在安排审计法的多元化价值之间的关系时,应当坚持协调有序的立场,区分核心价值和延伸价值,并围绕法的核心价值展开。

第一,要体现特殊法领域的本质,有相应特殊法领域必备的核心内涵。以财政为重心的经济监督始终是审计监督的核心,其余价值围绕该核心价值有机展开。这样的审计法价值体系才足以引领和支持我国审计法中审计机关的职责、权限、审计法律程序和法律责任等板块的具体内容,从而构成完整、连贯的法律体系。

第二,合理安排审计法的延伸价值。任何部门法的价值很少会是单一和孤立的,存在延伸价值的逻辑结构问题。从法社会学的观点看,法的发展在法与社会的互动中实现,法律体系的变化取决于各种主客观因素的影响,并伴随国家社会生活的现代化进程而不断地进行调适。审计法在不同的历史时代会因时代背景的不同获得不同的延伸价值,以互联网为依托的新经济仍然不断地渗透、不断地扩张,成为影响经济、社会发展和国家竞争力核心的因素。"如果从更广阔的视角来观测,互联网经济正在全面地整合社会经济结构,向四个 A 的方向不断地逼近,'Any Where'无论在哪儿,'Any Time'无论何时,'Any one'无论何人,'Any device'无论任何一种装备。"[①]新经济追求新的目标和市场体制,其调整的实质是生产力结构和生产关系的互动模式,对审计监督如何适应国家治理新情况,必然提出更高的要求。近年来,国家对审计监督给予越来越高的期望,审计服务于经济高质量发展、审计维护国家安全等各种对审计监督的"赋能",正是审计监督促进"发展"这一当代中国社会的重大时代主题和现实需求制度价值的具体体现。但法的延伸价值的数量绝不应当太多,应坚持做到与核心价值紧密相关,并通过与核心价值的关联和逻辑接续,获得自己在审计法体系中的内容和地位。

第三,审计法的不同价值表达必须精心提炼为适当的、可以入法的概念,符合法律的严谨与规范,并且与核心价值之间不能轻重失衡。

以审计法价值为统领的整个审计法律体系的规范性和合理性是观察审计法立法水平的一个重要内容。我国《审计法》正在进行最新一轮的修正,审计法的价值表达不仅决定审计法体系的稳定和效率,也决定《审计法实施条例》《国家审计准则》等相关配套立法的统一与完整。申言

[①] 参见刘鹤:《我呼吁大家重新认识新经济》,载网易网(网址:www.163.com/dy/article/GSBM8APN0631G01IB.html),访问日期:2022 年 5 月 10 日。

之,我国审计领域也已基本形成审计法律制度体系,审计工作已基本上做到了有法可依。不同层级的审计法律制度构成了层次分明、协调统一的中国特色审计法律制度体系。审计法价值的合理表达也是审计宪法性规范、审计法律法规、规章、地方性法规和各种规范性文件等整个审计法律体系和法治运行协调统一的基础。"坚持全面推进科学立法、严格执法、公正司法、全民守法,是新时代法治建设的'十六字'方针。"①"由新情境引起的需求和既有结构中反对必要变化的惰性成分之间的冲突。"②抽象存在的法律原则必须进行利益识别、利益整合和利益表达,使其成为具有拘束力的法律规范。审计法立法价值的科学表达决定了整个审计法律体系的科学性,审计法立法价值今后应当在《中华人民共和国审计法实施条例》《中华人民共和国国家审计准则》《党政主要领导干部和国有企事业单位主要领导人员经济责任审计规定》《党政主要领导干部和国有企业领导人员经济责任审计规定实施细则》等法律法规中得到贯彻。审计法立法价值直接影响着审计执法的严格公正,审计监督是促进法治国家、法治政府、法治社会一体化建设最重要的基础。

【立法例比较】

为加强议会对公共资金支出的控制和监督而制定新条款,英国对总审计长的任命和地位作出新规定,建立公共账户委员会和国家审计署,并为促进经济以及政府部门和其他当局机构使用公共资金的效率和效力作出新的规定;修改或废除1866年和1921年《财政审计法》的某些条文,以及为相关规定的落实而制定本法。(1983年《英国国家审计法》第1条)

1993年,美国出台了《美国政府绩效和结果法》,本法案的目的是:(1)让联邦政府机构对完成的项目成果承担完全责任,以提高公众对政府能力的信心;(2)通过制定项目目标、对照目标衡量项目绩效、公开项目进度等一系列尝试,启动项目绩效改革;(3)把改进成果、提高服务质量和顾客满意度作为新的关注点,提高联邦项目的有效性和公共责任感;(4)通过要求他们为实现目标而对项目进行计划,并为其提供有关项目成果和

---

① 李林:《习近平法治思想的核心要义》,载《中国社会科学报》2020年11月23日第4版。

② 〔美〕塔尔科特·帕森斯:《现代社会的结构与过程》,梁向阳译,光明日报出版社1988年版,第184页。

服务质量的信息,以帮助联邦管理者改善服务供给;(5)通过提供更多有关实现法定目标、联邦项目支出相对效果和效率的客观信息,推进国会进行决策;(6)改进联邦政府的内部管理。(1993年《美国政府绩效和结果法》第二部分B)

监察长办公室的目的是作为独立和客观的部门机构对有关活动进行领导和协调,并提供政策建议。第一,提高行政机关对项目和日常工作管理的经济效率;第二,发现并防止在此类项目和日常工作中的欺诈行为以及滥用职权的行为;第三,提供一种手段,使国会和行政机关的负责人能够全面、及时地了解到在对上述行政机关的项目和日常工作进行管理时存在的问题,并及时采取纠正措施。(1978年《美国监察长法》第2条)

审计法院受托审查和确认总务局及所有对公共财政负有责任的会计人员的账目,必须确保没有超出预算支出项目,且没有被转移。审计法院还监督与征收国家税收有关的业务负责检查各个国家主管部门的账目,并收集所有信息和会计文件。国家的一般账目将根据审计法院的审查意见提交给众议院。法律可以规定审计法院审查社区和地区的公共机构的预算及账目。(1831年《比利时王国宪法》第116条)

会计检查院依照《日本宪法》第90条的规定,检查国民收入和支出的账目,并依法进行会计检查。会计检查院不断进行会计检查,监督会计,并对其工作适当性进行调整更正。会计检查院应从准确性、合法性、效率性和有效性等角度进行检查。会计检查院根据检查结果确认国民收支结算。(1947年《日本会计检查院法》第20条至第21条)

本法规定了与中央行政机关、地方政府和公共机构的自我审计组织的组成和运作有关的基本事项,以及建立有效审计系统所必需的事项。它旨在为公共机构的内部控制体系做出贡献,并确保公众的适当性、公正性和责任感。(1963年《韩国审计监查院法》第1条)。

国外立法评析:以上内容笔者分别选取了立法型、司法型、独立型和行政型审计的代表国家的国家审计立法目的条款,通过比较不难得出如下结论:第一,它们更重视审计监督制度的直接目的的科学表达,将社会目的作为审计法重要立法目的的情况并不多见;第二,从理性出发,更重视审计监督的专业技术特征,对绩效审计有明确的诉求;第三,在立法技术上十分注意法律术语的专业性、规范性和严谨性,抽象的政治术语直接进入法条的现象极为少见。

【案例与实践】

<h3 style="text-align:center">习近平主持召开中央审计委员会第一次会议①</h3>

2018年5月23日,习近平总书记主持召开中央审计委员会第一次会议,发表重要讲话。习近平总书记在讲话中指出,审计是党和国家监督体系的重要组成部分。审计机关成立30多年来,在维护国家财政经济秩序、提高财政资金使用效益、促进廉政建设、保障经济社会健康发展等方面发挥了重要作用。特别是党的十八大以来,为促进党中央令行禁止、维护国家经济安全、推动全面深化改革、促进依法治国、推进廉政建设等作出了重要贡献。习近平总书记指出,审计机关要坚持以新时代中国特色社会主义思想为指导,全面贯彻党的十九大精神,坚持稳中求进工作总基调,坚持新发展理念,紧扣我国社会主要矛盾变化,紧紧围绕统筹推进"五位一体"总体布局和协调推进"四个全面"战略布局,依法全面履行审计监督职责,促进经济高质量发展,促进全面深化改革,促进权力规范运行,促进反腐倡廉。

习近平总书记指出,要深化审计制度改革,解放思想、与时俱进,创新审计理念,及时揭示和反映经济社会各领域的新情况、新问题、新趋势。要坚持科技强审,加强审计信息化建设。要加强对全国审计工作的领导,强化上级审计机关对下级审计机关的领导,加快形成审计工作全国一盘棋。要加强对内部审计工作的指导和监督,调动内部审计和社会审计的力量,增强审计监督合力。要拓展审计监督广度和深度,消除监督盲区,加大对党中央重大政策措施贯彻落实情况跟踪审计力度,加大对经济社会运行中各类风险隐患揭示力度,加大对重点民生资金和项目审计力度。

习近平总书记要求,努力构建集中统一、全面覆盖、权威高效的审计监督体系,更好发挥审计在党和国家监督体系中的重要作用。

案例启示:习近平总书记的讲话从新时代党和国家工作全局出发,深刻阐述审计工作的重要作用,就进一步改进审计监督、深化制度改革、加强自身建设、提升监督效能作出了具体部署,为审计事业发展注入了思想和行动的力量。

---

① 《习近平主持召开中央审计委员会第一次会议》,载中华人民共和国中央人民政府网(网址:http://www.gov.cn/xinwen/2018-05/23/content_5293054.htm),访问日期:2022年3月28日。

第二条 【国家实行审计监督制度】

国家实行审计监督制度。坚持中国共产党对审计工作的领导,构建集中统一、全面覆盖、权威高效的审计监督体系。

国务院和县级以上地方人民政府设立审计机关。

国务院各部门和地方各级人民政府及其各部门的财政收支,国有的金融机构和企业事业组织的财务收支,以及其他依照本法规定应当接受审计的财政收支、财务收支,依照本法规定接受审计监督。

审计机关对前款所列财政收支或者财务收支的真实、合法和效益,依法进行审计监督。

【立法目的】

本条共4款,本条第1款确立了中央审计委员会在我国审计监督制度中的领导地位。本条第2款对我国审计机关的设立进行了规定。本条第3款对我国审计监督的客体进行了规定。本条第4款对我国审计监督的内容进行了规定。

【条文解读】

本条第1款首先对国家实行审计监督制度进行规定,"国家实行审计监督制度"是宪法关于审计制度的规定在审计法领域的落实。"**坚持中国共产党对审计工作的领导,构建集中统一、全面覆盖、权威高效的审计监督体系。**"这是对我国中央审计委员会制度和审计监督体系化建设目标的规定,也是本次修改新增的内容。2018年3月,中共中央印发的《深化党和国家机构改革方案》明确提出:为加强党中央对审计工作的领导,构建集中统一、全面覆盖、权威高效的审计监督体系,更好发挥审计监督作用,组建中央审计委员会,作为党中央决策议事协调机构。本条对此进行了法律确认,将中央审计委员会的会议精神、党的决策转化为法律条文。今后,我国审计监督的发展方向在于从三个方面加强审计制度的体系化建设:集中统一、全面覆盖、权威高效。集中统一是从审计监督制度体系的角度而言的,全面覆盖是从审计监督客体的角度而言的,权威高效是从审计监督的过程和效果而言的。

"集中统一、全面覆盖、权威高效"首先体现在"**坚持中国共产党对审**

计工作的领导"上,具体的就是中央审计委员会制度的实施,这是本次修改最为重要的内容。① 2018 年,中央审计委员会及省市各级审计委员会陆续成立,这是国家审计机制的重大变革,开启了我国国家审计机制的转型和新发展。中央审计委员会制度的实行导致我国审计监督体系、结构、法律关系的性质等诸多方面发生前所未有的变化。中央审计委员会制度实施后,我国的审计监督体制出现了两个根本性的转变,这成为重构我国整个审计监督体制的政治基础。

第一,中央审计委员会对审计机关的领导体制。各级审计委员会办公室设在同级审计机关,各级审计委员会与同级审计机关之间是领导和被领导的关系,重大事项由审计委员会审议决定。

第二,中央审计委员会对地方各级审计委员的领导体制。我国地方各级审计委员会贯彻执行中央审计委员会的决定,上级审计委员会领导下级审计委员会。"可以乐观地预期,中央审计委员会新主导机制,为国家审计机制转型奠定了新的良好基础:在《宪法》框架内实现改良,对当前的政府行政型国家审计体系实施改良。"②

本条第 2 款进一步对审计机关的设立进行了规定。《中华人民共和国宪法》(以下简称《宪法》)第 109 条规定:"县级以上的地方各级人民政府设立审计机关。"《中华人民共和国地方各级人民代表大会和地方各级人民政府组织法(2022)》第 79 条第 2 款也规定,县级以上地方各级人民政府设立审计机关。本条第 2 款的规定,承接了宪法的有关内容,从审计法的角度为我国各级人民政府设立审计机关提供了直接的法律依据。

本条第 3 款对我国审计监督的客体进行了规定。《宪法》第 91 条第 1 款③对审计监督的客体的规定一般称为"两个收支"。本条从法律角度进一步将"两个收支"进行了细化,明确审计机关对"两个收支"和有关经济活动的真实、合法、效益情况进行监督。与 2019 年 3 月 15 日"审计署稿"相比,本次修正没有将审计全覆盖的内容直接写入《审计法》,而是在我国《审计法实施条例》或《国家审计准则》的修订中予以解决,合理地处理了

---

① 与"审计署稿"相比,本次修正没有直接出现"中央审计委员会"的提法,体现了立法的科学性和严谨性。

② 王立彦:《国家审计体系:中央审计委员会机制下的转型》,载《财会月刊》2019 年第 10 期。

③ 《宪法》第 91 条第 1 款规定:"国务院设立审计机关,对国务院各部门和地方各级政府的财政收支,对国家的财政金融机构和企业事业组织的财务收支,进行审计监督。"

我国各个层级的审计立法之间的关系。

【理论分析】

　　1. 党政双察型审计

　　我国《宪法》序言规定了党对民主法治和社会主义各项事业的领导,这为加强党对审计制度的改革提供了根本依据。在审计监督领域,中央审计委员会制度一方面加强了党对审计工作的领导,另一方面也加强了审计监督的权威性和独立性,体现了我国审计制度的创新。本条体现了中国特色的审计体制创新。世界各国的政府审计机制一般被归结为四种模式:立法型、司法型、行政型和独立型。本次修正后,我国的审计体制既不是立法型审计、司法型审计和独立型审计,也不再是单纯的行政型审计体制。我国的行政型审计体制由此转变和确立为"党政双察型"综合审计监督体制,从此走上了一条新的审计监督的发展道路。藉此,新时代提高了审计监督的政治站位及其在国家治理体系中的地位。今后,需要通过立法进一步明确"重大事项"的具体内容、审计委员会与审计机关两套体系之间的职责分工、相互衔接与配合的法定程序。

　　2. 审计监督的集中统一

　　由于国家之间政治体制、法律文化等诸多方面存在不同,有些国家为了强调审计独立性,不仅审计独立于任何党派,而且各级审计机关之间也不存在领导与被领导的关系,这种做法与我国大相径庭。我国审计监督模式的发展方向就是集中统一、全面覆盖和权威高效。审计监督的集中统一表现在以下四个方面:第一,党的领导与审计监督之间的关系,我国不采取有审计监督历史以来即存在的审计独立于党派的做法,而是将党的领导与审计制度紧密结合起来。第二,中央审计委员会与地方各级审计委员之间纵向的领导与服从关系,这种关系本质上是上下级党组织之间的关系。第三,从中央到地方各级审计委员会之间横向上的领导和被领导关系,这种关系本质上是党组织与审计机关之间的关系。第四,国家审计、社会审计和内部审计三者之间的相互关系,由于国家审计、社会审计和内部审计具有完全不同的法律属性,在调整对象、立法模式、内容和法律调整的方式与效果上完全不同,因此,国外强调三种审计各自独立发展,社会审计和内部审计属于意思自治范围,国家审计以购买服务和统一适用审计准则的方式实现资源整合,提高审计监督效果。在我国,审计法明显加强了国家审计、社会审计和内部审计三者之间的统筹协调。我国不仅以购买服务和统一适用审计准则的方式实现资源整合,还直接在统一审计体制、统一审计立法、协调审计组织体制等方面实现资源整合,本次修法还专门对"内部审计和社会审计"与政府审计之间的统筹协调作出了具体的规定。

3.审计监督的全面覆盖

(1)从文件到立法:审计全覆盖的提出

审计全覆盖是新时代社会发展对审计实践提出的要求,2014年1月,李克强总理在听取审计署的年度工作汇报时指出,审计监督是国家监督体系的重要组成部分,肩负着维护财政经济秩序、提高公共资金使用效益、促进廉政建设、为经济社会健康发展提供保障的重大职责。要实现审计全覆盖,凡使用财政资金的单位和项目,都要接受监督。[①] 2014年10月9日,国务院颁布的《国务院关于加强审计工作的意见》(国发〔2014〕48号)明确要求,"对稳增长、促改革、调结构、惠民生、防风险等政策措施落实情况,以及公共资金、国有资产、国有资源、领导干部经济责任履行情况进行审计,实现审计监督全覆盖"。2014年10月23日,党的十八届四中全会通过的《中共中央关于全面推进依法治国若干重大问题的决定》再次强调,"对公共资金、国有资产、国有资源和领导干部履行经济责任情况实行审计全覆盖"。2015年12月8日,中共中央办公厅、国务院办公厅印发了《关于完善审计制度若干重大问题的框架意见》(中办发〔58号〕,以下简称《框架意见》),把"实行审计全覆盖"列为完善审计制度的8项主要任务中的首要任务,并在其配套文件《关于实行审计全覆盖的实施意见》(以下简称《实施意见》)中进一步明确了实施审计全覆盖的目标、原则、任务和方式方法。

在本次审计法修正的过程中曾将《实施意见》中的有关内容直接写入"审计署稿"文本[②],最终《审计法》没有采纳。这样做既保证了立法的科学、严谨,也与宪法关于审计监督"两个收支"的规定相一致。

[①] 参见《李克强:加强依法审计实行全覆盖监督切实看住管好公共资金》,载中国共产党新闻网(网址:http://cpc.people.com.cn/n/2014/0110/c64094-24076726.html),访问日期:2022年5月22日。

[②] "审计署稿"第3条规定:"国家机关、人民团体、国家的事业组织、国有和国有资本占控股地位或者主导地位的企业(含金融机构),其他管理、分配和使用公共资金、国有资产、国有资源的单位,以及其主要负责人,属于审计机关的审计对象,依照本法规定接受审计监督。

审计机关对前款所列单位财政收支、财务收支和有关经济活动的真实、合法、效益情况,其主要负责人履行经济责任、自然资源资产管理和生态环境保护责任情况,以及其他依照本法规定应当接受审计的事项,依法进行审计监督。"

（2）审计全覆盖的内涵

关于审计全覆盖的含义，在理论和实践中有不同的理解。有观点认为全覆盖应做到"横向到边、纵向到底"的立体全覆盖，体现全面性，不留任何死角；有观点认为审计全覆盖是审计对象的全覆盖，或审计内容的全覆盖；还有观点认为应从资金、项目、单位、政策、权力、人员等不同视角来探讨全覆盖。《实施意见》中"审计全覆盖"的含义是"通过在一定周期内对依法属于审计监督范围的所有管理、分配、使用公共资金、国有资产、国有资源的部门和单位，以及党政主要领导干部和国有企事业领导人员履行经济责任情况进行全面审计，实现审计全覆盖，做到应审尽审、凡审必严、严肃问责"。

笔者认为"审计全覆盖"的含义是：

第一，特指国家审计的全覆盖。国家审计是国家审计机关根据法律授权实施的，是党和国家监督体系的重要组成部分，具有法定性、独立性、全面性和专业性等特征。这是社会审计、内部审计或者其他形式的审计所没有的特征，而内部审计机构开展的内部审计、社会审计组织的财务报表审计、环境部门的环境保护责任审计、农业部门的农业资金审计、国有资产监督管理部门的出资人审计等都不属于国家审计的范畴。审计机关可根据需要向社会购买服务，同时建立国家审计与其他部门审计的协调配合机制，以便实现国家审计全覆盖。

第二，审计机关全面履行审计职责。凡是属于法律法规规定审计机关审计职责范围内应该审计的对象和内容都要进行审计，做到"应审尽审、凡审必严、严肃问责"。对审计对象来说，审计全覆盖意味着凡是属于审计监督职责范围内的单位和个人都要接受监督，都关进审计监督的笼子里，没有例外，不留禁区和盲区。审计全覆盖的范围和对象为公共资金、国有资产、国有资源、领导干部经济责任履行情况，这体现了国家审计全面性的特征。在全覆盖周期内，按照《实施意见》的要求，根据审计对象重要性的不同采取不同的审计监督力度。按照审计监督力度强弱的不同可以分为五类：一是对重大政策措施、重大投资项目、重点专项资金和重大突发事件开展跟踪审计；二是对重点部门、单位要每年审计；三是非重点部门、单位1个周期内至少审计1次；四是对重点地区、部门、单位以及关键岗位的领导干部任期内至少审计1次；五是对问题多、反映大的单位及领导干部要加大审计频次。需要注意的是，领导干部任期与审计全覆盖的周期是按照经济责任审计立法的具体规定执行。

第三，中央审计委员会制度建立以后，为实现审计监督的全覆盖必须处理好:加强党的建设与从严治党、发挥审计监督的职能作用、党政领导干部经济责任审计创新、强化党内监督与国家审计监督、权力制约与经济监督之间的逻辑关系。为此,需要进一步在宪法层次上研究其依据,并协调相关立法内容。此外,中央和地方各级审计委员会是决策议事协调机构,为更好地发挥其与各级审计机关之间的关系,还需要对"审计领域的重大事项"进行讨论研究,以进一步厘清审计监督中纵向和横向关系的内涵、职责与分工边界,提高监督的权威性和效力性。①

(3)审计全覆盖与宪法有关规定之间的紧张关系

《宪法》第 91 条第 1 款②对审计监督的客体的规定是"两个收支",本条第 2 款严格遵循了宪法关于审计监督边界的理解。这样,我国新时代关于审计全覆盖的内容就没有体现在审计之中,反映了审计全覆盖与宪法规定的不一致。只有深入研究"审计全覆盖"与宪法关于审计监督"两个收支"的关系,审计监督才能更好地发挥作用。此外,我国一般将审计分为合规审计和绩效审计,本条关于"真实、合法、效益"审计的表述为其分别提供了法律依据,但是严格意义上讲,审计监督对"效益"的关注还不是真正的绩效审计,应当在立法中明确使用"绩效"的提法,为今后开展绩效审计提供空间。值得注意的是,一些发达地区的审计立法已经较好地解决了这一问题。③

【历史与现实】

百年党史视域下的审计监督制度概略

我国具有悠久的审计监督史,为近现代审计监督制度的演进提供了

---

① 参见杨肃昌:《对组建中央审计委员会的几点认识》,载《财会月刊》2018 年第 20 期。

② 《宪法》第 91 条第 1 款规定:"国务院设立审计机关,对国务院各部门和地方各级政府的财政收支,对国家的财政金融机构和企业事业组织的财务收支,进行审计监督。"

③ 自 2011 年 5 月 1 日起施行的《江苏省审计条例》第 3 条第 2 款规定,审计机关应当依据法律、行政法规和本条例规定的权限和程序,对被审计单位的财政收支、财务收支的真实、合法、效益和主要负责人的经济责任进行审计监督。其第 4 条更进一步明确规定,审计机关应当加强绩效审计,对被审计单位配置、使用、利用财政资金和公共资源的经济性、效率性和效果性进行审计评价。审计机关可以将绩效审计结果向本级人民政府报告。绩效审计结果可以作为本级人民政府及其有关单位改进决策以及管理的参考依据。自 2001 年 6 月 1 日起施行,2019 年 4 月 24 日修正的《深圳经济特区审计监督条例》第 5 条也明确,审计机关应当加强绩效审计监督,促进提高财政资金的使用效益。

很好的血脉。在党的领导下,审计监督制度不仅继承了优秀的审计监督传统,更结合现实的需要因时而变,为审计监督全面发展积累了丰富的经验。

1. 新民主主义时期审计监督的初步尝试

在建党初期,我国十分注重监督制度建设,核心是"治党",目的是应对自身发展需要和外部革命环境。1927年,中共五大选举产生了中国共产党历史上第一个党的监察机关——中央监察委员会,同时在"中央领导机构中,设立了中央审计委员一职"①。但此时的审计仅是监察委员会总体职能的一部分,并不独立建制。1928年,中共六大将中央监察委员会撤销,改设中央审查委员会,审计又仅作为中央审查委员会的一项职能而存在,内容也简化为只负责"各级党部之财政、会计及各机关的工作"②。党领导下的审计制度始建于第二次国内革命战争时期,并伴随苏维埃政权的巩固走向体系化。③ 1931年11月7日,中华苏维埃第一次全国代表大会建立专门的审计机构。1933年9月15日,中央审计委员会成立。1934年1月22日,中华苏维埃第二次全国代表大会召开,审计在苏维埃政府中的地位和权限得以进一步提高和扩大,从财政辅助历经"财审合一"到"财审分离",审计开始独立建制和发展。1934年2月17日通过的《中华苏维埃共和国中央苏维埃组织法》明确规定,在中央执行委员会之下设立直属中央执行委员会的审计委员会,进一步增强了审计机构的独立性和权威性。但这一时期部分地区(如鄂豫皖革命根据地)因为处于革命时期,审计并没有独立建制,依然在监审合一状态中负责经济监督——应对根据地财政困难问题,防止贪污浪费,保障生存和发展。抗日战争和解放战争时期,党领导下的监察与审计工作总体上是前期制度的延续,尽管各个根据地和解放区政治与财政经济条件不同,但为了应对全面抗战,并未在各级政权机构实行专门的审计制度,多依靠民主代议机构发挥作用。④ 解放战争时期由于紧张的环境

---

① 李金华主编:《中国审计史(第二卷)》,中国时代经济出版社2004年版,第263页。
② 《中国共产党党章(1928)》第43条。
③ 参见汪德华、侯思捷、张彬斌:《中国共产党领导的国家审计:百年历程与发展启示》,载《财贸经济》2021年第7期。
④ 参见李春峰:《中国共产党行政监察体制的百年进程与现实启示》,载《齐鲁学刊》2021年第3期。

导致审计体制变化频繁①,根据战争环境与根据地建设的需要,审计机构时而独立运行,时而财审合一,在"财审分离"与"财审合一"间往返运动。② 审计机构或隐或现地维持着审计职能,主要关注应对战争需要的财政经济建设。

2. 中华人民共和国成立至改革开放时期审计监督的存废与曲折

中华人民共和国成立初期,我国的审计制度沿袭了革命根据地、解放区的做法,在中央和许多地方的财政部门设立审计机构。1950年,财政部草拟的《中华人民共和国暂行审计条例(草案)》和《中央人民政府财政部设置财政检查机构办法》是对《共同纲领》中关于审计的纲领性条文的扩充和落实,也是审计工作规范化的初步探索。没有设置独立的审计机关,而是在财政检查机构中涵盖审计职能。伴随着计划经济的逐步推进,1958年,财政检查司被裁撤,于1962年短暂恢复后又随文革被撤并,隐于其中的审计监督工作也就此消失。

时至1980年,根据《关于财政监察工作的几项规定的通知》,财政监察机关开始设立。审计监督连同财政监察机关内设于财政部门,并不独立发挥作用。财政部于1981年草拟《关于建立全国审计机构的初步意见》,在1982年发布《宪法》中得到肯定,1983年,审计署正式成立,审计监督开始独立运行。1989年1月1日起施行《中华人民共和国审计条例》(以下简称《审计条例》),1995年1月1日起实行《中华人民共和国审计法》(以下简称《审计法》),1997年10月21日起施行《中华人民共和国审计法实施条例》(以下简称《审计法实施条例》)。至此,各地审计立法相应完善,具有中国特色的审计制度初步形成。在该阶段中,还孕育出了审计监督的民族化形态——经济责任审计,它体现了审计监督制度的本土特色。

3. 新时代审计监督制度的全面发展

新时代在全面依法治国与国家治理体系和治理能力提升的背景

---

① 《陕甘宁边区政府组织条例(1939)》将边区政府审计处与财政厅等其他厅处并列,并具有相对独立的分工,实施财审分离的体制。1939年12月即被撤销,改为在中央财政经济部设立审计处。1940年10月,中央财政经济部撤销,党中央机关、军队系统、边区党政系统分别内设财政经济处,并下设审计科。1941年9月,三个财经处撤销,审计处重新独立开展审计事务。1942年7月,边区政府审计厅撤销,边区党政系统的审计事务再次由财政厅下属有关科室掌理。

② 参见汪德华、侯思捷、张彬斌:《中国共产党领导的国家审计:百年历程与发展启示》,载《财贸经济》2021年第7期。

下,审计监督制度全面发展。2014年10月,《国务院关于加强审计工作的意见》中明确提出审计全覆盖的监督目标并强调要"持续组织对国家重大政策措施和宏观调控部署落实情况的跟踪审计"。2017年9月发布的《领导干部自然资源资产离任审计规定(试行)》是对审计职能的又一扩展。2017年10月,十九大明确提出要改革审计管理体制。2018年3月,从国家治理体系和治理能力现代化的高度出发,组建中央审计委员会。新时代关于审计监督制度一系列顶层设计加强了党对审计工作的统一领导,审计监督制度出现了许多创新。起步于2016年的《审计法》修正工作也步入快车道,国务院常务会议于2021年5月正式通过《中华人民共和国审计法(修正草案)》。

2021年10月23日,第十三届全国人民代表大会常务委员会第三十一次会议审议通过了《关于修改〈中华人民共和国审计法〉的决定》,《审计法(2021)》已于2022年1月1日实施。本次《审计法》的修正全面贯彻了"以人民为中心"的思想和党中央、国务院关于推进依法行政、建设法治政府的精神,对于维护经济持续健康发展和社会稳定大局、促进审计机关依法审计、推动法治政府建设必将产生积极和深远的影响。

现实启示:回顾百年历程,我国的审计制度经历了曲折的发展历程,总结其历史经验,具有重要的现实启示——党的领导是审计制度发展的政治基础;不断加强法治是审计监督制度发展的关键;明确的制度定位是审计制度发展的中心,审计监督的重点始终是财政监督,并以此为依托延伸到公共资金、国有资产、国有资源等领域。

第三条 【审计机关依法审计】

审计机关依照法律规定的职权和程序,进行审计监督。

审计机关依据有关财政收支、财务收支的法律、法规和国家其他有关规定进行审计评价,在法定职权范围内作出审计决定。

【立法目的】

本条是从法定职权和法定程序两个方面对我国审计法治总体要求进行的规定。1995年1月1日起施行的《审计法》,2006年2月28日第十届全国人民代表大会常务委员会第二十次会议通过的《关于修改〈中华人民共和国审计法〉的决定》以及2021年10月23日第十三届全国人民代表大会常务委员会第三十一次会议《关于修改〈中华人民共和国审计法〉的决定》,3份立法文本均有几乎一样的表述,体现了我国一脉相承的审计法治精神。

【条文解读】

　　本条第1款是对审计法治的总体要求。审计法治包括实体和程序两个方面,实体意义上的审计法治包括审计主体(审计机关与审计工作人员)、审计机关的职责、审计机关的权限与法律责任四个方面,程序意义上的审计法治包括审计程序和审计法律责任。新修正的《审计法》在总则和各章分别进行了相应的规定,总则第1条规定了审计法的立法目的,第2条规定了党对审计监督的领导。本条即对审计机关开展审计监督的职权和程序进行规定,起到具体的引领和规范作用,以便将审计法治精神的总体要求贯穿于审计法体系之始终,指引整个审计立法。

　　本条第2款对审计机关依法进行审计执法进一步作出具体的规定。审计机关依法审计包括审计评价和审计处理处罚,审计评价的依据是国家有关财政收支、财务收支的法律、法规和其他有关规定。审计机关对违反国家规定的财政收支、财务收支行为,依法应当给予处理处罚的,依据《审计法》赋予的法定职权进行处理处罚,处理处罚的实现形式是审计决定,并以审计决定书等法定审计法律文书[①]为载体。

　　审计机关有权依据有关财政收支、财务收支的法律、法规和国家其他有关规定进行审计评价,并依据自身的法定职权范围做出审计决定,并制作审计决定书。依据《中华人民共和国审计法实施条例(2010)》第40条的规定[②],审计机关对审计事项作出评价后,可以出具审计意见书、审计处

[①] 《中华人民共和国审计法实施条例(1997)》第48条规定(2010年修订为第46条,但删除了审计法律文书的列举),我国的审计法律文书有:审计通知书、审计报告、审计意见书、审计决定等,审计文书的内容和格式由审计署具体规定。

[②] 《中华人民共和国审计法实施条例(2010)》第40条规定:"审计机关有关业务机构和专门机构或者人员对审计组的审计报告以及相关审计事项进行复核、审理后,由审计机关按照下列规定办理:

(一)提出审计机关的审计报告,内容包括:对审计事项的审计评价,对违反国家规定的财政收支、财务收支行为提出的处理、处罚意见,移送有关主管机关、单位的意见,改进财政收支、财务收支管理工作的意见;

(二)对违反国家规定的财政收支、财务收支行为,依法应当给予处理、处罚的,在法定职权范围内作出处理、处罚的审计决定;

(三)对依法应当追究有关人员责任的,向有关主管机关、单位提出给予处分的建议;对依法应当由有关主管机关处理、处罚的,移送有关主管机关;涉嫌犯罪的,移送司法机关。"

理处罚的决定书和审计建议书。

【理论分析】

我国的审计法包括审计组织法和审计行为法两个方面,"调整行政机关设置、地位和职责及相互关系的法属于行政组织法,规范法律主体行为的法属于行为法,规范司法和仲裁程序的法属于裁判法"①。从组织法的角度看,审计组织关系包括纵向关系和横向关系两类。由于我国是行政型审计体制,"地方各级审计机关对本级人民政府和上一级审计机关负责并报告工作,审计业务以上级审计机关领导为主"②。为充分发挥审计监督双重领导体制的优越性,审计法首先确定了上下级审计机关之间的纵向关系,包括上下级审计机关之间的政治把关、业务领导、人员、信息和资源的流动;另外,审计法也确定了审计机关与本级人大和人民政府之间的横向关系。

目前,在我国的审计立法中,对纵向审计行政关系所涉较多,但《审计法》对横向审计法律关系的规范依然是一个弱项。"行政机关之间横向关系组织法规则的缺失是各国普遍存在的问题——行政机关间的横向沟通机制,有的是法律创设的,但更多的则是行政法规、地方性法规、规章乃至行政规范性文件创设的。"③现实生活中,我国跨地区的审计项目的实施、专项审计调查,以及本次《审计法》修正中尤为重视的重大政策跟踪审计④、领导干部经济责任审计和自然资源资产离任审计、生态环境审计等,以及审计联席会议制度、审计协作制度⑤等审计监督形式的出现,强调了审计机关和军队审计机构应当

---

① 〔奥〕欧根·埃利希:《法社会学原理》,舒国滢译,中国大百科全书出版社 2009 年版,第 9 页;杨建顺:《日本行政法通论》,中国法制出版社 1998 年版,第 291 页。

② 《审计法(2006)》第 9 条。

③ 叶必丰:《行政组织法功能的行为法机制》,载《中国社会科学》2017 年第 7 期。

④ "审计署稿"第 19 条,"审计机关对本级各部门(含直属单位)、下级政府,以及国有和国有资本占控股地位或者主导地位的企业(含金融机构)贯彻落实党和国家重大经济政策措施和决策部署的情况,管理、开发、利用国有自然资源以及有关生态环境保护情况,进行审计监督"。

《审计法(2021)》第 26 条规定,"根据经批准的审计项目计划安排,审计机关可以对被审计单位贯彻落实国家重大经济社会政策措施情况进行审计监督"。

⑤ 不仅包括国家审计内部久已存在的各种形式的协作,也包括本次《审计法》修正中首次出现、在其他国家的审计法中没有的国家审计与社会审计、内部审计之间各种复杂形态的协作。

建立健全协作配合机制,按照国家有关规定对涉及军队经济事项实施联合审计等。诸多制度的创设与完善均表明我国横向审计法律关系日益复杂化,迫切需要进行相应的法律调整。本次《审计法》修正后,应当在相应的审计法司法解释、《审计法实施条例》《国家审计准则》等配套立法中予以补充、衔接和完善。

《审计法(2021)》第五章"审计程序"和第六章"法律责任",属于审计行为法和审计裁判法方面的内容。审计行为法的具体机制形式众多,具体表现为审计信息披露制度、审计公文处理制度、审计征求意见机制、审计行政协议、审计协作制度、审计联席会议制度、审计决定、审计意见书、移送制度等。审计裁判法的机制同样复杂,包括审计评价、审计决定、审计报告、审计整改、审计跟踪检查、审计处理处罚、审计政府裁决、审计行政复议和审计诉讼等。这些制度一起构成了汉斯·凯尔森用集权和分权、静态和动态等经纬编织而成的审计监督秩序的复杂图景。

尽管审计组织法、审计行为法和审计裁判法之间存在一定的替代和强化关系,但它们必须自洽且相互之间有效衔接,才不至于出现结构失衡和功能紊乱,影响审计法治的实现。

【案例与实践】

审计依法查出的税收违法行为涉及的税款和滞纳金如何征收入库

在审计实务中,特定对象的行为往往具有综合性,从行政主体的角度看,会涉及审计机关和税务机关依照法律规定的职责、权限和程序进行行政执法。一般原则是:审计机关依据审计法律法规在自己的职权范围内执法,依据《审计法》对其行为进行监督、处理处罚。税务机关则依据税收法律法规依法履职,对依法查出的税收违法行为涉及的税款、滞纳金进行处理。

对审计机关依法查出的税收违法行为的税款、滞纳金进行的处理主要包括四个方面的内容:一是审计机关与税收机关的分工与角色问题。审计机关是执法主体,而税务机关是税收的征收主体,两者明确分工、有序衔接,审计机关查出的税款、滞纳金应由税务机关依法征收入库。审计机关若将其履行职责过程中发现的税款、滞纳金自行征收入库则属于行政违法,审计机关更不得以其他款项的名义自行处理、占压。二是税务机关要按照规定的预算级次将税款征收入库。三是税务机关可以提请审计机关进行必要的协作。四是税务机关要将具体执法的结果及时回复审计机关。①

第四条　【审计工作报告】

国务院和县级以上地方人民政府应当每年向本级人民代表大会常务委员会提出审计工作报告。审计工作报告应当报告审计机关对预算执行、决算草案以及其他财政收支的审计情况，重点报告对预算执行及其绩效的审计情况，按照有关法律、行政法规的规定报告对国有资源、国有资产的审计情况。必要时，人民代表大会常务委员会可以对审计工作报告作出决议。

国务院和县级以上地方人民政府应当将审计工作报告中指出的问题的整改情况和处理结果向本级人民代表大会常务委员会报告。

【立法目的】

本条是关于国务院和各级人民政府向本级人民代表大会常务委员会履行审计报告义务的规定。

【条文解读】

为更好地行使《宪法》赋予的审计监督权，履行审计监督责任，《审计法》除设定了我国独特的审计处理处罚机制外，通过审计报告实现审计监督是审计机关履行监督职能的最为重要的方式之一。我国《审计法》规定，各级审计机关每年对本级预算执行情况进行审计后，应分别提交"两个报告"：一是向本级政府（上一级审计机关）提交**审计结果报告**；二是受政府委托向本级人大常委会提交**审计工作报告**。业界称之为"两个报告制度"，在学理上统称为"审计报告制度"，其内容分别由本条和第19条进

---

① 《中华人民共和国税收征收管理法实施细则（2016）》第84条规定，审计机关、财政机关依法进行审计、检查时，对税务机关的税收违法行为作出的决定，税务机关应当执行；发现被审计、检查单位有税收违法行为的，向被审计、检查单位下达决定、意见书，责成被审计、检查单位向税务机关缴纳应当缴纳的税款、滞纳金。税务机关应当根据有关机关的决定、意见书，依照税收法律、行政法规的规定，将应收的税款、滞纳金按照国家规定的税收征收管理范围和税款入库预算级次缴入国库。税务机关应当自收到审计机关、财政机关的决定、意见书之日起30日内将执行情况书面回复审计机关、财政机关。有关机关不得将其履行职责过程中发现的税款、滞纳金自行征收入库或者以其他款项的名义自行处理、占压。

行规定,审计报告制度对提高审计监督治理效果起到了非常好的作用。

本条对"两个报告制度"中的审计工作报告制度作出了规定,审计工作报告制度反映的是我国立法机关对政府(审计)工作的监督。"审计工作报告"本质上是国务院和各级人民政府委托审计机关,实际上也是审计机关必须依法履行的强制性信息披露义务。本条从对象、内容、时间和重点四个方面提出了明确要求。从对象和内容上看,审计报告的重点是预算执行情况和对国有资源、国有资产的审计情况。从时间上看,审计机关必须每年进行披露——履行审计报告义务。

为了保障国务院和各级人民政府(审计机关)更好地履行审计报告义务,《审计法》不仅规定审计报告的对象是本级人民代表大会常务委员会。还特别规定:第一,"必要时,人民代表大会常务委员会可以对审计工作报告作出决议";第二,国务院和各级政府"应当将审计工作报告中指出的问题的整改情况和处理结果向本级人民代表大会常务委员会报告"。

如此,大大强化了审计监督的权威性:一是审计监督可以在特定条件下直接转化为权力机关的监督。当然,《审计法》并没有对"必要时"进行明示性规定,需要后续相关立法进行细化和列举,明确适用情形,以规范自由裁量权的行使。这样既可以避免权力机关监督的废置,又可以避免权力机关监督可能出现的滥用,在权力机关与审计机关之间形成良好的制衡和促进关系。二是国务院和各级政府还因此负有整改和处理并进一步就此进行报告的法定义务。

本条对审计对象(国务院和县级以上地方人民政府)设定了法定反馈义务:应当将审计工作报告中指出的问题的整改情况和处理结果向本级人民代表大会常务委员会报告。从单纯的强制性信息披露转化为行为矫正,体现了法对社会关系的干预和调整机能,大大加强了审计监督的力度,为审计监督的高效运行提供了保障,避免了"屡审屡犯"、浪费审计资源的现象,提高了审计监督的效能。

值得注意的是,本条明确提出了审计整改制度,比《审计法(2006)》第4条第2款的表述①更加明确和有力,有利于推进审计整改工作。本条明确将审计整改情况正式纳入审计报告制度,今后审计整改情况报告将属于法定报告内容。现行《中华人民共和国国家审计准则》第123条对审

---

① 《审计法(2006)》第4条第2款规定:"国务院和县级以上地方人民政府应当将审计工作报告中指出的问题的纠正情况和处理结果向本级人民代表大会常务委员会报告。"

计整改制度有相应规定,通过实践反复检验后加以提炼并修入《审计法(2021)》,其地位得以提升,拘束力得以增强。

对国务院和县级以上地方人民政府预算执行、决算草案以及其他财政收支情况进行审计监督,是审计机关最重要的法定责任。本次修改增加了审计机关对决算草案的监督责任,拓宽了审计对预算的监督范围,落实了我国预算法加强对预算监督的规定,也对审计机关提出了更高的要求。本次修改还增加了审计机关对国有资源、国有资产的审计情况的监督,体现了新时代审计全覆盖的要求。

本条应当结合第 52 条的规定进行理解,第 52 条规定了被审计单位、各级人民政府和有关主管机关、单位以及审计机关对被审计单位履行整改义务时应当负有的法律责任,并对审计结果及整改情况如何运用进行了规定。

【理论分析】

现行预算执行监督制度是从 1982 年《中华人民共和国宪法》实施以来逐渐形成的,对于审计监督起到了较好的作用。但在实际运行中也屡屡出现财政资金违规、违法使用以及地方政府性债务风险等问题。其浓厚的行政主导色彩更适应计划经济以及改革开放初期以经济建设为主的发展要求。在国家治理体系和治理能力现代化背景下,需要进一步改革和完善。"改革的方向是实现预算执行监督制度从行政机关主导向权力机关主导转型;审计机关脱离本级政府的领导,直接向权力机关报告工作。"[①]目前,《中华人民共和国预算法》依然实行的是政府主导的预算制度[②],我国行政型审计体制在短期内难以改变,《审计法》和自 2020 年 10 月 1 日起施行的《中华人民共和国预算法实施条例》(以下简称《预算法实施条例》)第 92 条均规定了内置于政府的审计监督。[③]

基于此种政府自我监督模式所存在的弊端,本次修法尤其注重从外部权力制衡的角度予以平衡,适当强化了权力机关在预算监督(有关预算

---

① 曾凡证:《加强人大对预算执行监督的路径》,载《法学》2017 年第 12 期。
② 《中华人民共和国预算法》第 3 条规定,国家实行一级政府一级预算,设立中央,省、自治区、直辖市,设区的市、自治州,县、自治县、不设区的市、市辖区,乡、民族乡、镇五级预算。
③ 《预算法实施条例》第 92 条规定:"各级政府审计部门应当依法对本级预算执行情况和决算草案,本级各部门、各单位和下级政府的预算执行情况和决算,进行审计监督。"

的审计结果利用)中的作用。本次修法从审计组织法的角度,进一步完善了审计机关与同级人大常委会之间的横向关系,其具体机制有三:

第一,政府机关的法定报告义务。国务院和各级政府提出本级审计机关每年就预算执行、决算草案以及其他财政收支情况作报告的法定义务。

第二,人民代表大会常务委员会的决议权。授权人民代表大会常务委员会对审计工作报告必要时的决议权。

第三,政府机关就整改情况和处理结果的法定报告义务。国务院和各级人民政府将审计工作报告中指出的问题的整改情况和处理结果①向本级人大常委会报告的法定义务。

【案例与实践】

湖北省人民代表大会常务委员会对省审计厅《关于1998年度省本级预算执行和其他财政收支的审计工作报告》的决议

(1999年9月27日湖北省第九届人民代表大会
常务委员会第12次会议通过)

湖北省第九届人民代表大会常务委员会第12次会议,听取并审议了省审计厅副厅长高林受省人民政府委托所作的《关于1998年度省本级预算执行和其他财政收支的审计工作报告》。会议认为,审计部门在对1998年省级预算执行和其他财政收支审计中,做了大量的工作,审计查出了一些违法违规问题,有的问题十分严重。为了严肃法纪,巩固审计成果,会议特作如下决议:

一、省人民政府对这次审计查出的各种违法违规行为,要责成有关部门和有关市县严格依法查处,并追究直接责任人和领导者的责任,决不能姑息迁就;对预算执行中一些不真实、不合法和不规范的问题,要督促有关部门和单位限期整改,并将查处和整改结果向省人大常委会报告。

二、各级人民政府应从依法治省的高度正确认识和对待这次审计查

---

① 监察委员会成立以后,作为处理结果的一种重要形式,审计机关可以依据我国《监察法》的有关规定,将违法违纪情况同时提交给监察委员会,并报送本级人民代表大会常务委员会。

出的问题。要加强对干部尤其是领导干部的教育,进一步增强财经法制观念,严格依法理财;要举一反三,认真分析产生问题的原因,并有针对性地采取措施,规范理财行为,从制度和机制上杜绝违法违规行为的发生;要加强对审计工作的领导,大力支持审计部门依法履行审计监督职能。

三、审计部门要严格执法,严肃处理审计查出的各种问题。要继续认真履行职责,依法做好各项审计监督工作,维护经济秩序,为我省国民经济健康快速发展发挥更大的作用。

四、各级人大常委会要加大监督力度,对这次审计查出的涉及本地的问题,要进行跟踪监督。要加强舆论监督,努力创造一个良好的社会法制环境。

陕西省人民代表大会常务委员会
关于加强对审计查出突出问题整改情况监督的决定

(2021年3月31日陕西省第十三届人民代表大会常务委员会第二十五次会议通过)

陕西省人民代表大会常务委员会公告〔十三届〕第五十五号

《陕西省人民代表大会常务委员会关于加强对审计查出突出问题整改情况监督的决定》已于2021年3月31日经陕西省第十三届人民代表大会常务委员会第二十五次会议通过,现予公布,自公布之日起施行。

陕西省人民代表大会常务委员会
2021年3月31日

为深入贯彻中央关于加强人大对审计整改工作监督的改革部署,落实全国人大常委会《关于进一步加强各级人大常委会对审计查出突出问题整改情况监督的意见》,省人大常委会就加强审计查出突出问题整改情况监督作如下决定:

一、加强对审计查出突出问题整改情况的监督,是省人大常委会深入贯彻落实习近平总书记关于坚持和完善人民代表大会制度重要思想、对审计查出问题整改工作重要批示精神的重要举措,是依法开展预、决算和国有资产等监督的重要方式。要坚持党的领导、依法监督、问题导向、建立健全长效机制的原则,准确把握新发展阶段、贯彻新发展理念、构建新发展格局对人大审计整改监督工作提出的新任务新要求,增强"四个意识"、坚定"四个自信"、做到"两个维护",以高度的责任感做好审计整改监督工作,深化拓展监督内容,探索创新监督方式,强化监督结果运用,健全规范制度机制,保障党中央重大方针政策、省委工作部署贯彻落实,推动全省经济社会高质量发展,助力谱写陕西新时代追赶超越新篇章。

二、省人大常委会围绕贯彻落实党中央决策部署、省委工作部署,聚焦审计查出普遍存在的问题和反复出现的问题,结合问题性质、资金规模、以往整改情况,结合人大代表、人民群众普遍关心的热点难点问题,结合预算审查监督的重点内容,确定跟踪监督的突出问题和重点部门单位,制定监督工作方案,深入开展跟踪监督。对审计查出的突出问题,着重从政策制定、制度执行、预算管理、项目管理、绩效评价、监督检查、责任落实等环节,督促相关部门单位深入查找原因,跟踪监督整改情况。

三、省人大常委会每年听取和审议审计查出突出问题整改情况的报告。根据需要,可听取审计查出突出问题重点部门单位的报告和专项审计整改报告。整改情况报告应与审计工作报告揭示的问题和提出的建议相对应,重点反映审计查出突出问题的整改情况并进行评价。必要时,可以依法对审计工作报告、整改情况报告作出决议。决议应当对报告作出评价,提出整改要求。

结合实际情况,可运用专题询问、质询、特定问题调查、满意度测评等监督方式,加大监督力度,拓展监督深度,增强监督效果,督促整改落实。专题询问每届至少开展一次。满意度测评结果向省委报告,向省人民政府和省委组织部通报。

四、省人大常委会有关工作委员会跟踪监督审计整改情况,应选取典型案例,采取听取汇报、实地调研、调阅资料、随机抽查等方式,全面了解情况,深入剖析原因,助推问题整改。必要时,可以联合省审计机关进行监督。审计查出的突出问题涉及下级政府的,可以与下级人大常委会协同开展监督,实现各级人大监督工作联动,形成监督合力。

五、结合审计查出突出问题及其整改情况,加强预、决算和预算执行审查监督,推进预算审查监督重点向支出预算和政策拓展。在初步审查意见和审查结果报告中,应就做好审计查出突出问题整改工作等提出意见建议。在开展重点支出与重大投资项目、部门预算、政府债务、转移支付、预算绩效管理监督工作中,应将上年审计查出突出问题及其整改情况作为监督的重点内容,推动解决问题,强化预算约束,增强预算执行的规范性和有效性。

推进省人大预算和国有资产联网监督系统与审计、财政、国资等部门相关信息系统的网络联通和信息共享,建立审计整改在线监督平台,拓展人大监督的深度和广度,提高审查监督的科学化、智能化水平。

六、结合审计查出突出问题及其整改情况,加强国有资产管理监督,推动年度审计工作安排与省人大常委会听取国有资产管理情况报告的规划和年度计划相衔接,进一步发挥专项审计对省人大常委会履行国有资产监督职能的支持作用。国有资产审计及整改问责情况应作为省人民政府国有资产管理年度报告的重要内容。

七、发挥代表和第三方专业力量作用。可邀请常委会组成人员联系代表、预算审查联系代表、提出相关议案建议代表、相关专业领域代表等,参加审计查出突出问题整改情况跟踪监督工作,也可通过人大代表履职平台、预算联网监督平台等途径,提出意见建议。有关部门单位应当及时将办理结果答复代表,并抄送省人大常委会预算工委等工作机构。组织高校、专家及中介机构等第三方专业力量对审计整改监督工作中的重点问题开展专题评估,供常委会参考。

八、省人大常委会应当加强对审计监督结果的运用。

督促省人民政府及有关部门认真落实省人大常委会关于审计工作报告、整改情况报告的决议和审议意见。

建立与纪检监察机关和审计、财政等部门工作联动机制,监督和支持有关机关和主管部门依法对审计查出问题的部门单位进行处理,对整改不到位的进行督查或约谈。

督促省人民政府及相关主管部门围绕贯彻落实党中央重大方针政策和决策部署,加强对审计查出体制机制性问题整改情况的跟踪监督,完善制度,深化体制机制改革,努力做到防患于未然。

推动省人民政府及相关主管部门建立健全审计查出问题整改与预算安排和政策完善挂钩机制,审计结果及整改情况应作为优化财政资源配置和完善政策的重要参考。

九、省人民政府应当健全完善审计查出突出问题整改情况向省人大常委会报告制度。做深做实审计"后半篇"文章,及时研究部署审计查出问题整改工作,将审计查出突出问题的整改落实工作纳入督查范围。

省审计机关应当建立健全审计查出问题整改长效机制,健全完善审计查出问题清单、整改责任清单和部门预算执行审计查出问题整改情况清单制度,加强对整改情况跟踪检查,切实减少"屡审屡犯"问题,发挥审计监督"治已病、防未病"作用。

审计查出问题的责任部门单位应当扎实开展整改工作,完善制度,堵塞漏洞,做到按时整改、应改尽改。

省人民政府及相关部门应当及时向省人大常委会提供审计查出突出问题及其整改情况的详细材料。提交省人大常委会审议的报告,应当全文向社会公开,接受社会监督。

十、设区的市、县(市、区)人民代表大会常务委员会开展审计查出问题整改监督,结合本行政区实际情况,参照本决定执行。

本决定自公布之日起施行。

第五条 【审计监督权的独立行使】

审计机关依照法律规定独立行使审计监督权,不受其他行政机关、社会团体和个人的干涉。

【立法目的】

本条是对审计独立性的具体规定。

【条文解读】

《宪法》第91条第2款关于审计独立性的规定①,是审计独立性最根本的依据,本条的规定是审计独立性直接的法律依据。对我国审计独立性的理解有几个重要内容:第一,独立性的根本政治保障是党对审计工作的领导,《审计法》第2条对此作出了明确规定,这是我国审计监督区别于世界上所有国家审计监督的关键之处。第二,审计机关的独立性是相对于其他行政机关、社会团体和个人而言的,这种独立性仅仅是行政机关之间的权力分工,以及审计作为行政主体与行政相对人之间的关系而言的。

本条应当结合《审计法(2021)》第14条至第17条来理解,第14条从审计机关和审计人员行为禁止的角度规定审计人员的独立性。第15条则从审计人员办理审计事项(审计执法)时的回避义务角度规定审计人员的独立性。第16条从审计机关和审计人员审计执法中的保密义务角度间接规定了审计独立性。第17条从审计人员受法律保护和审计机关负

---

① 《宪法》第91条第2款规定:"审计机关在国务院总理领导下,依照法律规定独立行使审计监督权,不受其他行政机关、社会团体和个人的干涉。"

责人依照法定程序任免的角度对审计独立性进行规定。

【理论分析】

从法解释学的角度看,我国的审计独立性不是从审计权与立法权、司法权、行政权之间相互关系的角度来规定的。

第一,审计独立性的目的是实现权力的监督和制约。尽管在我国实体法上将审计法划归于经济法,但审计法实际上并非市场监管法或市场调控法,不像通常的经济法关注的国家如何更好地调整特定的经济关系,减少经济生活的交易成本和社会成本。相反,我国的审计法具有典型的行政法特质,关注"规范和控制行政权",如同英国学者威廉·韦德所说的那样,审计法"调整公共当局行使权力和履行职责",审计独立性的目的也正在于此。

第二,我国坚持行政型审计体制,审计监督在国务院领导下,内置于行政权系统。审计监督以自身作为行政权的一个子系统来实现对各种公权力的监督和制约。

第三,党的统一领导是审计独立性的政治保障和中国特色,《审计法(2021)》通过创设中央审计委员会制度来予以体现。

第四,我国《宪法》与《审计法》所规定的独立性只是从审计机关与"其他行政机关、社会团体和个人"之间的相互关系的角度来规范的,并非从审计机关与司法权、立法权之间的关系角度来理解。而国际上从政治结构角度关于审计独立性最宏观的理解一般是从审计监督权、司法权、立法权和行政权之间的关系角度来展开的,理解角度不同,得到的结果有很大的不同。

影响审计独立性的因素众多,既有宏观角度国家政治结构方面的因素,也有中观角度法律制度审计方面的因素,更有微观角度人员素质、执法程序、行为禁止、特别法定义务(如回避)、职业教育与培训、审计准则的执行等方面的因素。宏观角度对审计独立性的制度安排更体现各国的政治制度特点,中观和微观角度制度安排的差异多具有技术和操作层面的意义。此外,就本条内容而言,条文中的"个人"可能是一般意义上的社会个体,但鉴于我国国情,更有可能是"领导干部"。

【案例与实践】

<h3 style="text-align:center">四川省建立领导干部干预审计登记处理制度①</h3>

2016年11月,四川省审计厅出台《干预审计工作行为登记报告制度(试行)》(以下简称《制度》),明确领导干部、审计事项关系人或其他人员,在审计部门依法履行审计职责过程中,通过各种方式向审计机关及人员施加压力或影响,干扰审计机关依法独立、客观公正行使审计监督权的行为,将被登记报告并受处理。

七种情况属于干预审计工作行为,包括:

1. 要求审计机关及人员对有关事项不深查、对发现问题不予或不如实报告;

2. 超越职权对审计执法行为施加影响,要求审计机关作出从轻、减轻、免除审计处理处罚等违反法规规定行为;

3. 要求审计机关及人员对发现重大违法违纪案件线索的单位或个人不予调查或不作移送移交处理;

4. 本人或授意、纵容相关人员打探案情、请托说情、通风报信;

5. 安排、变相安排审计人员私下会见被审计对象或其他与审计事项有利害关系人;

6. 采取威胁、恐吓、利诱审计人员行为等;

7. 同时明确,要正确把握干预审计工作行为与正常履职、提出合理建议的界限,严格区分是否谋取私利、违背法定职责、影响审计独立性等情形。

干预人员的基本情况及干预行为及时登记:

要求审计机关及其工作人员在遇到干预审计工作行为时,应坚持谁发现谁登记的原则,及时登记干预人员的基本情况及干预行为,填写《干预审计工作行为登记表》,全面记录、全程留痕,不得隐瞒干预的行为。

同时规定,干预行为情节轻微,且未造成实际后果或影响的,由所在审计机关备案存查;造成实际后果或影响的,审计机关视情况可采取向上一级审计机关报告、向有管理监督权限的纪检监察机关或组织人事等部

---

① 参见《四川:领导干部干预审计 将全程记录并处理》,载四川省人民政府网(网址:http://www.sc.gov.cn/10462/10464/10797/2016/11/10/10403401.shtml),访问日期:2021年6月5日。

门报告或通报;遇到人身伤害或威胁恐吓等紧急情况时,及时向公安机关报(备)案。

对审计机关工作人员如实记录和报告干预审计工作行为受到打击报复的,审计机关应当及时组织调查,需纪检监察等机关处理的应当及时移送并追踪处理结果。不如实登记、报告的,追究相关人员责任。审计机关人员干预审计执法的,应按相关规定从严查处。

案例分析:该《制度》将"领导干部、审计事项关系人或其他人员"纳入视野,一并规制,其制定和实施有效地细化和实化了《审计法》的对应条文,便于法律的实施,对审计机关提高依法独立履行审计监督职责的水平和整体效能意义重大。

第六条 【审计职业道德】

审计机关和审计人员办理审计事项,应当客观公正,实事求是,廉洁奉公,保守秘密。

【立法目的】

本条是对审计机关和审计人员行使审计监督权办理具体审计事项时,应当遵守的职业道德的规定。

【条文解读】

本条与《审计法(2006)》第 6 条的规定相比,没有任何变化,体现了我国审计法治一贯传承的对审计职业道德的核心要求。审计执业道德的核心是客观公正、实事求是、廉洁奉公和保守秘密,这是审计职业的本质和审计活动的特殊性的必然要求。本条的语义表明:审计执业道德既是对审计机关的总体要求,也是对审计人员的要求。审计职业道德写入《审计法》后即转化为强制性法律约束,以总则的纲领性要求为提领,在审计主体法律制度、审计程序法律制度和审计救济制度中均通过具体条文予以安排。

【理论分析】

审计是防范和控制广泛存在于近现代社会人类活动各个领域里的道德风险和机会主义的重要制度。无论是社会审计、内部审计还是政府审计,从特定的角度看,都是以受托经济责任的履行为基础的,因此,审计职业最深刻的根基在于公信力,保证审计的公信力就需要保证审计质量,否则审计监督就没有存在的必要,一切审计法律制度都是围绕这个基本点来展开的。本条是侧重从审计执业——办理审计事项的角度,将审计职业道德的核心内容提炼入法,成为相关制度设计的依据。在我国的《审计法》《审计法实施条例》等有关制度中,关于审计机关和审计人员执行审计业务时的职业道德[①]、任职资格条件、执业要求、回避义务、报告义务、执业胜任能力,以及聘请外部人员的禁止性规定等都是以本条为原则的,本条还可以起到弥补法律漏洞的作用,在审计纠纷解决和司法裁判中作为最后的援引依据。

从内容上看,本条的规定适用于审计机关和审计人员的审计执法行为,但"廉洁奉公"一般是对个体的要求,如针对审计人员是可行的,至于审计机关办理审计事务时如何"廉洁奉公",尚需要从理论和操作角度予以具体化。[②]

迄今为止,我国相应的审计立法均没有对"客观公正,实事求是,廉洁奉公,保守秘密"进行具体的解释和规定。审计执业道德应当以16个字的具体要求为核心进行体系化的构建,并且应当区别于一般性的道德规范,而同时在道德和法律两个层面均具有审计监督的内容和特点,这是今后努力的一个方向。

[①] 《中华人民共和国国家审计准则》第15条规定,审计人员应当恪守"严格依法、正直坦诚、客观公正、勤勉尽责、保守秘密"的基本审计职业道德。"严格依法"就是审计人员应当严格依照法定的审计职责、权限和程序进行审计监督,规范审计行为。"正直坦诚"就是审计人员应当坚持原则,不屈从于外部压力;不歪曲事实,不隐瞒审计发现的问题;廉洁自律,不利用职权谋取私利;维护国家利益和公共利益。"客观公正"就是审计人员应当保持客观公正的立场和态度,以适当、充分的审计证据支持审计结论,实事求是地做出审计评价和处理审计发现的问题。"勤勉尽责"就是审计人员应当爱岗敬业、勤勉高效、严谨细致,认真履行审计职责,保证审计工作质量。"保守秘密"就是审计人员应当保守其在执行审计业务中知悉的国家秘密、商业秘密;对于执行审计业务取得的资料、形成的审计记录和掌握的相关情况,未经批准不得对外提供和披露,不得用于与审计工作无关的目的。

[②] 实践中,审计机关在办理审计事项时,将其履行职责过程中发现的各种违法所得或其他经济利益以各种名义自行处理、占压、分配、挪用等行为,是否也属于违反"廉洁奉公",值得研究。一般来讲,如果该类行为属于行政违法,应当优先援引法律条文,没有对应的具体规则时,可以应用抽象法律条文——比如"法化"的抽象道德性条文,但亦应进行明晰。

【案例与实践】

美国权益基金公司审计案①

美国权益基金公司审计案是美国首例上市公司电算化会计舞弊案件,该案中,公司管理部门利用注册会计师不熟悉计算机知识,并通过偷看审计人员的工作底稿等方式,使得公司在会计电算化程序中虚构了2亿美元的保险单而不被发现,从而使得诈骗得逞。该案在美国轰动一时,各大报刊连续9个月报道了这个案件。美国证券交易委员会以及美国注册会计师协会也为此采取了相应的对策,对现行的审计准则予以补充、修正。1974年12月,即在该案发生一年之后,美国注册会计师协会颁布了《审计准则说明》第3号——《检查和评价内部控制对EDP的影响》,详细地规定了对实行电算化会计系统的公司,应如何开展审计的行为规范。随之而来的是,美国审计总署也在此基础上,颁布了一个新文件,即《审计总署补充审计准则——以计算机为基础的系统审计》(以下简称《准则》)。重申了对电算化会计系统应采取的审计行为规范。该《准则》规定,审计人员应以审查数据处理系统的一般控制设施,以确定:第一,控制设施是否按照管理人员的指示以及法定要求设计。第二,审查安装好的数据处理应用软件的应用控制设施,审计人员借此评估其处理数据的可靠性。该案发生后,生产计算机软件的厂家也进行反省,认识到以前生产的会计计算机软件没有充分考虑到防错、防弊的功能。因此,决定生产一种难以保存中间过程的会计软件,即防止管理人员中途修改数据。由于美国各方采取了比较正确的对策,才避免了权益基金公司一案所带来的负面影响,即几乎窒息了电子计算机在会计中的推广使用。

在美国,社会审计、内部审计和政府审计三者是贯通的,政府审计可以自动适用社会审计准则②,我国的政府审计单独适用《中华人民共和国国家审计准则》,但审计作为一种管理技术,具有共同的工具理性,"保守

---

① 参见《美国权益基金公司审计案例》,载原创力文档网(网址:https://max.book118.com/html/2020/1111/8141100122003014.shtm),访问日期:2022年4月26日。

② 参见余冬梅、胡智强:《转型的逻辑:美国政府审计准则的变化与镜鉴——以GAGAS 2018为背景》,载《会计之友》2019年第5期。

秘密"是其中一项必不可少的内容,2012年9月18日,审计署国家保密局依据《审计法》专门发布《关于印发〈审计工作国家秘密范围的规定〉的通知》,从总体上为国家审计保密工作提供具体的规范性依据,也为审计机关和审计人员办理审计事项中如何依法保守秘密提供了指引和规范。

总则逻辑结构的优化

《审计法(2021)》总则部分总共6条,与《审计法(2006)》相比,数量没有变化。笔者认为,无论是从审计法规范表达的逻辑结构,还是从审计监督机制的协调角度来看,总则部分都应当增加1条作为第7条:审计机关应当加强对内部审计工作的指导和监督,调动内部审计和社会审计的力量,进一步增强审计监督合力,提升审计监督效能。如此既可以贯彻第1条和第2条对我国审计法治的总体要求,又可以使中央审计委员会第一次讲话的精神巧妙地统摄本法各章有关内部审计和社会审计的全部条文,为其提供法理依据,并引领本章其他条文,使得整个立法前后完整、连续、有机。

第二章　审计机关和审计人员

第七条　【审计体制】
　　国务院设立审计署,在国务院总理领导下,主管全国的审计工作。审计长是审计署的行政首长。

【立法目的】
　　本条对我国审计监督领导体制进一步作出具体规定。

【条文解读】
　　我国的审计监督机关——审计署隶属于行政权序列,在国务院总理领导下,主管全国的审计工作。审计长是审计署的行政首长。本条应当结合《审计法(2021)》第 2 条、第 5 条和第 8 条才能得到更为全面的理解,第 2 条规定了党对审计工作的领导,以及将"构建集中统一、全面覆盖、权威高效的审计监督体系"作为我国审计监督体制的总目标。第 5 条对审计监督体制的独立性进行了规定。第 8 条至第 10 条对地方各级审计机关的工作体制进行了规定。本条是对审计监督领导体制的规定。
　　本次《审计法》修正后,我国已经不再是传统意义上的行政型审计体制,实现了审计体制的中国化创新。

【理论分析】
　　从时序角度看,任何国家的审计监督制度都经历了一个迁移的过程,也是一个不断合理化的制度调适过程。以美国为例进行详细考察,美国的审计监督体制经过很多次微调,其中至少有两次明显的质变。美国国家审计的起源可以追溯到 1775 年独立战争时期,当时大陆会议专门配备人员负责有关会计和审计业务。美国独立之后,设立了专门的审计官对财政财务收支进行审计监督。根据1894年的《克雷科雷尔条例》,美国在财政部、陆军部、海军部、内政部、国务部、邮政部分别设置6名审计官分署办公,共同接受财政部长的领导。由此可见,当时美国的国家审计模式还属于行政审计模式,内容也仅仅是监督各种费用支出。进入20世纪之后,美国国家治理的客观需求与行政审计监督制度之间的矛盾日益突显,改革的呼声也愈来愈高,于是美国便借鉴了英国的立法审计监督模式,创设了立法型审计监督法律制度。1921年,美国国会通过了《美国预算和会计法案》,建立了隶属于国会的最高审计机构——美国审计总署[1],这是第一次质变。此后,《美国预算和会计法案》历经数次修改,美国审计总署的职能与职权范围不断扩展。近年来,美国审计总署还日益重视对联邦政府有关政策,如教育、科技、能源、税收管理、防止犯罪等的执行情况进行审计,以协助国会监督和改进政府工作。同时对政府各机构和公营企业履行社会责任的情况,如环境保护、平等就业、消费者权益保护等进行评估,以促使政府关注公众的生活和正当权益。美国审计总署(General Accounting Office,简称GAO)也更名为政府责任办公室(Government Accountability Office)这是第二次质变。

从结构角度看,每个国家的审计监督制度都经历了一个结构和功能不断复杂化的过程。美国的国家审计机构分为联邦、州和地方三级。在联邦层面,美国审计总署负责对联邦政府及其各部门的审计工作。1978年的《美国监察长法》规定在农业部等12个联邦机构设立监察长办公室,确立了监察长办公室的法定监督地位。监察长办公室是美国各联邦机构的内部监督机构。监察长为各联邦机构监察长办公室的负责人,由总统任命,但须由参议院提名并同意。1978年之后,国会又陆续在其他联邦机构设立了监察长办公室,到1988年对《美国监察长法》进行修正之后,设立了监察长办公室的联邦机构已达56个。

在各州以及地方均设有审计长办公室,负责所管辖区域内的审计事务,负责人则由地方政府行政长官任命。联邦与各州、地方的审计机构分别隶属于各级立法机关,并且彼此之间也相互独立,不存在领导与被领导的关系,但各州和地方在执行审计工作时,必须遵守联邦审计机关制定的审计准则等制度。可见,简单地用"立法型审计"一词已经难以概

---

[1] 参见李金华主编:《审计理论研究》,中国时代经济出版社2005年版,第36页。

括美国审计体制的全貌。同样,我国的审计体制经过本次修法也完成了中国审计监督史上新的一次质变,并构建了更为科学、系统的监督体系。

我国的行政型审计在独立性上具有进一步探讨的余地。若要保证一种权力具有独立性必须坚持三个基本原则:第一,监督者与被监督者利益中立(中立原则)。第二,监督者与被监督者之间不相隶属(分离原则)。第三,权力监督渠道多样化(多元性原则)。① 以此观之,行政型审计体制中在审计监督权内置于行政权(实际上审计监督权是行政权的内部子系统)的情况下,想要监督行政权,甚至要肩负对全部公权力进行全覆盖式监督的重任,就显得任重道远。这种情况在我国监察权演变历史上也遇到过,我国的行政监察体制长期以来监督效果并不理想,直到2018年《中华人民共和国监察法》(以下简称《监察法》)的出台而改制成现在的监察委员会制度,原因也正是监察权内置于行政权,影响了监督的独立性而难以取得显著成效。

【立法例比较】

1921年的《美国预算和会计法案》第303条和1980年《美国审计总署法案》第104条,对主计长及其他审计人员的任免条件和程序进行了规定。主计长的任命程序为:先由国会两院和两党议员组成一个特别委员会,由该委员会推荐3名候选人,再报由总统确定1人提交参议院表决,根据参议院的最终表决结果由总统进行任命。总统也可以自己提出主计长人选,但要通过国会的确认和审批。就任职期限而言,主计长每届任期15年;就主计长的罢免程序而言,只有法定情形时,由参、众两院联合通过决议后才能罢免。

根据1977年的《加拿大审计长法》的规定,审计长任期为10年,年满65岁就不再继续任职。凡任过审计长公职者,不得再任此职,在没有充分理由和未经一定程序的情形下,任何人无权罢免审计长。

根据1985年的《德国联邦审计院法》的规定,联邦审计院院长、副院长由总统提名,经参、众两院同意后任命,任期12年或至65岁退休,不得连任。除审计院院长外,其他成员均为终身制公务员,不能被任意调离、撤职或被迫提前退休。除审计院院长、副院长外,其余64位重要成员(厅

---

① 参见胡智强:《论我国国家审计权的配置》,载《安徽大学法律评论》2009年第1期。

长、主任)均由审计长提名呈请总统任命。

根据1974年的《日本会计检查院法》的规定,会计检查官的提名须经两院同意,由内阁任命,并须得到天皇的认证。会计检查官在任期内非因法定特殊事由不得免职。

评述:提高审计独立性可以从政治、体制、机制和技术等多角度切入,除了在权力配置整体结构方面下功夫之外,微观层面也有很多值得探究的地方。比如,从各国的经验来看,改变审计长的任命方式和任期制度是一个值得研究的内容。

从以上国外立法比较中可以看出,关于最高审计长官在内的各级审计官员的选任一般有三个特点:第一,包括审计长在内的各级审计官员的任期往往大大长于其他公权力系统官员的任期,审计监督系统的高级官员的任期一般采用终身制或者规定比较长的任期。第二,将审计官员的选任机制复杂化,其提名权、任命权、报酬决定权分别由不同的机构掌握。第三,有关审计法院工作人员的任免程序很严格。关于审计监督体制的变化一般需要较长的历史周期和较大的法律变迁成本,甚至要为此修改宪法和若干相关法律。这种在宏观体制机制不变的前提下,从技术角度确保审计系统依法独立履行审计职责的做法值得借鉴。

第八条 【地方各级审计机构设置】

省、自治区、直辖市、设区的市、自治州、县、自治县、不设区的市、市辖区的人民政府的审计机关,分别在省长、自治区主席、市长、州长、县长、区长和上一级审计机关的领导下,负责本行政区域内的审计工作。

【立法目的】

本条是对我国地方各级审计机关审计工作体制的具体规定,内容包括对地方各级审计机关行使审计监督权的范围,以及地方各级审计机关与本级人民政府和上一级审计机关之间的相互关系。

【条文解读】

我国各级地方审计机关按照属地管辖的原则分别负责本行政区域内的审计工作,审计监督实行双重领导体制,审计机关在本级政府行政首长和上一级审计机关的领导下开展审计工作。审计机关分别对本级政府和上一级审计机关负责并报告工作,审计业务以上级审计机关领导为主。

《中华人民共和国审计法》①《中华人民共和国审计法实施条例》②还对审计机关负责人的任免作了具体的规定,对审计机关负责人任免所依照的法定程序③的规定,主要是从双重领导体制考虑的。

我国立法还从双重领导体制的角度,对各级审计机关负责人的任免进行了明确的规定。由法律直接规定审计机关由本级政府正职首长领导审计机关,这种做法在世界上还不多见,也体现了审计机关负责人选任制度的中国特色。

【理论分析】

审计领导体制因各国情况不同而存在差别,概括起来主要有以下几种情况:(1)国家统一设置审计机关。只设国家一级审计机关,不设地方分支机构,如日本、奥地利、西班牙等。或国家设立最高审计机关,并在各个地方和部门设若干派出机构,如澳大利亚、巴基斯坦等。(2)国家和地方分别设置平行的审计机关。国家和地方同时设置审计机关,相互间没有领导关系,如美国、加拿大等。(3)国家和地方同时设置审计机关,但国

---

① 《审计法(2021)》第17条第3款、第4款规定,审计机关负责人依照法定程序任免。审计机关负责人没有违法失职或者其他不符合任职条件的情况的,不得随意撤换。地方各级审计机关负责人的任免,应当事先征求上一级审计机关的意见。

② 《中华人民共和国审计法实施条例(2010)》第13条规定,地方各级审计机关正职和副职负责人的任免,应当事先征求上一级审计机关的意见。第14条规定,审计机关负责人在任职期间没有下列情形之一的,不得随意撤换:(一)因犯罪被追究刑事责任的;(二)因严重违法失职受到行政处分,不适宜继续担任审计机关负责人的;(三)因身体健康原因不能履行职责1年以上的;(四)不符合国家规定的其他任职条件的。

③ 为保证审计机关及其审计人员依法独立行使审计监督权,我国遵循国际惯例对审计机关负责人的任免程序、撤换以及审计人员的任职条件等,都作了严格规定。

审计署审计长的任免程序是:由国务院总理提名,全国人民代表大会决定人选,在全国人民代表大会闭会期间由全国人民代表大会常务委员会决定任免;审计署副审计长由国务院任免。全国人民代表大会有权罢免审计长。

地方审计机关负责人的任免程序是:正职领导人由本级政府行政首长提名,本级人民代表大会常务委员会决定任免,报上一级人民政府备案;副职领导人由本级人民政府任免。另外,地方各级审计机关正职和副职领导人的任免,应当事先征求上一级审计机关的意见。

在任期内撤换审计机关负责人,必须符合下列条件之一:一是审计机关负责人因犯罪被追究刑事责任;二是因严重违法失职受到行政处分;三是因身体健康原因不宜继续担任审计机关负责人的;四是有不符合国家规定的其他任职条件的。否则,不得随意撤换审计机关负责人。

家最高审计机关对地方审计机关实行垂直领导,如菲律宾等。(4)国家和地方同时设置审计机关,地方审计机关受本级政府和上级审计机关的双重领导。如原匈牙利、中国等。

我国的审计监督行政规则既包括组织性规则,也包括执行性规则。《宪法》第110条规定,地方政府分别对本级人大和上一级国家行政机关负责并报告工作,地方各级政府都服从国务院。该规定是保证国家政治权力的统一、权威与国家治理体系和治理能力有效运行的关键规则,"但其内涵的模糊给理论和实践带来困惑。构造其内涵的核心目标是使自上而下的行政意志与自下而上的民主意志得到恰当平衡"①。各级地方审计机关实行双重领导体制是我国审计监督对超大型国家进行全覆盖监督的独特治理规则,它既重视地方审计机关的自主性、积极性,也强调中央集中统一、权威高效的混合权力关系。

《中华人民共和国审计法实施条例》第7条规定,审计署在国务院总理领导下,主管全国的审计工作,履行《审计法》和国务院规定的职责。我国的地方每一级审计机关都在上一级审计机关的领导下开展工作,地方各级审计机关统一在国务院的领导下开展工作,这是《宪法》第110条所规定的"都服从国务院"对审计监督工作的具体要求,其重点在于形成以责任一体为核心的行政型审计监督体制。今后,应当进一步实现上下级审计机关事权分配法定化,建立审计监督行政统一领导的程序机制和行政规则效力外部化规则。②

【案例与实践】

行政区划调整与审计监督的有效运行③

2018年上半年,山西省大同市组织实施了部分行政区划调整工作。大同市审计局紧紧围绕市委、市政府既定的目标任务,在没有现成经验可借鉴的情况下积极探索,在组织形式、工作方法和审计内容上寻突破、求

---

① 于文豪:《地方政府双重负责的宪法内涵》,载《中国法学》2021年第3期。
② 参见郑雅方:《我国行政规则研究中的若干误区之克服》,载《政法论坛》2012年第5期。
③ 参见杨文泉、郭茂:《山西大同:积极探索审计新方法 有效服务行政区划调整》,载中国会计网(网址:http://www.canet.com.cn/audit/621979.html),访问日期:2021年3月21日。

创新,圆满完成了行政区划调整财政收支审计任务,为区划调整顺利实施提供了有力保障。

一是"多审合一"统筹部署,显著提升工作效率。此次审计任务涉及区划调整财政收支、重大政策措施落实、财政决算和领导经济责任审计等不同类型的多个项目,该局在整体统筹部署的基础上,采取原南郊区"五审合一"、原矿区"四审合一"的组织模式,既实现了与区划调整工作职责、年度审计计划任务和项目小组审计内容的有机结合,也达到了每个审计项目之间信息互通、资源共享的目的。

二是"大兵团"组织行动,有效整合审计资源。区划调整审计时间紧、任务急、要求高,为了能够在短时间内攻坚克难,该局有效整合审计力量,按照市局相关科室人员为主、原南郊区和原矿区审计局全体参审、其他县区局抽调业务骨干为辅的梯队组合,并结合各自业务优势,对全体人员重新排列,联合编为6个审计小组。采取统一领导、统一方案、统一组织、统一时间、统一报告的"五统一"方式,通过各小组协作的"大兵团"作战,极大地提高了资源利用率,节约了审计成本。

三是"一盘棋"谋划实施,确保工作有序开展。针对审计项目多、涉及单位多、参审人员多的特点,该局秉持"一盘棋"思想,本着重点优先、任务平衡、沟通协调的原则,对总体任务进行统筹安排,实施清单管理,做到任务明确、责任明确、方法明确,把责任明确到个人,对多个小组涉及的相同被审单位,由一个小组审透查清,实现一审多用、成果共享。

第九条 【审计业务的双重领导】

地方各级审计机关对本级人民政府和上一级审计机关负责并报告工作,审计业务以上级审计机关领导为主。

【立法目的】

本条是对我国地方各级审计机关的工作体制的具体规定,我国实行审计工作的双重领导体制。

【条文解读】

在我国,实现审计工作的双重领导体制的具体要求是:从横向关系上看,地方审计机关对本级政府负责并报告工作;从纵向关系来看,地方审计机关同时对上一级审计机关负责并报告工作。① 这两种关系内涵具有差异性,地方各级审计机关必须同时向本级政府和上一级审计机关"负责"并"报告工作"。地方各级审计干部的选任以地方为主,按照党管干部的原则选任。审计业务以上级审计机关领导为主,由于审计业务具有很强的专业性和保密性,上一级审计机关一般更了解下一级审计机关及其负责人的情况,因而必须征求上一级审计机关的意见,有利于保证审计干部任免的客观公正,保证审计监督的独立性,提高审计监督的权威性。这种符合中国国情的审计监督制度设计,对于审计机关依法独立行使审计监督权、排除干扰非常重要。

【理论分析】

根据《审计法(2021)》,审计机关与地方政府及上一级审计机关之间的关系包括"双重负责"和"双重报告工作"两方面的内容。"双重负责"一般表现在人权和事权两个方面。

人权即审计官员选任,这既是优化审计资源配置的重要内容,也是观察上下级审计机关之间相互关系的一个重要视角。我国各级地方国家审计机关虽然实行双重领导体制,但按照干部管理权限,各级地方审计厅(局)长的任命权由地方掌控,一般是由地方党委提名人选,上级国家审计机关主要是业务上的领导,所以各级地方人民代表大会常务委员会决定任免本级审计厅(局)长时,需依据《中华人民共和国审计法实施条例》第13条事先征求上级审计机关的意见。各级地方党委对本级审计厅(局)长的提名人选都是按照干部管理规定进行选拔的,在事先征求上级审计机关意见时,很少出现被否决的情况。"研究发现地方审计机关负责人任免征求上级意见显著提高了审计质量"②,但我国法律和很多规范性文件中的"征求意见"一般意味着上级机关(或征求意见的对象)并不具备否决权,而不是出现双重决定权。即使是被否决,也应当由各级地方党委重新提名。值得注意的是,2015年12月,中共中央办公厅、国务院办公厅正式印发《关于完善审计制度若干重大问题的框架意见》及配套文件

---

① 《中华人民共和国审计法实施条例》第8条规定,省、自治区人民政府设有派出机关的,派出机关的审计机关对派出机关和省、自治区人民政府审计机关负责并报告工作,审计业务以省、自治区人民政府审计机关领导为主。

② 吴秋生等:《地方审计机关负责人任免征求上级意见提高审计质量了吗?——来自我国地市级审计机关负责人任免的证据》,载《审计研究》2016年第4期。

《关于实行审计全覆盖的实施意见》将地方审计机关的领导权上收中央,规定"省级审计机关正职领导任免需征求审计署党组同意,任免省级审计机关副职须事先征求审计署党组意见"。该规定与《组织法》第50条、《审计法(2021)》第17条、《中华人民共和国审计法实施条例》第13条的规定相抵牾,应当以《审计法(2021)》的规定为准。

从事权的角度来看,由于事权涉及内容广泛,地方各级审计机关在处理与本级政府和上级审计机关之间的相互关系时,本级政府与上一级审计机关的意志可能不同,地方审计机关难免会因此遇到矛盾与困惑。为提高行政效率,保障审计监督的独立性与效果不受不必要的影响,《审计法(2021)》特别规定"审计业务以上级审计机关领导为主",审计业务以外的事项一般由地方政府为主,遇有特殊情形,地方政府可以和上级审计机关协商。

【案例与实践】

领导干部经济责任审计如何报告审计结果

根据《党政主要领导干部和国有企事业单位主要领导人员经济责任审计规定》,经济责任是指领导干部在任职期间,对其管辖范围内贯彻执行党和国家经济方针政策、决策部署,推动经济和社会事业发展,管理公共资金、国有资产、国有资源,防控重大经济风险等有关经济活动应当履行的职责。经济责任审计应当以领导干部任职期间公共资金、国有资产、国有资源的管理、分配和使用为基础,以领导干部权力运行和责任落实情况为重点,充分考虑领导干部管理监督需要,依法确定审计内容。因此,经济责任审计表面是审"物",实为审"人",即对"干部"的监督,目的是制约公权力。因此,新时代开展的领导干部自然资源资产离任审计是在"离任"的时间关口①,通过对特定"物"的审计,实现对权力运行的监督,性质上属于经济责任审计。② 如此,我国的经济责任审计全覆盖就具

---

① 经济责任审计可以在领导干部任职期间进行,也可以在领导干部离任后进行,以任职期间审计为主。

② 根据《领导干部自然资源资产离任审计规定(试行)》的规定,主体功能区规划、国土规划、土地利用总体规划、城乡规划、国家公园等自然保护地,上级下达环境保护目标完成、资源环境保护预警机制建立运行等情况都是必审内容。领导干部自然资源资产离任审计是对领导干部在任期内对本地区、本部门的土地、水、森林、草原、矿产等的开发利用,大气、水、土壤等的保护和改善,森林、草原、荒漠、河流、湖泊、湿地的保护和恢复履行责任情况进行的审计。

有特别的规制意义,是对权力运行,即对"人"的监督,是我国政治格局中出现的极具效力的审计监督制度的创新。

实现经济责任审计监督的方式有两种:一是经济责任审计信息的披露,二是依据经济责任审计结果的运用来促进干部的使用管理。前者既是后者的基础,又是实现经济责任审计结果整改的基础。从经济责任审计信息披露的角度看,审计机关进行经济责任审计后,需要出具审计报告和审计结果报告。经济责任审计报告是审计机关对被审计领导干部履行经济责任情况出具的结论性文书,分别送达被审计领导干部及其所在单位。审计结果报告是在审计报告基础上精简、提炼形成的结论性文书,主要是报送本级政府行政首长,必要时报送本级党委主要负责同志,同时提交委托审计的组织部门,抄送经济责任审计工作联席会议有关成员单位。①

第十条 【审计派出机构】

审计机关根据工作需要,经本级人民政府批准,可以在其审计管辖范围内设立派出机构。

派出机构根据审计机关的授权,依法进行审计工作。

【立法目的】

本条是对地方各级审计机关的工作体制的具体规定,审计机关可以依法设立派出机构,并开展审计监督。

【条文解读】

在《审计法(2021)》第 9 条规定的地方各级审计机关与本级人民政府和上一级审计机关之间的相互关系②的基础上,本条进一步规定了各级审计机关在管辖范围内设立派出机构的法定权力。为限制该项法定权力可能的滥用,本条同时规定了审计机关设立派出机构的条件:第一,必须是工作需要;第二,设立派出机构仅限于各自的管辖范围之内;第三,设立

---

① 参见《经济责任审计报告分别送达被审计领导干部及其所在单位》,载中华人民共和国中央人民政府网站(网址:http://www.gov.cn/zxft/ft212/content_1764965.htm),访问日期:2021 年 4 月 2 日。

② 地方各级审计机关对本级人民政府和上一级审计机关负责并报告工作。

派出机构须经本级人民政府批准。

本条进一步规定了审计机关与其派出机构之间的关系,即派出机构在审计机关的授权范围内,依法进行审计监督。

为保证审计监督的独立性不受派出机构设置的影响,《审计法实施条例》第9条规定,审计机关派出机构依照法律、法规和审计机关的规定,在审计机关的授权范围内开展审计工作,不受其他行政机关、社会团体和个人的干涉。

【理论分析】

在我国超大型国家治理体系中,各地情况千差万别,要实现审计全覆盖的监督目标,审计组织法所规定的各种纵向关系就必须兼顾原则性和灵活性。审计机关可以根据工作需要在其审计管辖范围内设立派出机构,这正是灵活性的体现。根据《审计法》的规定,派出机构必须依法开展审计监督活动,其监督工作仅限于审计机关的授权范围。但《审计法》的该条规定甚为宽泛,我国《审计法》和《审计法实施条例》等均没有对哪一级审计机关可以设立派出机构,以及派出机构的具体形式和数量等进行明确规定,而由地方各级审计机关自由裁量。随着我国编制法定化和审计法治化的进一步发展,应当对此有所规制。

审计机关的派出机构是审计机关为实现对所属管辖范围内[①]审计监督工作而设立的审计监督组织,常见的公安派出所、工商所、税务所、司法所等均属于此类。从性质上看,它属于派出该机构的审计机关的一个组成部分,应以相应所属的审计机关的名义作出审计监督行为,并可以依据《中华人民共和国行政处罚法》(以下简称《行政处罚法》)第17条至第19条的规定,在法定授权范围内实施审计处罚。公民、法人或者其他组织不服提起诉讼的,应以设立该派出机构的审计机关为被告。但是,当派出机构以自己名义做出审计监督行为时,如果有法律、法规或者规章授权的,应认定为行政授权行为,公民、法人或者其他组织不服提起诉讼的,应以该派出机构自身为被告。否则,应认定为行政委托行为,派出机构做出

[①] 审计机关是按照被审计单位的财政财务隶属关系或者国有资产监督管理关系确定审计管辖范围的,而不是按照地域确定审计管辖范围。比如,某单位虽地处某市,但其财务关系隶属于中央,那么,只有审计署对该单位拥有审计管辖权,可以对此开展审计工作。在审计资源不足的情况下,就需要审计特派员办事处进行审计。

的行为后果应当由审计机关承担,此时审计机关才是适格被告。

【案例与实践】

根据《审计法(2006)》第 10 条的规定,审计机关根据工作需要,经本级人民政府批准可以在其审计管辖范围内设立派出机构,但具体哪级审计机关可以设立派出机构,《审计法(2006)》没有规定。实践中,地级市以上政府的审计机关有设置派出机构的情况,主要是审计署和省级审计机关设立派出机构,县级政府的审计机关设置派出机构的情况还不多见。

目前,我国的审计派出机构主要有两种形式:派出局和特派办。根据中央机构编制委员会办公室、审计署于 1998 年 6 月 13 日印发的《关于审计署向国务院各部门、直属事业单位派出审计机构的通知》的规定,审计署开始设立派出机构。审计署派出的审计特派员办事机构名称一般为中华人民共和国审计署驻某地特派员办事处(简称"特派办")。目前,我国审计署设有 30 个派出审计局,每一个派出审计局负责对一个或几个国务院部门、国务院直属事业单位及其在京下属单位进行审计监督。审计署还设有由审计署垂直领导的 18 个驻地方特派员办事处,根据审计署的授权,一个特派办负责对两至三个省(或者计划单列市)等进行审计监督,范围包括:省级财政预算执行情况和决算,对海关总署、国家税务总局、中央国库驻地方的分支机构的财务收支,对中国人民银行、中央国有金融机构、证券公司驻地方分支机构的财政财务收支以及国有中央企业、直属事业单位的财务收支等进行审计监督。① 地方各级审计厅的审计特派员办事机构一般称为"审计派出处"。

根据 1998 年 10 月 21 日发布的《审计署关于派出审计局开展审计工作的暂行办法》(已失效)的规定,派出审计局对国务院各部门、直属事业单位进行审计,其审计通知书、审计意见书和审计决定,由审计署直接下达。对各部门下属单位进行审计时,审计通知书、审计意见书和审计决定由派出审计局根据审计工作计划或审计署审计业务会议决定下达,报审计署备案。

---

① 参见中华人民共和国审计署网(网址:http://www.audit.gov.cn/n10/n16/n49/index.html),访问日期:2022 年 4 月 27 日。

新疆维吾尔自治区审计厅派出审计处职责①

根据审计厅授权,依法开展审计工作,人员有权列席、参加被审计单位领导班子和其他方面的有关会议。负责对对口监督单位贯彻落实国家重大政策措施和宏观调控,预算执行、决算及其他财政财务收支,资产、负债和损益以及财务收支情况进行审计监督;参加审计厅统一组织的专项审计和审计调查;督促对口监督单位对审计问题整改;负责对对口监督单位的内部审计工作进行业务指导和监督;完成审计厅交办的其他事项。

第十一条 【审计机关履职经费保障】

审计机关履行职责所必需的经费,应当列入预算予以保证。

【立法目的】

本条对审计机关履行职责的经费保障制度进行规定。

【条文解读】

审计监督固然具有多元化的监督、治理机能,但审计监督体系本身需要成本,其直接成本就是经费开支。一个国家的审计监督体系越是发达,耗费的经费就越多。

本条规定了审计机关经费开支的法定渠道,即由本级政府预算予以保证,审计机关的经费应当是履行审计监督职责所必需的,至于其具体费用开支的限度,则由《审计法实施条例》等予以进一步规定。②

【理论分析】

无论采用何种监督体制,各国立法无不对保障审计监督运行所必需的经费进行明确规定。这样做的原因有二:一是保证审计机关能够依法

---

① 参见新疆维吾尔自治区审计厅网(网址:http://sjt.xinjiang.gov.cn/sjt/pcjg/202006/ab11f643a363490cb5ad55761d7213b4.shtml),访问日期:2022年4月27日。

② 根据《审计法实施条例》第10条,审计机关编制年度经费预算草案的依据主要包括:(一)法律、法规;(二)本级人民政府的决定和要求;(三)审计机关的年度审计工作计划;(四)定员定额标准;(五)上一年度经费预算执行情况和本年度的变化因素。

履行职责。2007年5月,审计署和财政部专门向各地联合印发了《审计署、财政部关于切实保证地方审计机关经费问题的意见》。二是为了从技术意义的角度保障审计监督的独立性,以确保审计机关行使职权时不受其他部门的牵制。

如何保障和提高行政型审计的独立性、提高监督效果? 较为彻底的方式是从宏观的制度设计入手进行改革,改变审计监督权在国家宏观政治结构中的地位——调整审计监督权与立法权、司法权、监察权和行政权之间的关系。但如此大力度、高强度、成本巨大的制度变革,目前无论是我国的政治文化和政权结构,还是立法技术都不允许。在坚持现有制度的基础上,进行多渠道、微观层面可操作的改良也可以达到提高独立性的目的。除前文所述审计官员的选人机制外,科学设计审计机关经费保障制度也是其中之一,当然,立法也应当对审计机关经费使用进行必要的监督和控制。

【域外经验】

1983年的《英国国家审计法》第4条第1款规定,国家审计署的经费应从议会提供的经费中支付。第2款规定,主计长应当为国家审计署准备每个财政年度经费开支的预算,公共账目委员会应当对主计长提交的预算进行审查,并呈送议会下院。根据《英国国家审计法》的规定,主计长在任职期间可以享有比较高的薪酬水平,在其退休后仍可享有较高的退休金。[1]

美国的规定与英国类似,为了排除外来压力的影响,审计总署的经费由国会单列预算予以保证。主计长可以享受高于一般部长的薪金待遇,并且在其退休后薪金不减。美国将审计机关工作人员薪酬从联邦雇员支付体系中独立,建立与工作绩效关联更为紧密的独立核算、独立配发的薪酬支付体系,保证审计人员的薪酬和待遇,保证了审计机构高效且独立的运行。[2]

根据1947年的《意大利宪法》的有关规定,意大利审计法院的经费单

---

[1] 参见审计署编译:《世界主要国家审计法规汇编》,中国时代经济出版社2004年版,第260—261页。

[2] 参见叶陈刚、张立娟、王孜:《国家审计制度比较研究》,载《中国审计评论》2016年第1期。

独列入国家预算,由议会直接拨付,不受政府财政的控制。根据1934年的《意大利法院组织法》的规定,由审计法院的院长负责制定有关管理审计法院经费开支的规定并由院长负责决定经费的具体使用。

根据1947年的《日本财政法》第17条、第19条规定,国会、法院和会计检查院是3个特殊的预算单位,其支出由国家财政予以保障。财务省和内阁要削减会计检查院提出的部门预算,必须征得会计检查院院长同意。会计检查院按照工作需要编制其部门预算,送财务省列入国家预算,内阁和财务省一般不予以削减(其他部门的预算则由财务省和内阁确定)。当财务省确实无法保证会计检查院经费预算时,应当向会计检查院院长说明并进行商讨;双方协商后,如就经费问题仍有争议时,则提交国会决定。

作为单一制国家,中央集权式的法院经费管理体制是法国法院经费制度的重要特色,各级法院的所有经费都由国家财政统一负担,地方审计法院经费不受地方财政控制。地方审计法院所需经费,必须逐级向上提出经费需求;上级法院统一向司法部提交报告,由司法部向国家议会提出经费预算申请;国家议会批准后,各级地方法院经费预算自上而下启动实施。[1] 为了保证审计法院独立行使职权,法国建立了独立的司法预算制度。由司法部提出司法经费预算,集中提交给议会进行审议批准。议会审批后,由国家财政统一支出,司法部实施管理。审计法院作为司法机构的一员,其经费预算由国家财政单列。审计法院每年编制年度财政预算,交由国民议会财政委员会审查,并经议会会议审议通过,不受政府的控制。

评述:国外立法十分重视审计机关的经费保障,有关立法内容精巧而全面。对审计机关的经费保障和使用监督均进行了细致的规定,内容覆盖了经费的预算、拨付、调整诸多环节,甚至还对主计长和审计工作人员的薪酬进行了规定。我国《审计法》本条的规定仅仅是原则性的初步规定,尚需要系统化、精细化地作出进一步的规定,使之落到实处,避免成为"睡美人"条款。

第十二条 【高素质专业化审计队伍】

审计机关应当建设信念坚定、为民服务、业务精通、作风务实、敢于担当、清正廉洁的高素质专业化审计队伍。

---

[1] 参见陈春梅:《由中央统一保障的法国法院经费制度》,载《人民法院报》第8版。

审计机关应当加强对审计人员遵守法律和执行职务情况的监督,督促审计人员依法履职尽责。

审计机关和审计人员应当依法接受监督。

【立法目的】

本条是对审计机关建设专业化的审计队伍的义务和审计监督权接受监督的规定。审计监督权接受监督的规定包括审计监督依法接受再监督的义务、审计机关对审计人员履职和接受法律监督进行督促的义务。目的是制约审计自由裁量权,保障审计监督权规范运行。

【条文解读】

本条第 1 款规定,建设高素质专业化的审计队伍是审计机关的法定义务,高素质专业化的审计队伍的具体要求是信念坚定、为民服务、业务精通、作风务实、敢于担当、清正廉洁六个方面。本款应当与《审计法(2021)》第 13 条结合起来理解,第 13 条具体规定了高素质专业化的审计队伍建设对专业知识和业务能力的要求,以及实现要求的路径之一。

本条第 2 款规定了审计机关和审计人员依法接受监督的法定义务。审计监督自身必须自觉接受党和国家监督体系的监督,接受监督的对象是审计机关及其工作人员,监督的渠道分别是党内监督、国家机关监督、民主监督、司法监督、社会监督和舆论监督,体现了新时代从整体上注重系统集成,协同高效地构建党和国家监督体系,推动各方面制度更加成熟的指导思想。另外,本款规定审计机关应当加强对审计人员执行职务和遵守法律情况的监督,督促审计人员依法履职尽责。

从逻辑上看,本条第 3 款具有总括性和引领性,其适用范围广泛。前两款的内容仅仅是对第 3 款一个有限而不周延的罗列,且在立法语言上,更偏向文件用语。本条前两款分别是从审计机关的审计执法主体(队伍建设)和审计执法过程(审计机关对涉及人员依法履职尽责情况)的角度对审计监督权应当依法接受监督的展开。因此,笔者认为,本条在结构上应当将第 3 款置于首位,或将前两款删去更为合理。也可以将本条拆分为两款,第 1 款无论是在内容上还是在结构上都完全可以独立,单列一条。

本条应当与《审计法(2021)》第 16 和第 17 条结合起来理解,第 16 条规定了审计机关和审计人员在审计执法中的保密义务。第 17 条则规定了审计机关负责人依照法定程序任免,实际上也是从审计官员选任的角度规定其应当依法接受监督。

【理论分析】

审计监督权是国家公权力,审计监督自身必须受到监督,具体表现为审计机关和审计人员应当依法接受监督。在实践中,世界各国在审计法中对审计机关的外部监督制度进行规定,但形式有所不同,主要包括以下几种做法:一是建立外部审计师制度。英国、美国、加拿大、澳大利亚等都建立了外部审计师制度。二是建立监察长制度。美国审计署除了聘请外部审计师外,还建立了监察长制度。三是设立检察院。根据2016年的《法国审计法院法》,法国在审计法院内常设检察院,用来监督和协助审计法院的工作。[①]

我国的审计监督权自身是一个庞大的权力体系,内容包括"对人的监督权"和"对事的监督权"。在"对人的监督权"方面,领导干部经济责任审计扎根中国实际,紧紧抓住"党员领导干部这个关键少数",从领导干部经济责任和自然资源资产离任审计等方面实现了对权力行使主体全方位的监督。在"对事的监督权"方面,监督的内容包括预算执行监督权、党和国家重大政策监督权、各种公共资源使用的监督权与权力运行效能监督权。任何一种权力一旦失去制约就会产生腐败,内容广泛的审计监督权也不例外。

2015年12月,中共中央办公厅、国务院办公厅印发的《关于完善审计制度若干重大问题的框架意见》明确提出"探索建立对审计机关的外部监督制度"。2019年4月,审计署出台《审计署关于定期接受特聘审计监督员对部门预算和其他财政收支情况进行审计的办法(试行)》,这是审计机关接受外部监督的一项有益探索,但仅仅适用于审计署。近年来,我国一直在探索立体化的对审计监督权的制约体系,并已经形成了有效的制度结构。审计监督作为党和国家监督体系的组成部分之一,在与党内监督、监察监督、国家机关监督、民主监督、司法监督、社会监督和舆论监督相互制约、形成合力的同时,这些监督制度也分别发挥各自的优势,对审计监督权(并不仅限于审计机关及其工作人员)形成全方位的立体监督

---

① 参见姜江华等:《国外审计相关立法对我国审计法修改的启示》,载《审计观察》2020年第8期。

网络。

自人类社会产生制约权力推进政治文明的政治理想以来,制约权力的制度结构总体上分为两大路径:一是源远流长的以三权分立为代表的权力制约权力理论。二是社会制约权力理论。① 前者因其体制化和利用国家力量开展监督而更为历史悠久,且监督也更为有力。按照权力制约的二分法逻辑理论,我国的九大监督体系又可以分为:第一,公权力监督——体制内的监督,通过国家权力不断的裂变和重组,实现对权力的监督和制约。第二,私权利监督——体制外的监督,通过社会权力,结合社团、社会组织和社会舆论等各种途径实现的监督。其法理是近代以来各国宪制所规定的结社权和言论自由权。中国有着长期以权力制约权力的政治传统,社会制约权力的积淀并不深厚,即使出现过一些社会制约权力的局面,也是在国家主义主导下有限度地允许社会力量参与制约权力,并且大多数时候社会制约权力的体系被权力制约权力的体系所吸纳和整合。基于此,我国对审计监督权进行监督的体系应当将公权力监督置于优先地位,同时鼓励对审计监督权开展舆论监督等各种形式的社会监督。

【案例与实践】

全国人民代表大会常务委员会法制工作委员会法规备案审查室
关于对地方性法规中以审计结果作为政府投资建设项目
竣工结算依据有关规定提出的审查建议的复函

(法工备函〔2017〕22 号)

中国建筑业协会:

你会 2015 年 5 月提出的对地方性法规中以审计结果作为政府投资建设项目竣工结算依据有关规定进行审查的建议收悉。我们对有关审计的地方性法规进行了梳理,并依照立法法第九十九条第二款的规定对审查建议提出的问题进行了研究,征求了全国人大财经委、全国人大常委会预工委、国务院法制办、财政部、住房城乡建设部、审计署、国资委、最高人民法院等单位的意见,并赴地方进行了调研,听取了部分地方人大法制工作机构、政府有关部门、人民法院和建筑施工企业、律师、学者等方面的意

---

① 19 世纪法国自由主义思想家托克维尔为人类留下社会制约权力理论的思想遗产,20 世纪著名的民主理论家罗伯特·达尔将之发扬光大。

见。在充分调研和征求意见的基础上,我们研究认为,地方性法规中直接以审计结果作为竣工结算依据和应当在招标文件中载明或者在合同中约定以审计结果作为竣工结算依据的规定,限制了民事权利,超越了地方立法权限,应当予以纠正。

我们已经将全国人大常委会法工委《对地方性法规中以审计结果作为政府投资建设项目竣工结算依据有关规定的研究意见》印送各省、自治区、直辖市人大常委会。目前,有关地方人大常委会正在对地方性法规中的相关规定自行清理、纠正,我们将持续予以跟踪。

感谢你们对国家立法和监督工作的关心和支持。

特此函复。

全国人大常委会法制工作委员会法规备案审查室
2017年6月5日

评述: 本例中,全国人大法工委的复函体现了立法权对审计监督权的制约。本次《审计法》修正规定,对政府投资和以政府投资为主的工程项目,以及其他关系国家利益和公共利益的公共工程项目的预算执行、决算以及有关建设、运营情况进行审计监督,是审计机关的一项重要职责。但长期以来,我国现实生活中存在的"依据地方性法规,直接以审计部门的审计结果作为竣工结算依据,以此否定当事人双方在招标文件中载明或者在合同中约定的以审计结果作为竣工结算依据"的做法,实际上是行政权对当事人契约和意思自治的不当限制和干预。不仅限制了合同当事人的民事权利,超越了地方立法权限,更从侧面暴露了审计权行使的不当。全国人大法工委的监督对于维护当事人的合法权利、树立审计监督的权威将起到良好的作用。

第十三条 【审计专业知识和业务能力】

审计人员应当具备与其从事的审计工作相适应的专业知识和业务能力。

审计机关根据工作需要,可以聘请具有与审计事项相关专业知识的人员参加审计工作。

【立法目的】

本条是对审计人员职业胜任能力的具体规定。

【条文解读】

由于在国家治理体系中担负越来越重要的职责，我国的审计监督已经出现了多元化发展的态势。2021年6月22日，中央审计委员会办公室、审计署印发的《"十四五"国家审计工作发展规划》中将审计监督职责分为八个方面：政策落实跟踪审计、财政审计、国有企业审计、金融审计、农业农村审计、资源环境审计、民生审计和经济责任审计，要求审计机关依法全面履行职责。审计监督职责多元化的发展必然对审计人员的职业胜任能力提出更高的要求。本法第12条规定了建设高素质专业化审计队伍的目标，在此基础上本条规定了建设高素质专业化审计队伍的具体要求和实现路径。

本条第2款为本次修法新增的内容，吸收了国外的先进经验，结合我国国情，规定了审计署若遇有审计力量不足、相关专业知识受到限制等情形时，还可以聘请具有与审计事项相关专业知识的人员参加审计工作。一般是从社会中介机构和其他专业机构聘请或者直接聘请外部人员参与审计（含专项审计调查）工作。我国审计人员实行审计专业技术资格制度，聘请人员参加审计工作一般应当要求具有相应的专业技术资格。审计署于2006年6月28日专门印发《审计署聘请外部人员参与审计工作管理办法（试行）》，对此进行了具体规范。

【理论分析】

审计监督兼具"政治"和"治理"不可分割的双重内容，审计首先是一个高度专业化的工作，因此，对审计人员有较高的素质和能力要求。各个国家的审计立法无不要求审计人员应当具备与其从事的审计工作相适应的专业知识和业务能力。《德国联邦审计院法》规定，联邦审计院院长、副院长与至少三分之一的厅长、主任必须具备法学背景。1978年的《美国监察长法》要求审计人员不仅具有正直的品格，还需要在会计、审计、法律、管理分析、公共行政和调查等方面具有相应的能力。① 尽管如此,在审计实务中,美国审计人员的能力依然受到挑战。1986 年,美国会计总署随机抽取了 120 份由注册会计师(CPA)执业的联邦财务援助审计,并进行了复核。结果发现,由于会计人员的执业能力存在不同的缺陷,导致审计不能为联邦资金的使用是否遵守法规提供足够的保证。于是,会计总署发布专门的研究报告予以披露。为了解决该问题,美国注册会计师协会于 1987 年 5 月发布了《关于政府部门审计质量紧急任务报告》,从人员准入资格、后续教育、审计现场组织等方面提出 5 大类共 25 个建议,通称"5E",包括:教育(education)——仅有审计人员准入门槛是不够的,必须对从事政府审计的人员进行法定的持续性训练,《美国政府审计准则》还对审计人员接受后续教育的时间和量度进行了具体的规定;现场组织(engagement procedures)——改进现场审计人员的选取和组织方式,以保证由符合要求的审计人员进行政府审计;评价控制程序(evaluate and execute)——对从事政府审计的人员的执业行为与结果进行复核;信息交流(engage)——职业界应与政府内部审计讨论会以及其他相关团体进行交流以改进政府审计工作质量。

  现代社会"行政国家"的特点决定了审计监督需要对不断增长的公共资源和不断演变的公共政策进行监督,导致审计监督对象的广泛与审计人员的相对不足之间矛盾。因此,整合政府审计与社会审计资源就成为一个必然的选择。聘请具有与审计事项相关专业知识的人员参加审计工作是各国共同的做法,但是外聘人员在专业领域、对审计目标的理解、审计程序的执行和审计执业的动机等方面又存在很大的偏差,会对审计结果产生影响。从立法规制的视角看,各国法律均规定审计机关必须对外聘人员的审计结果进行审核,并承担法律责任。除此之外,一些国家还探索事前的预防性救济策略。《美国政府审计准则》规定在聘请外部专家时设立一个专项信息披露义务,要求在政府审计报告中对使用外聘人员进

---

① 《美国政府审计准则》第 3.72 节规定,审计师整体上应具备:(1)如果工作需要统计抽样,审计师或专家中应包括有统计抽样技能的成员;(2)如果工作需要对信息系统进行广泛的审核,审计师或专家中应包括具有信息技术技能的成员;(3)如果工作涉及复杂的工程资料,审计师或专家中应包括具备工程学技能的成员;(4)如果工作涉及专门的审计方法或分析技术,比如运用复杂的调查工具,基于精算的估计或统计分析测试,审计师或专家中应包括具有这些方法或技能的成员;(5)如果工作涉及专业知识,比如科学、医疗、环境、教育或其他任何专业知识,审计师或专家中应包括具备这些知识的成员。参见美国审计总署:《美国政府审计准则(2011)》,胡智强等译,经济科学出版社 2017 年版,第 27 页。

行审计的情况进行特别说明①,以提醒第三方在使用审计报告时注意可能蕴含的风险,并针对此设置特别的程序。

我国实行公有制为主体,多种所有制经济共同发展的基本经济制度和党领导一切的政治原则,审计监督的任务尤为繁重,利用外聘人员开展审计监督是一个必然的历史趋势,立法必须从实体、人员、要素和程序等方面为提高审计监督质量提供保障。

【案例与实践】

亳州市审计局审计工程造价借"外脑"②

由于现代信息技术的发展,在许多新的领域开展审计监督需要涉及新的技术手段和人员,很多传统的审计领域也面临方法的更新。

2006年10月,亳州市审计局对治淮建设项目进行审计时,核减掉某水利建设项目启闭机制造工程价款22万元,这就相当于为财政节约了22万元。而这要得益于审计部门引进的两名"星期天工程师"。

由于缺乏工程技术人才,亳州市审计局在工程造价审核方面一直存在薄弱环节。由于受人事管理制度、审计经费的影响,工程技术人员紧缺的问题一直未能得到解决。自2006年4月以来,经过多次调研反复筛选,决定本着"不求所有,但求所用"的原则,亳州市审计局引进了两名具有丰富工程技术经验的"星期天工程师",利用他们的周末空闲时间,借其"智慧"来为审计提供专业服务。此举不仅解决了专业技术人才短缺的问题,而且节省了审计经费。

"星期天工程师"主要是指各级各类专业技术人才、经营管理人才利用双休日、节假日等业余时间,在完成本职工作、不侵害国家和单位技术、经济权益的前提下,为其他单位提供各种技术服务,或受聘兼任技术和管理职务。

---

① 根据《美国政府审计准则》第6.43节,评估专家们的职业资格包括下列几个方面:(1)专家在其领域的职业证书、执照和其他能力的适当认同;(2)熟悉该专家能力及表现的同行和其他人眼中专家的名誉及地位;(3)专家对于被鉴证事项的经验和先前工作;(4)审计师的先前经验。参见美国审计总署:《美国政府审计准则(2011)》,胡智强等译,经济科学出版社2017年版,第47页。

② 参见《亳州市审计局审计工程造价借"外脑"》,载安徽省审计厅网(网址:http://sjt.ah.gov.cn/xwzx/sjdt/sxdt/38951000.html),访问日期:2022年4月28日。

第十四条 【影响审计独立性行为禁止】

审计机关和审计人员不得参加可能影响其依法独立履行审计监督职责的活动,不得干预、插手被审计单位及其相关单位的正常生产经营和管理活动。

【立法目的】

本条是为保证审计监督的独立性而对审计机关和审计人员行为的禁止性规定。

【条文解读】

本条是新时代从严治党、依法审计要求的具体体现。本条不仅概括性地指出,审计机关和审计人员不得参加可能影响其依法独立履行审计监督职责的活动,还进一步具体指明,审计机关和审计人员不得干预、插手被审计单位及其相关单位的正常生产经营和管理活动。

本条是对审计机关和审计人员的总体要求,义务主体是审计机关和审计人员。《审计法》对可能影响审计人员独立性的行为进行规制,本条第 1 款既是概括性的消极规范,也是对审计人员行为的禁止性规范。

本条应当遵循整体性解释的立场,除不得干预、插手被审计单位及其相关单位的正常生产经营和管理活动之外,凡是可能影响其依法独立履行审计监督职责活动的行为均在禁止之列。

本条为本次修法新增的内容,《审计法(2006)》第 13 条仅对审计人员办理审计事项应当履行的回避义务进行了规定。本次修法新增本条进一步对审计机关和审计人员的行为提出了禁止性规定,提高了规制强度,能更有效地针对中国实际情况保障审计独立性。

【理论分析】

宏观、中观和微观三个维度的审计独立性制度需要相互支撑,从审计执法程序(办理审计项目)的角度保障审计独立性的制度设计,正是其中之一。尽管审计政治体制和审计宪法体制对被审计对象利益的影响更具有根本性,但也相对抽象、遥远且间接,实际上在审计执法过程中被审计对象更容易影响审计机关和审计人员的审计独立性,因此,从微观角度保障审计独立性更具有现实和可操作的意义。这也是各国审计立法的一个努力方向,《美国政府审计准则》在评估政府审计独立性的时候,为应对很多错综复杂的影响独立性的因素,专门从微观、可操作的角度建立了一个供审计师个人使用的框架性原则去识别、评估和解决对于独立性的威胁。①

本次《审计法》修法在总结现实经验的基础上,根据各国审计立法的成功经验和我国审计监督领域存在的实际情况,特别增加规定:审计机关和审计人员不得参加可能影响其依法独立履行审计监督职责的活动。至于究竟何为"参加""可能""影响"等规范要素,需要通过《审计法实施条例》《国家审计准则》,以及有关审计监督的司法解释和地方立法予以明确。

"干预""插手"等用语是具有中国特色的政治词汇,将带有政治色彩的词汇直接搬入法律文本中是我们在立法过程中的常见现象,尤其是在公法领域。那么如何提高立法技术,将政治用语通过适当的法律技术转化为精准、规范的法律文本语言,提炼成为规范的法律概念或范畴,这是需要我们认真研究的。因为"法治思维需要从概念开始,立法通过概念赋予事实和行为以法律意义"②,没有明确的法律概念,既无法构建部门法的规范体系,也无法对社会关系进行调整。为此,必须注意立法中各种概念不规范的现象,或者是概念因从政治经济与社会生活领域直接移入导致其的法律含义不清、不准确,或者是各个法律概念相互不匹配,或者是概念之间逻辑上存在不一致性等。对于上述作为法律要素的用语的具体含义,审计署已经做出了有价值的探索,于 2018 年 7 月 25 日出台了《审计署关于印发〈审计"四严禁"工作要求〉和〈审计"八不准"工作纪律〉的通知》③,其中的很多内容已经被本次修法吸收和提炼。④

---

① 参见美国审计总署:《美国政府审计准则(2011)》,胡智强等译,经济科学出版社 2017 年版,第27页。
② 黄涧秋:《新行政处罚法堪称立法技术规范化的典范》,载搜狐网(网址:https://www.sohu.com/a/478085389_121123752),访问日期:2022 年 5 月 8 日。
③ 参见《审计"四严禁"工作要求和审计"八不准"工作纪律》,载广州荔湾区审计局网(网址:http://www.lw.gov.cn/gzlwsj/gkmlpt/content/5/5235/post_5235138.html#13203),访问日期:2022 年 5 月 8 日。
④ 例如,对"干预"的释义是指审计人员利用职权或影响力,通过打招呼、说情、施加压力等方式,影响被审计单位内部管理或行政决策的行为。尽管其寓意精确与否仍然值得探究,但是已经迈出了重要的一步。

【案例与实践】

审计署关于盐山县县城电网建设与改造工程竣工决算审计组违反审计纪律问题的通报[①]

各省、自治区、直辖市审计厅(局),各计划单列市、新疆生产建设兵团审计局,署机关各单位、各特派员办事处、各派出审计局:

根据河北省审计厅统一部署,2006年3月至4月,沧州市审计局派出审计组,对盐山县县城电网建设与改造工程竣工决算进行审计。在审计期间,发生了审计组成员、盐山县审计局工作人员张洪涛猝死事件。之后,这一事件经媒体以"沧州市一审计人员接受招待猝死酒店门前"为题予以报道,在社会上引起一定反响,给审计机关和审计人员的形象造成不良影响。

上述情况发生后,审计署高度重视,及时发布了新闻发言人声明,迅速成立调查组进行了调查。河北省审计厅也立即成立调查组进行调查。

经调查查明,虽然当地审计机关尚未实行审计署的"八不准"审计纪律,即审计组有关人员食宿费用可以由被审计单位负担,但该审计组在审计期间违反规定接受了被审计单位的多次宴请。此后,审计组又参加被审计单位组织的赴外地旅游的活动,虽然费用由审计人员自己负担,但这也是违反审计署有关规定的。目前沧州市政府及其有关部门正在对这起违纪事件的有关人员进行查处、追究责任。

该审计组发生违反审计纪律的问题,给审计机关和审计人员敲了警钟。它说明在执行审计纪律上还有薄弱环节,加强审计机关廉政建设还任重道远。各级审计机关要从中深刻吸取教训,保持清醒头脑,举一反三,认真查找存在的问题,进一步以"外抓纪律、内抓管理"为重点,强化廉政建设和审计纪律,不断提高广大审计干部"廉洁从审"的自觉性。要继续贯彻从严治理审计队伍的方针,建立健全审计执法过程中的监督制约机制,坚决查处审计人员违纪问题,严肃追究责任。各级审计机关要争取政府的支持,积极创造条件,全面实行"八不准"审计纪律。要通过坚持不

---

① 参见《审计署关于盐山县县城电网建设与改造工程竣工决算审计组违反审计纪律问题的通报》,载北京市审计局网(网址:http://sjj.beijing.gov.cn/zwxx/tzgg/201910/t20191028_459388.html),访问日期:2022年5月8日。

懈的努力,建设一支经得起各种考验的审计队伍,为深化审计工作、发展审计事业奠定坚实基础,做出新贡献。

第十五条 【审计监督回避义务】

审计人员办理审计事项,与被审计单位或者审计事项有利害关系的,应当回避。

【立法目的】

本条规定了审计人员在审计执法中必须履行回避义务。

【条文解读】

本条从审计执法的角度规定了审计回避制度。与第14条不同,本条的规定更加具体,其适用主体是审计人员,适用的范围是审计执法过程——办理审计事项。适用的内容是审计人员在审计执法中必须履行回避义务。适用条件是与被审计单位①或者审计事项有利害关系。《审计法实施条例》第12条对需要回避的情形和程序进行了具体规定,《中华人民共和国国家审计准则》对其做出了明确解释。此外,我国的一些地方立法在此基础上进行了更为深入、细致、具备可操作性的规定,取得了很好的效果,值得研究。②

本条在性质上是具体性的积极规范,是对审计执法人员回避义务的强制性(命令性)规范。

---

① 2018年7月25日,《审计署〈关于印发审计"四严禁"工作要求〉和〈审计"八不准"工作纪律〉的通知》对"被审计单位和个人"进行了扩张性解释:被审计单位和个人是指审计中涉及的所有单位和个人,包括正在接受审计的单位或个人、延伸审计和调查涉及的单位或个人,以及其他与被审计单位相关、有可能影响审计独立性的单位或个人。

② 《上海市审计局审计人员公务回避暂行规定》第2条规定,利害关系是指审计结果将会涉及增加或减损办理审计事项的审计人员的金钱、名誉、亲情、友情等。第3条规定,审计人员办理审计事项时,有下列情形之一的,应当回避:(一)与被审计单位负责人或者与审计事项密切相关的管理人员有夫妻关系、直系血亲关系、三代以内旁系血亲或者近姻亲关系的;(二)本人或与本人有前款所列亲属关系的人员,与被审计单位或者审计事项有经济利益关系,可能影响公正执行公务的;(三)与被审计单位、审计事项、被审计单位负责人或者与审计事项密切相关的管理人员有其他利害关系,可能影响公正执行公务的。第4条规定,审计人员遇有应当回避情形时,本人应当提出回避申请;利害关系人也有权以书面形式申请审计人员回避。申请时应说明申请回避的理由。其他人员可以向我局提供审计人员需要回避的情况。

【理论分析】

我国实行行政型审计,审计回避的理论研究也是在行政法的背景下展开的。审计回避是指审计机关工作人员在行使审计监督权的过程中,因其与被审计单位或者审计事项有利害关系,为保证实体处理结果和程序进展的公正性,根据当事人的申请或审计机关工作人员的请求,有权机关依法终止其职务的行使并由他人代理的一种法律制度。审计回避制度是审计人员保持独立性的一个有效的程序性制度保障。

20世纪后,随着行政程序法典化运动的展开,基于行政程序制度和诉讼程序制度的共性,人们将诉讼程序中的回避制度移植于行政程序,行政程序回避制度成为现实。审计回避属于行政回避,作为一项行政程序制度,一般由适用条件、管辖、适用范围、适用程序与限制、适用效力等内容构成,是一项重要的保障行政公正的法律制度。但我国由于行政程序法滞后,行政回避制度整体实际效果不理想,还需要通过进一步完善相应的行政法律制度来解决。

1. 审计回避的适用条件

审计机关工作人员与相对人之间因法定事由,导致其不能公正处理行政事务而失去执法主体资格,该法定事由即为适用条件。从各国行政程序法的规定看,回避事由内容在表述上不尽一致,如"个人偏见""招致不公正事由""偏袒嫌疑"和"利害关系"等。可见,回避事由既有行政相对人的主观事由,如"偏见",也有客观事由,如"利害关系"。我国的审计回避采客观事由说,但"利害关系"包括被审计单位或者审计事项两个方面。①

2. 审计回避的适用程序

《审计法实施条例》第12条所规定的审计回避程序②甚为简陋,影响审计回避制度的效果,应当进一步补强。首先在回避方式上,《审计法实施条例》第12条规定了两种回避方式,即自行回避与申请回避。

---

① 《审计法实施条例》第12条将"利害关系"具体规定为:(一)与被审计单位负责人或者有关主管人员有夫妻关系、直系血亲关系、三代以内旁系血亲或者近姻亲关系的;(二)与被审计单位或者审计事项有经济利益关系的;(三)与被审计单位、审计事项、被审计单位负责人或者有关主管人员有其他利害关系,可能影响公正执行公务的。

② 审计人员的回避,由审计机关负责人决定;审计机关负责人办理审计事项时的回避,由本级人民政府或者上一级审计机关负责人决定。

除此之外,还应增加责令回避方式。由于当事人发现回避事由可能发生在审计执法程序的任一环节,故审计回避可以分为事前回避和事中回避。申请回避的当事人可以是审计机关、审计工作人员、被审计对象①(包括被审计单位)。其次,审计机关应当依法履行告知义务,向被审计单位告知其享有的申请回避权。最后,增加有关审计回避的审查程序和时限性规定,包括审查回避申请的时限、当事人申请回避权的行使期限等。

3.审计回避的效力

审计回避的效力是审计执法人员失去审计执法的主体资格,审计机关因此负有在法定期限内重新组织审计组和审计人员的义务。更为复杂的问题是,实践中会出现应当回避而没有回避情况下做出的审计监督行为的效力认定问题,尤其是在事中回避的情况下,如何认定已经做出的审计执法行为的效力。笔者认为,应当回避而没有回避做出的审计监督行为应为可撤销,除非当事人放弃申请权,应当依照行政法关于具体行政行为无效、撤销与废止的规定决定其效力。

4.审计回避的法律责任

我国审计立法还没有对违反审计回避制度的法律责任予以明确。笔者认为,应当明确以下事项:一是要明确违反审计回避制度做出的审计结果无效。二是对审计人员应当回避而不主动申请回避的,依法应承担相应的责任。三是对应回避的审计人员在审计回避前已获取的审计证据,应当分情况进行处理,采取补充审计等审计措施,对审计事项有重大影响的,应当另行获取审计证据。②

【案例与实践】

安徽省绩溪县审计局对审计回避作出规定③

为保证审计工作的客观性、公正性和独立性,依据《中华人民共和国

---

① 被审计对象并不限于被审计单位,在领导干部经济责任审计和自然资源资产离任审计中,被审计对象就不是被审计单位。具体而言,在我国的审计立法中,对于被审计对象、被审计单位等概念的使用需要进一步统一和规范。

② 参见廖军、袁毅谦:《对审计回避制度的思考》,载《中国审计》2007年第21期。

③ 参见《绩溪县审计局对审计回避作出规定》,载安徽省审计厅网(网址:https://sjt.ah.gov.cn/xwzx/sjdt/sxdt/38952433.html),访问日期:2022年5月2日。

审计法》和《安徽省审计监督条例》等有关规定,绩溪县审计局结合工作实际,于2007年7月出台了审计回避制度。

该制度规定审计人员在办理审计事项时,遇有下列情形之一的,应主动申请回避:审计人员与被审单位的负责人或财务负责人有夫妻关系的;审计人员与被审单位的负责人或财务负责人有三代以内直系或旁系血亲关系的;审计人员与被审单位的负责人或财务负责人有直接利害、利益关系的;审计人员与被审单位的负责人或财务负责人有姻亲关系的;审计人员曾在被审单位或其主管部门担任领导职务或工作,脱离被审单位或其主管部门不满二年的;被审计单位要求回避,且符合回避条件的。

该制度还规定:被回避的审计人员,不得以任何形式参与审计意见和审计决定的作出;不得利用职权或关系指使或暗示其他审计人员对审计处理进行干预;不得以其他方式对审计过程或结果施加影响,研究相关审计事项时被回避的审计人员不再参加。审计人员违反回避规定的,由局纪检组负责调查核实,并视情节轻重,予以处分。

评述: 安徽省绩溪县审计局对审计回避的规定有很多亮点,在审计回避事由、审计回避程序、审计回避法律责任等方面都弥补了现有立法的不足。在《审计法(2021)》实施以后,《审计法实施条例》《国家审计准则》等跟进立法中,值得加以提炼和总结。

第十六条 【审计监督保密义务】

审计机关和审计人员对在执行职务中知悉的国家秘密、工作秘密、商业秘密、个人隐私和个人信息,应当予以保密,不得泄露或者向他人非法提供。

【立法目的】

本条是对审计人员保密义务的规定。

【条文解读】

审计人员负有法定保密义务,审计人员的保密义务是在审计执法过程中知悉的被审计对象的属于法定禁止公开的信息或特定客体,其具体内容包括国家秘密、工作秘密、商业秘密、个人隐私和个人信息。

本条所规定的审计人员保密义务所指向的对象是"国家秘密、工作秘密、商业秘密、个人隐私和个人信息",与《审计法(2006)》①和"审计署稿"②的规定有很大的不同。从《审计法(2006)》规定的"国家秘密""被审计单位的商业秘密",修改为"国家秘密""工作秘密""商业秘密""个人隐私"和"个人信息",不仅增加了"工作秘密""个人隐私"和"个人信息",而且"商业秘密"之前也删去"被审计单位的"限定语,保密义务范围扩大。

本条应当结合《审计法(2021)》第 6 条和第 57 条的规定一起理解,第 6 条对审计机关和审计人员在审计执法中应"保守秘密"进行了原则性的规定,而第 57 条则对审计人员保密义务应负的法律责任进行了规定。

【理论分析】

对审计执法人员设定保密义务是各国共同的做法,既是保护审计执法相对人的利益,也是提高审计质量和公信力的需要。

我国审计信息披露应当遵守《中华人民共和国政府信息公开条例》(以下简称《政府信息公开条例》),《审计法》关于审计人员保密的规定实际上就是信息公开法确立的豁免条款,多数国家信息公开法确立的豁免条款中,往往都会有这么一条,即"其他法律另有规定或免于公开的"③。

我国《审计法》关于审计信息保密的规定,既与《政府信息公开条例》的有关内容相一致,又具有自身的特点。

依据《政府信息公开条例》,行政机关公开政府信息,应当坚持以公开为常态、不公开为例外。下列三类政府信息不应当公开:(1)依法确定为国家秘密的政府信息,法律、行政法规禁止公开的政府信息,以及公开后可能危及国家安全、公共安全、经济安全、社会稳定的政府信息。(2)涉及商业秘密、个人隐私等公开会对第三方合法权益造成损害的政府信息,除非第三方同意公开或者行政机关认为不公开会对公共利益造成重大影响的,方可予以公开。(3)行政机关的内部事务信息,包括人事管理、后勤管理、内部工作流程等方面的信息。其中"行政机关的内部事务信息"属于

---

① 《审计法(2006)》第 14 条规定,审计人员对其在执行职务中知悉的国家秘密和被审计单位的商业秘密,负有保密的义务。

② "审计署稿"第 16 条规定,审计人员对其在执行职务中知悉的国家秘密、商业秘密、个人隐私,负有保密的义务。

③ 后向东:《我国政府信息公开制度与实践中十大重要观点辨析》,载《中国法律评论》2018 年第 1 期。

工作秘密,但工作秘密并不局限于此,范围应当更广。

"国家秘密"的概念是在《宪法(1982)》中提出来的,后来在《中华人民共和国保守国家秘密法》中作了进一步的规定。国家秘密是指关系国家的安全和利益,依照法定程序确定,在一定时间内只限一定范围的人员知悉的事项。确定国家秘密的要件在于:第一,法律依据——法律、行政法规禁止公开;第二,法律后果——公开后可能危及国家安全、公共安全、经济安全、社会稳定;第三,法定程序——依照法定程序确定。

国家秘密在不同的领域具有不同的表现形式,确定国家秘密的关键在于"依照法定程序确定"。我国审计立法并没有明确罗列审计监督领域的国家秘密,为了明确国家秘密在审计监督领域的具体形式,《审计工作国家秘密范围的规定》专门明确了审计工作中的国家秘密,其范围包括:泄露后会对国家经济安全、国家社会稳定、国家国防安全、国家宏观政策决策和实施造成损害的审计情况(或者审计调查)及资料,依据《中华人民共和国保守国家秘密法实施条例》第12条规定的定密程序①及可能损害的程度,将审计工作中的国家秘密区分为绝密级、机密级、秘密级三个等级。

对比《审计法(2006)》第14条的规定,可以看出,将商业秘密纳入审计机关和审计人员应当予以保密的范围是本次修法新增内容。随着我国改革开放和市场经济发展,"商业秘密"的概念逐步进入我国学术界的视野。在国内立法中第一次出现是在1991年4月公布实施的《中华人民共和国民事诉讼法》中,后来在《中华人民共和国反不正当竞争法》(以下简称《反不正当竞争法》)和《中华人民共和国刑法》(以下简称《刑法》)分别对其作出进一步的规定。商业秘密是指不为公众所知悉、具有商业价值并经权利人采取相应保密措施的技术信息、经营信息等商业信息。《中华人民共和国民法典》(以下简称《民法典》)第123条明确将商业秘密列为知识产权的客体。商业秘密的侵权主体主要包括《反不正当竞争法(2019)》第9条、第10条所规定的经营者和侵犯商业秘密的其他主体。②《民法典》第501条规定了合同相对人不正当使用他人商业秘密应当承担的赔偿责任。《最高人民法院关于审理侵犯商业秘密民事案件适

---

① 定密程序的基本流程是"由承办人依据有关保密事项范围拟定密级、保密期限和知悉范围,报定密责任人审核批准"。

② 经营者以外的其他自然人、法人和非法人组织、第三人共同侵权、监督检查部门及其工作人员。

用法律若干问题的规定》对涉及侵犯商业秘密的民事案件有关问题进行了详细规定。此前,我国《国家审计准则》第15条已经对审计执法中审计人员保护商业秘密的义务进行了规范,《审计法(2021)》在此基础上予以拓宽:审计机关和审计人员均对商业秘密负有保密义务。这也是从公法角度对商业秘密提供了一个新的保护视角。

将工作秘密纳入审计机关和审计人员保密义务的范围同样是本次修法新增内容,但此前我国的审计立法中已经对审计执法中涉及工作秘密的情况有所规制。《国家审计准则》第15条规定,"审计人员应当保守其在执行审计业务中知悉的国家秘密、商业秘密;对于执行审计业务取得的资料、形成的审计记录和掌握的相关情况,未经批准不得对外提供和披露,不得用于与审计工作无关的目的"。然而,目前无论是在理论研究还是实务操作中,都没有形成对工作秘密相对明确的界定。其他国家的信息公开法也看不到有关工作秘密的具体规定。

行政机关在运行过程中,会存在国家秘密之外,涉及国家的安全和利益的信息、金融与经济安全信息、过程性信息和内部信息。这些工作秘密一旦泄露,会不同程度地影响行政过程和效果,因此各国都不同程度地予以保护,但各国对其称呼不尽相同,较为通行的做法是在信息公开法中以公开例外的方式予以明确列举。如《美国法典》《挪威信息自由法》《日本行政机关拥有信息公开法》《韩国公共机关信息公开法》《芬兰政府活动法》《加拿大信息获取法》《泰国官方信息法》等,都以公开例外的模式对机关内部事务、政府执法信息、政府决策信息、政府敏感信息等给予了明确的保护。但在范畴的演化方面,工作秘密概念的成熟度远不如国家秘密概念,在世界范围内没有形成统一的工作秘密法律术语。究其原因在于,英美法系原本就不重视概念和范畴的体系化。大陆法系国家法学界则因工作秘密范畴歧义甚多,难以统一。

在我国,工作秘密一词最早出现在1993年8月14日国务院公布的《国家公务员暂行条例》(2006年1月1日废止)[①]。2005年4月27日第十届全国人民代表大会常务委员会第十五次会议通过的《中华人民共和国公务员法》(以下简称《公务员法》)进一步规定,公务员不得有泄露国

---

① 《国家公务员暂行条例》第6条规定,"国家公务员必须履行下列义务:……(六)保守国家秘密和工作秘密"。第31条规定,"国家公务员必须严格遵守纪律,不得有下列行为:……(九)泄露国家秘密和工作秘密"。

家秘密或者工作秘密的行为。此外,《中华人民共和国人民警察法》《中华人民共和国海关法》《中华人民共和国检察官法》《中华人民共和国法官法》都对工作秘密有所涉及。而《中华人民共和国公职人员政务处分法》《中华人民共和国监察法》则对泄露工作秘密造成不良后果或者影响进行了规制。从总体上看,这些不同领域里的法虽以各自不同的角度和方式涉及,但我国并没有对工作秘密概念形成统一认识。

有学者认为"工作秘密就是各级国家机关在其公务活动和内部管理中产生的不属于国家秘密而又不宜对外公开的事项"①,将工作秘密视为与国家秘密相区别但又不宜公开的事项,与 1996 年发布的《审计工作中国家秘密及其密级具体范围的规定》(已失效)中对工作秘密的界定相吻合,即将工作秘密的范围限定在公务活动和内部管理中。也有学者从泄露工作秘密的后果出发,认为工作秘密是"在党政机关公务活动和内部管理中产生的,泄露后会危及国家安全、公共安全、经济安全、社会稳定的,但又尚未达到危害国家安全和利益程度的事项"②。还有学者认为工作秘密是"各级国家机关、授权单位为了保障其职权的正当行使,依据简易程序确定并在一定时间内只限一定范围人员知悉的工作事项"③,这一定义考虑到了工作秘密的制定主体、制定程序和范围等内容。通过确定工作秘密的概念,来把握国家秘密、工作秘密与应公开的政府信息这三者间的差异,将工作秘密定位于介于国家秘密和政府信息公开之间。从以上几种观点来看,要想准确地界定工作秘密,需要综合考虑工作秘密的主体、认定程序、泄密后果和法律责任等因素。

审计监督的对象是国家公权力及其公权力的行使主体,审计监督过程中必然会知悉监督对象的有关工作秘密,从而影响国家机关顺利履行国家赋予的权力和职责。但工作秘密概念、内涵的不确定导致审计执法人员难以适从,为了更好地开展审计监督执法,审计机关也从审计监督执法的角度对工作秘密进行了探索。1996 年 6 月 6 日,审计署会同国家保密局修订的《审计工作中国家秘密及其密级具体范围的规定》中第 5 条规定:"审计工作中虽不属于国家秘密,但又不宜公开的事项,为工作秘密,未经批准不得擅自扩散。审计机关的工作秘密由县级以上审计机关

---

① 汪全胜:《政府信息公开视野中的工作秘密》,载《情报科学》2006 年第 10 期。
② 王雷:《基于法律视角的工作秘密事项研究》,载《江苏科技信息》2014 年第 10 期。
③ 任翔、李蕊:《工作秘密管理相关理论与实践问题探究》,载《大连大学学报》2018 年第 2 期。

规定;内部审计机构的工作秘密由内部审计机构或所在单位规定;社会审计机构的工作秘密由社会审计机构规定。有隶属或管理关系的上级机关、机构、组织等对工作秘密(或内部事项)有统一规定的,应当从其规定。"该规定有两个关键点:从内容上看,工作秘密被定义为"不属于国家秘密但又不宜公开的事项";从程序上看,对审计执法中的工作秘密提出了认定程序,后者更为重要。审计署《审计"八不准"工作纪律》第4条专门规定,"本条所指的国家秘密、商业秘密、内部信息是关系国家、部门、行业、企业等的安全和利益,在一定时间内只限一定范围的人员知悉的事项"。但该规定将国家秘密、商业秘密、内部信息混同界定,并且使用的是"内部信息"概念,并非对"工作秘密"概念的界定,实践中具有很难的操作性。倒是一些地方立法的有关内容更具有操作性,福建省宁德市审计局为进一步强化审计工作秘密管理,根据中央保密委员会《工作秘密管理暂行办法》《审计署工作秘密管理暂行办法》制定的《宁德市审计局工作秘密管理补充规定》,对应确定为工作秘密、不应确定为工作秘密、工作秘密责任人、工作秘密签批程序等进行了细致的规定。

笔者认为,工作秘密应当具备以下四个要素,缺一不可:一是效力要素,即泄露后会妨碍机关、单位正常履行职能或者对国家安全、公共利益造成不利影响。二是程序要素,即工作秘密的确定、审核、纠正、解除等全流程管理应当遵守相关程序性规定。三是时空要素,即工作秘密应当限定在一定的时间和空间范围内,在一定时间内只限一定范围的人员知悉。四是主体要素,即由特定的主体管理和认定。将工作秘密列入审计机关和审计人员的保密义务范围固然提高了对审计执法的要求,但由于概念、内涵的模糊,也存在被审计对象以工作秘密为由规避审计监督的可能,因此需要深入研究。

《中华人民共和国审计法(2006)》第14条关于审计人员保密义务的规定仅仅涉及"国家秘密"和"被审计单位的商业秘密"。然而将"个人隐私和个人信息"纳入审计机关和审计人员保密义务的范围是本次修法新增内容。个人隐私是指公民个人生活中不愿为他人(一定范围以外的人)公开或知悉的秘密,且这一秘密与其他人及社会利益无关。[①] 审计监督很容易接触到被审计对象的个人隐私和个人信息,尤其是在领导干部经济责任审计中,因此有必要明确其法律责任。将个人隐私和个人信息列入《审计法》的规制对象也是本次修法新增的内容,《民法典》《中华人

---

① 有关"个人信息"的内容参见本书《审计法(2021)》第57条的相关论述。

民共和国个人信息保护法》等已经明确提出对个人隐私和个人信息的保护①,加之对个人隐私和个人信息进行保护是一股世界性的浪潮,此举无疑十分必要。

世界上很多国家对审计机关和审计人员规定的保密义务范围比较窄,绝大多数国家没有对工作秘密的保密要求,更有甚者,在俄罗斯的信息公开法中,国家秘密是仅有的豁免事项。

显然,总体上我国审计人员对在执行职务中知悉的国家秘密、工作秘密、商业秘密、个人隐私和个人信息均负有保密的义务,体现了我国立法对审计监督权较为严格的监督思路。但有关概念在移植、转借过程中如何从《审计法》的视角进行精准界定是一个迫切需要解决的问题。

【案例与实践】

张某某与某某市审计局政府信息公开上诉案

(2012)鄂汉江中行终字第00009号

上诉人(原审原告):张某某。
委托代理人:黄某某。
被上诉人(原审被告):某某市审计局。
法定代表人:刘某某。
委托代理人:金某某。

上诉人张某某因与被上诉人某某市审计局政府信息公开一案,不服某某市人民法院(2011)某行初字第15号行政判决,向本院提起上诉。本院于2012年1月16日受理后,依法组成合议庭,于2012年2月15日公开开庭审理了本案。上诉人张某某的委托代理人黄某某,被上诉人某某市审计局的委托代理人金某某到庭参加了诉讼。本案现已审理终结。

原审查明:张某某系某某市某某镇某某村1组村民,其承包的4亩多土地于2002年在某某市建设某某一级公路时被某某市某某一级公路建设指挥部征用。2010年6月12日,张某某因生产、生活的需要通过挂号信向某某市审计局提交了《政府信息公开申请书》,要求某某市审计局公

---

① 《中华人民共和国民法典》第1034条规定,自然人的个人信息受法律保护。《中华人民共和国个人信息保护法》也对个人信息处理规则进行了规定。

开涉及某某一级公路建设项目的审计报告;获取信息的方式采用纸张形式,邮寄送达,并要求复印件通过加盖印章等方式提供查阅证明。2011年1月24日,某某市审计局作出《某某市审计局关于张某某要求政府信息公开的答复》,载明:"……鉴于你申请公开的政府信息涉及面比较广,我们在和你进行沟通、协调、座谈的基础上,还按照《中华人民共和国政府信息公开条例》第14条第2款、第3款的规定,向有关主管部门、保密工作部门汇报情况……审计情况表明,2002年天政发〔2002〕21号文件规定,某某一级公路建设永久性征地按照5150元/亩的补偿标准进行补偿。2005年7月26日,某某省人民政府关于提高五条高速公路征地补偿标准的会议纪要规定:'某某至某某、某某至某某、某某至某某、某某至某某、某某至某某五条高速公路的征收耕地的补偿标准提高到每亩10050元'。按此规定计算,与实际补偿标准相差4900元/亩。按某某一级公路设计永久性征用耕地1633.55亩计算,尚需支付8,004,395元。"张某某不服该答复,于2011年3月5日向某某省审计厅申请行政复议。2011年4月19日,某某省审计厅作出某审复议决〔2011〕2号行政复议决定,维持某某市审计局作出的《某某市审计局关于张某某要求政府信息公开的答复》。张某某对复议决定不服,于2011年6月27日向某某市人民法院提起行政诉讼,请求:撤销某某市审计局就张某某的政府信息公开申请事项作出的回复,责令某某市审计局限期重新作出,并由某某市审计局承担本案诉讼费用。

原审认为:根据审计署颁布的《审计机关政府信息公开规定(试行)》第11条第(二)项"审计机关不得擅自向社会公开以下政府信息:……(二)涉及审计工作秘密的政府信息或其他不宜对外的内部事项",以及审计署和国家保密局联合颁布的《审计工作中国家秘密及其密级具体范围的规定》第5条"审计工作中虽不属于国家秘密,但又不宜公开的事项,为工作秘密,未经批准不得擅自扩散。审计机关的工作秘密由县级以上审计机关规定"之规定,某某市审计局天审办发(2006)15号第4条、第5条已明确界定审计报告属于审计工作秘密,未经批准不得擅自对外披露和向社会公开。根据《中华人民共和国政府信息公开条例》第21条第(二)项"对申请公开的政府信息,行政机关根据下列情况分别作出答复:……(二)属于不予公开范围的,应当告知申请人并说明理由"之规定,某某市审计局应在答复中告知并说明不予公开的具体理由,但某某市审计局在答复中仅对拒绝公开的理由作了概括性的说明,没有具体说明理由,存在瑕疵。根据《中华人民共和国政府信息公开条例》第22条、《国务院办公厅关于做好政府信息依申请公开工作的意见》第2条、第14条之规定,某某市审计局为保护张某某的合法权益,与张某某联系沟通,了解其信息用途在于征地补偿款,在区分了工作秘密、排除了与张某某生产、生活无关的信息后,将征地补偿的审计情况以书面形式向张某某作出了答复,其内容和《某某市审计局关于某某至某某一级公路建设项目审计情况的报告》中的相关信息一致。根据《中华人民共和国行政诉讼法》第54条第(一)项之规定,判决维持某某市审计局2011年1月24日作出的《某某市审计局关于张某某申请公开政府信息的答复》。案件受理费50元,由张某某承担。

上诉人张某某不服原审判决,上诉称:一、工作秘密不是国家秘密、商业秘密或者个人隐私,不属于"公开为原则、不公开为例外"中的例外。二、即便是属于工作秘密而不能公开,某某市审计局也应当在答复中载明理由。请求:撤销原审判决;撤销某某市审计局就张某某的政府信息公开申请事项作出的回复并责令限期重新作出;由某某市审计局承担本案诉讼费用。

被上诉人某某市审计局答辩称:一、张某某的上诉理由于法无据。根据相关规章及规范性文件的规定,某某市审计局有权根据本机关审计工作情况来制定工作秘密范围,审计报告属于审计工作秘密,不得擅自公开;二、根据政府信息公开条例的相关规定,某某市审计局通过与张某某及其委托代理人沟通、协商和座谈,了解到张某某申请政府信息公开的目的在于征地补偿款,为此,某某市审计局在区分了工作秘密、排除了与张某某生产、生活无关的信息后,将征地补偿的审计情况以书面形式向张某某作了答复,能满足张某某的需要。三、某某市审计局的政府信息公开答复行为的合法性已经得到上级主管部门的认定,被湖北省审计厅行政复议予以维持。请求驳回上诉,维持原判。

当事人原审时提交的证据材料均随案移送。原审认定事实正确,本院予以确认。

本院认为,《中华人民共和国政府信息公开条例》第14条第2款规定:"行政机关在公开政府信息前,应当依照《中华人民共和国保守国家秘密法》以及其他法律、法规和国家有关规定对拟公开的政府信息进行审查。"审计署和国家保密局联合颁布的《审计工作中国家秘密及其密级具体范围的规定》(审办发〔1996〕151号)第5条规定:"审计工作中虽不属于国家秘密,但又不宜公开的事项,为工作秘密,未经批准不得擅自扩散。审计机关的工作秘密由县级以上审计机关规定。"根据上述规定,在涉及审计工作的政府信息公开中,审计工作秘密属于未经批准不得擅自扩散的范围,不宜公开,其范围由县级以上审计机关规定。本案中,《某某市审计局审计工作人员保密规定》第5条第(二)项规定了审计报告属于审计工作秘密。因此,《某某市审计局关于某某至某某一级公路建设项目审计情况的报告》在某某市辖区范围内属于审计工作秘密,未经批准不得擅自扩散。

根据《中华人民共和国政府信息公开条例》第22条"申请公开的政府信息中含有不应当公开的内容,但是能够作区分处理的,行政机关应当向申请人提供可以公开的信息内容"、《国务院办公厅关于施行中华人民共和国政府信息公开条例若干问题的意见》(国办发〔2008〕36号)第14条"行政机关对申请人申请公开与本人生产、生活、科研等特殊需要无关的政府信息,可以不予提供"之规定,某某市审计局在与张某某沟通、了解其信息用途在于征地补偿款的基础上,按照相关规定区分了涉及的审计工作秘密后,将《某某市审计局关于某某至某某一级公路建设项目审计情况的报告》中关于征地补偿款的审计情况以书面形式向张某某作了答复,答复的内容与审计报告中的相关信息一致,能够基本满足张某某申请政府信息公开事项的需求。某某市审计局作出的《某某市审计局关于张某某申请公开政府信息的答复》符合法规、规章及有关规范性文件的规定,依法应予维持。

综上所述,张某某的上诉请求,无相关法律依据,本院不予支持。原审认定事实清楚,适用法律正确,依法予以维持。根据《中华人民共和国行政诉讼法》第61条第(一)项之规定,判决如下:

驳回上诉,维持原判。

二审案件受理费50元,由张某某负担。

本判决为终审判决。

审判长:杨　移

审判员:张　伟

代理审判员:徐联坤

书记员:黄开瑞

二〇一二年三月十三日

案例点评：本案中，某某市审计局在与当事人进行沟通，了解其获取信息用途正当性基础上，按照相关规定区分了涉及的审计工作秘密后，将审计报告中关于征地补偿款的审计情况以书面形式向当事人作了答复，答复的内容与审计报告中的相关信息一致，不仅保护了当事人的权利，也正确履行了审计机关的职责。

从本案中我们可以看到：在我国目前的审计信息披露制度框架内，由于审计信息披露对象的多样性，使得审计机关必须依据不同的披露对象和渠道，对审计结果信息进行剪裁和处理。其延伸性制度影响还在于：第一，审计机关也因此获得了较大的自由裁量权；第二，提高了审计信息披露的成本；第三，影响了审计信息披露的客观性、权威性和可信度。一个国家的审计法规定的需要保密的口径越宽，以上三个因素就同步增大；反之，则同步缩小，而立法需要寻找一个合适的均衡点。

本案认为，《某某市审计局关于某某至某某一级公路建设项目审计情况的报告》在某某市辖区范围内属于审计工作秘密，未经批准不得擅自扩散。笔者认为，审计报告是否属于审计工作秘密，是值得商榷的。《国家审计准则》第157条规定，审计机关依法实行公告制度。审计机关的审计结果、审计调查结果依法向社会公布。因此，各地审计机关在认定审计"工作秘密"时，一般不宜将审计报告列为工作秘密，从而过度扩大审计机关的保密范围和保密义务，增大社会对审计监督信息获取的难度，影响审计法治理目的的实现。

第十七条 【审计执法的法律保护】

审计人员依法执行职务，受法律保护。

任何组织和个人不得拒绝、阻碍审计人员依法执行职务，不得打击报复审计人员。

审计机关负责人依照法定程序任免。审计机关负责人没有违法失职或者其他不符合任职条件的情况的，不得随意撤换。

地方各级审计机关负责人的任免，应当事先征求上一级审计机关的意见。

【立法目的】

本条是对审计人员依法执行职务受法律保护的规定。

【条文解读】

本条共4款,第1款规定审计人员依法执行职务受法律保护,这是总的原则性规定。其所规定的法律保护适用主体是审计人员,适用条件是依法执行职务。因此,本条的审计人员不是一般意义上的审计机关工作人员,而应当是特指履行职务的审计执法人员。审计人员依法执行职务时受到的法律保护内容极其广泛,既包括审计法,也包括刑法等实体法,既包括实体法,也包括程序法。

由于审计实践中较为常见和严重的是以各种形式拒绝和阻碍审计执法,甚至打击报复审计人员。因此,本条第2款从审计执法行政相对人的角度对此进行特别规定,是对审计行政相对人行为的禁止性规定,违反该规定将依据本法法律责任部分的规定,以及我国有关立法的规定承担相应的法律责任。

本条第3款从两个方面为审计机关负责人的选任提供保障,首先从审计组织法和审计程序法的角度作出积极性规范:审计机关负责人依照法定程序任免。然后对审计机关负责人的任职作出禁止性规范:审计机关负责人没有违法失职或者其他不符合任职条件的情况的,不得随意撤换。

本条第4款从审计组织法的角度规定,地方各级审计机关负责人的任免应当事先征求上一级审计机关的意见。本款适用对象是地方各级审计机关负责人,我国实行党管干部原则,地方各级审计机关负责人的选用具有特别关键的作用,因此,本条予以特别指明。在地方各级审计机关负责人的任免上,地方党委和上一级审计机关之间存在分工,具体要求就是"事先""征求"上一级审计机关的意见,"事先"是程序上的规范,"征求意见"是权限分工上的规范。

【理论分析】

为审计监督权提供法律保护,是行政法治和审计法治发展的必然要求,否则审计独立性就不存在,审计监督的效果也无从谈起。《审计法(2021)》第5条规定了审计机关依照法律规定独立行使审计监督权,不受其他行政机关、社会团体和个人的干涉。本条从法律保护的角度予以强化,本条规定表明我国《审计法》为审计人员依法执行职务提供的法律保护是全方位的。本条第1款是概括性和原则性的规定,起到宣誓、引领和兜底作用。本条后3款分别从审计相对人的禁止性义务、审计机关负责人任免的法定条件①、地方各级审计机关负责人任免时与上一级审计机关之间的分工关系三个角度进行具体规定。

各国在审计官员的任期任命方式上一般采取复杂的架构,适当错位、分离和固化,目的是从微观角度为审计独立性提供保障。例如,1921年的《美国预算和会计法案》第311条对其他审计人员的任免进行了规定:副审计长由主计长提名,经参议院同意,由总统任命。主计长有权决定审计总署内部机构设置、人员配备并任免审计人员,该项权限由主计长根据工作需要自行确定,不受其他部门和个人的影响。各国审计人员的配置既包括审计官员的选任,又包括中央和地方各级审计官员的任命,还包括审计监督体系内各类审计工作人员的配置,两者依据不同的法律规范进行配置。

审计官员和审计执法人员的任免是审计队伍专业化建设的重要内容,也是保证审计独立性、提高审计监督质量和发挥治理效能的微观基础。世界各个国家正在相互借鉴这方面的成功经验,并融入立法和改革实践。我国《审计法(2021)》也对地方各级审计机关负责人的任免进行了专门规定,本条应当和第9条结合起来才能得到较为全面的理解。

【案例与实践】

以垂直管理保证审计独立性

《中共中央关于全面推进依法治国若干重大问题的决定》指出:要完善审计制度,强化上级审计机关与下级审计机关的领导,探索省以下地方审计机关人、财物统一管理。加强审计部门垂直管理及探索省以下地方审计机关人、财物统一管理,目的是使各级审计机关摆脱地方政府的干预和支配,保证审计工作的独立性,提高审计监督的权威性和公信力。

按照现行《审计法》等法律法规,我国基层审计机关接受本级人民政府和上一级审计机关"双重"领导,但事实上,本级政府的领导"权力"明显大于上一级审计机关。据湖南省怀化市审计局刘空军介绍,在其对该地13个县(市、区)基层审计机关调研时就发现,有62%的班子

---

① 包括积极条件要素和消极条件要素。

成员调整没有事先征求上一级审计机关的意见,双重管理流于形式。刘空军举例说,"在严格按照干部双重管理工作若干规定执行的 23 名领导中,其中有一个县的 2 名人员已经被县委组织部谈话任免了,事后,在上级审计机关的过问下,这名组织部长说不知审计有双重管理的规定才补报手续"①。

案例点评:独立性是审计监督的核心,各国很多审计制度内容的设计都是围绕如何保障审计独立性而展开的。本案中,各级政府的领导对审计人员选任具有很大的影响力,对各地审计监督的独立性构成了极大的制约和干扰,这也是由我国政治体制的特点所决定的。因此,我国的改革试图从加强审计部门垂直管理及探索省以下地方审计机关人、财物统一管理的角度,来降低地方政府对审计独立性的影响,无疑具有很大的针对性。但其实际效果如何,需要进一步观察。此外,关于独立性保障的制度内容有更多可以探索的途径②,需要多角度入手才能获得应有的成效。

---

① 韩冰:《审计保持独立性:用垂直管理加强反腐》,载每经网(网址:http://www.nbd.com.cn/articles/2014-10-29/872096.html),访问日期:2022 年 4 月 28 日。
② 参见本书关于《审计法(2021)》第 5 条的相关论述。

第三章 审计机关职责

第十八条 【预算与财政审计监督】

审计机关对本级各部门(含直属单位)和下级政府预算的执行情况和决算以及其他财政收支情况,进行审计监督。

【立法目的】

本条是对审计机关职责的规定。

【条文解读】

从本条开始为《审计法(2021)》第三章"审计机关职责",其逻辑结构依次是审计机关职责的具体内容(第18条至第27条)、审计机关职责的履行方式(第28条至第30条)、审计机关职责履行中的审计管辖(第31条)和审计机关职责履行中的审计协作机制,即审计机关职责履行中国家审计与内部审计、社会审计之间的关系(第32条至第33条)。

第三章关于审计机关职责的规定,实际上也可以理解为是从审计业务及被审计单位类型角度,对审计监督的范围(即审计是干什么的,审计监督权的边界)所作的规定。我国审计监督的首要职责是对本级各部门(含直属单位)和下级政府预算的执行情况和决算以及其他财政收支情况进行审计监督。我国《宪法》第91条规定,审计机关对国务院各部门和地方各级政府的财政收支进行审计监督。我国审计机关实行统一领导、分级负责的原则。因此,审计机关对本级各部门(含直属单位)和下级政府预算的执行情况和决算以及其他财政收支情况,进行审计监督。《审计法实施条例》第16条就审计机关对本级预算收支的审计监督内容进行了具体规定。

其他财政收支审计是国家审计机关对预算外资金的筹集、管理和使用情况实施监督的行为。预算外资金是为履行政府职能,依据国家法律、法规和具有法律效力的规章而收取、提取、募集和安排使用,未纳入财政预算管理的各种财政性资金。对本级各部门(含直属单位)和下级政府的预算外资金进行审计和审计调查,是经济法治和审计法治的共同要求,不仅维护了中央政令统一和国民经济的正常分配秩序,而且有利于实现审计全覆盖、提高各种公共资金的使用效率,落实了本法第1条关于反腐倡廉的审计立法目标。

【理论分析】

审计监督的职责结构与本质如何,是审计学和审计法等领域里的一个基本问题,也是《审计法》历次修改的一条主线,学术界和实务界对此一直存在不同的争论。所谓审计监督的职责结构包括审计有哪些职责以及各个职责之间的关系。

一般《审计法》都是将预算资金监督作为审计机关职责的第1条来安排的,预算资金监督也是各国审计法规定的审计机关的首要职责。回顾党领导下的百年审计监督历史,无论是战争年代时断时续的审计监督,还是中华人民共和国成立后不断曲折发展的国家审计,无论是改革开放之前计划经济时代的审计,还是改革开放之后依法治国背景下的审计,对财政预算的审计监督一直是我国立法中审计监督机关的首要职责,人们甚至认为,审计机关是指国家对财政、财务收支活动和经济效益进行审查监督的专门机关。反映在立法上,我国《审计法》历次修改均将预算审计列为审计机关职能的第1条。

预算资金的监督是近现代审计制度产生的动因,1866年6月的《英国国库和审计法》标志着现代英国国家审计体制的建立和第一个立法模式审计制度的诞生,英国最初的审计就是以监督王室资金使用为目标的[1],由此相因循,世界各国的审计制度开始也多是将财政资金监督视为审计监督的使命。美国独立之后,最初的审计监督就是对财政财务收支进行的专门审计,此后一直是审计监督的基本职能。

本次修法将预算监督列为审计机关职责的第1条,反映了新时代审

---

[1] 参见曾哲:《普通法系国家审计权的缘起及其后世的宪政影响》,载《东方法学》2009年第4期。

计全覆盖的具体要求和对审计监督基本职责的肯定。在具体实施路径上,有学者认为,通过立法的形式赋权国家审计机关,建立政府财务报告审计制度,属于国家惯例。美国的国家审计机关(GAO)、英国的国家审计机关(NAO)和澳大利亚的国家审计机关(ANAO)都是政府财务报告的法定审计机关,负责对政府财务报告进行审计并发表意见。我国也应当通过完善政府财务报告审计制度建立健全政府治理体系,在《审计法》中以立法形式赋予国家审计对政府财务报告的审计监督权。[①]

【案例与实践】

漳州市人民代表大会充分发挥审计作用、深化人民代表大会预算监督[②]

漳州市人民代表大会(以下简称"人大")充分利用宪法和法律赋予的审查和批准财政预算、监督预算执行的职权,保证地方财力筹集和运用的规范性及科学性,促进经济、社会的全面、协调、可持续发展。

一、重视发挥预算审计监督的作用

人大预算监督具有高层次性、强制性和权威性,漳州市人大积极探索,充分发挥审计部门的职能作用,提高了人大的预算监督的质量,使审计机关成为人大监督政府财政预算的有力助手。人大预算监督中引入审计手段,能使预算监督工作更富成效、更具权威。人大从四个方面支持审计部门依法履职:第一,人大每年均听取和审议审计工作报告。在人大监督工作计划确定后,提前介入审计工作,从审计工作计划制订、审计报告和整改情况报告起草三个环节入手,提前与审计部门沟通,及早了解有关工作进展情况,充分发挥审计部门在财政预算执行监督方面的积极作用。每年年初人民代表大会一结束,市人大即深入审计部门,要求审计部门在制订工作计划时,更加贴近和突出市委、市人大常委会的工作重点,更加关注市人代会上代表们普遍反映和关心的重点问题。第二,重视审计工作的经费保障。年初在财经委参与财政编制年度部门预算初步方案审核时,特别强调审计机关公用经费和专项经费必须依法适度增长,确保审计

---

① 参见蔡春、杨肃昌、胡耘通:《关于审计法(修正草案)的修改意见与建议》,载《财会月刊》2021年第15期。
② 参见吴景辉:《充分发挥审计作用 深化人大预算监督》,载漳州人大网(网址:http://www.fjzzrd.gov.cn/cms/html/zzrd/2010-05-26/853768570.html),访问日期:2022年4月28日。

业务需要。第三,重视审计工作宣传。近年来,市人大常委会组成人员带头学习审计法及有关法规,为全社会重视、支持审计工作起到了示范作用。每年人大公报都刊载审计工作报告和市人大常委会的有关审议意见,向社会宣传审计工作,扩大审计工作影响。第四,重视审计结果的运用。预算执行审计结果不仅是人大开展预算审查的重要依据,而且还是人大常委会监督"一府两院"的重要内容。我市人大常委会有效应用审计结果对政府部门"一把手"进行工作监督,并对审计查出问题较严重的单位负责人进行通报,限期整改,进一步强化对预算执行的监督,树立审计部门的权威。

二、增强预算审计监督的针对性

市人大常委会把握财政审计的重点,不断深化预算执行审计。在审计内容确定上,力求突出重点、分类实施,提高质量。一是突出预算执行审计监督。要求审计部门在强化本级支出审计的同时,进一步加大对二、三级单位的审计力度,深入揭露资金分配不规范、拨付不及时、使用不合规和脱离监督,以及贯彻执行国家宏观政策情况不到位等方面的问题,推动预算执行审计工作向纵深发展。二是突出专项资金审计监督。要求审计部门对农业、环保、教育、医疗、社保、城建、救灾等20多项资金进行审计和审计调查,着力检查各项资金(物资)管理、使用情况和有关政策措施落实情况,切实保障资金安全。三是突出政府投资审计监督。主要以加强政府投融资项目资金管理、提高投资效益为目标,加大对重点工程的审计和调查力度。要求审计部门对群众关心的农村电网改造以及利用国家开发银行贷款的江滨路改造、古雷石化项目、厦深铁路征迁等共30多个建设项目进行审计,为政府节约建设资金,提高资金使用效益。

三、提高预算审计监督的实效性

市人大常委会针对审计披露的一些突出问题,每年都以审议意见的形式向政府进行通报,要求政府对审计部门在预算执行审计中发现的问题限期整改,对重大问题组织重点审计和调查,并将审计决定执行结果向市人大常委会进行专题报告。人大财经委按照常委会的要求,自始至终进行跟踪督办,有力推动审议意见和审计决定的落实。市审计局在此基础上进一步加大对整改情况的跟踪检查,帮助、指导被审计单位建立健全内控制度,促使其加强财务管理。

四、促进预算审计监督的规范化

为了充分发挥审计监督职能,市人大常委会针对审计监督工作的薄弱环节建立健全制度。一是完善审计工作报告制度。市人大常委会专门作出规定,要求审计报告和财政决算报告同时提交常委会会议审议,使审计报告成为人大常委会审查和批准财政决算的主要依据。二是建立预算编制审计制度。规定财政部门编制的预算草案在提请市人大常委会审议前,必须经过审计部门审计,或者审计部门提前介入预算草案的编制。三是实行整改情况报告制度。市人大常委会在听取审计工作报告后,以决议或者审议意见的形式,要求政府及审计部门对预算执行审计中发现问题的整改情况在规定的时间内向人大常委会进行专题报告。

第十九条 【审计结果报告】

审计署在国务院总理领导下,对中央预算执行情况、决算草案以及其他财政收支情况进行审计监督,向国务院总理提出审计结果报告。

地方各级审计机关分别在省长、自治区主席、市长、州长、县长、区长和上一级审计机关的领导下,对本级预算执行情况、决算草案以及其他财政收支情况进行审计监督,向本级人民政府和上一级审计机关提出审计结果报告。

【立法目的】

本条是对我国审计结果报告制度的规定。

【条文解读】

本条第1款对审计署在国务院总理领导下向国务院总理提出审计结果报告的法定义务进行了规定。该审计结果报告的内容是中央预算执行情况、**决算草案**以及其他财政收支情况的审计结果。

本条第2款规定了地方各级审计机关,在各级行政首长和上一级审计机关的领导下,就本级预算执行情况、决算草案以及其他财政收支情况的审计结果,向本级人民政府和上一级审计机关进行报告的法定义务。

【理论分析】

我国《审计法(2021)》规定,各级审计机关每年对本级预算执行情况进行审计后,应分别提交"两个报告",一个是向本级政府提交**审计结果报**

告,另一个是受政府委托向本级人大常委会提交**审计工作报告**。① "两个报告"尽管核心内容相同,但存在递进和交叉关系,审计工作报告是对审计结果报告的再加工,并综合考量后进行的审计信息披露。审计结果报告是审计工作报告的有机组成部分,是形成审计工作报告的基础。二者在基础数据、基本情况、预算执行情况等方面具有一致性,目的都是加强对预决算及其他财政收支情况的监督。但两者在主体、对象、内容、目的、侧重点和程序等方面均不一样(具体见表3-1),"两个报告"依然存在"反映问题差异过大,报告质量评估体系不客观"的弊端②。

笔者认为,问题的关键点在于:"两个报告"的内容经过层层过滤导致客观性不够、审计独立性所要求的体现审计机关自己的意志不够、满足社会公众的期望不够等问题。背后更深刻的原因是治理体系中体制内的自我治理机制不断强化,而社会参与治理的理念和机制逐渐弱化。因此,应当秉持平衡性治理的治理原则,促使我国审计立法朝着精细化、规范化方向发展,今后在"两个报告"的时间、格式、内容衔接、程序和报告的综合利用等方面改进。

表3-1 审计结果报告和审计工作报告的比较

指标	审计结果报告	审计工作报告
对象	本级政府首长	本级人大常委会
目的	促进各级政府加强对本级财政收支管理	强化各级人大常委会对本级预算执行和其他财政收支的监督,更好地为人大常委会审查批准决算服务
主体	各级审计机关	各级政府(审计机关受其委托)
内容	预算执行审计结果	预算执行审计结果,以及在政府首长领导下开展预算执行审计工作的全面情况(审计工作报告的内容既要符合政府要求,又要向人大讲实情,重点反映人大关心的情况和问题,突出立法监督的严肃性和权威性)

---

① 参见本书关于《审计法(2021)》第4条的相关内容。
② 张国兴:《关于完善"两个报告"制度的几点思考》,载《湖北审计》1997年第11期。

(续表)

指标	审计结果报告	审计工作报告
侧重点	揭露和反映预算或其执行中存在的问题,以及完善预算收支管理	反映审计查出问题的处理情况、政府各部门单位采取的纠正和整改措施、预算执行审计工作成效,以及政府对人大预算监督的态度
程序	审计机关形成审计结果报告初稿;审计机关充分考虑被审计对象意见;对报告初稿讨论修定后报本级政府	政府(首长)根据审计结果报告反映的情况和问题,以及政府财政管理和人大监督的不同侧重点,决定如何向人大常委会报告预算执行审计工作,并提出预算执行审计工作报告的撰写要求;审计机关草拟初稿并提交政府办公会议讨论;政府征求人大财经委对审计工作报告初稿的意见,并作进一步修改后由政府首长审核定稿;审计机关受委托向人大常委会报告,并经其审查批准后向社会公布,以发挥公众监督的作用

按照《审计法(2021)》第9条的规定,我国审计监督实行双重领导体制,双重领导体制的实现方式有很多种,审计监督业务上的指导与被指导、人事控制和审计信息披露等是最重要的几种方式。就审计信息披露而言,实践中,我国一般要求审计机关同时向"本级人民政府和上一级审计机关提出审计结果报告"。本条和《国家审计准则》第155条规定的"审计结果报告"一致,都是指审计机关依法每年汇总对本级预算执行情况形成的。需要特别说明的是:依据《审计法(2021)》第4条的规定,审计报告还要包括国有资源、国有资产的审计情况和其他财政收支情况。这就不同于《国家审计准则》第119条所规定的"审计报告"[①]。但各级地方审计机构既然实行双重负责制,就存在顺位或主次关系,而不应当理解为同等或者同时负责,其内涵应具有差异性,应当区分两种"报告工作"的性质、内容和形式。

---

① 《中华人民共和国国家审计准则》第119条所规定的"审计报告"是审计机关进行审计后出具的审计报告以及专项审计调查后出具的专项审计调查报告。审计结果报告是对"审计报告"的再加工,并综合考量后进行的审计信息披露。事实上,我国存在从审计报告到审计结果报告再到审计工作报告的递进和反复再加工的审计信息披露链条。

审计监督活动的目的在于服务国家和治理社会,满足社会各界[①]对审计监督的需求,实现这一目的的重要方式就是将审计结果依法予以披露,以信息披露机制实现审计法对社会关系的调整。审计信息披露是作为审计监督制度的核心而存在的,具有极好的规制机能,体现了工具理性和价值理性的统一。世界各国的审计监督权,无论是立法型、司法型、独立型,还是行政型模式,无不是围绕信息披露制度来构建的。在我国虽然具有审计处理处罚制度,但任何一种审计处理处罚都必须以审计报告和审计决定书为依据,可见其也是以审计信息披露制度为前提才能实现其制度功能的。审计信息披露更是审计监督制度中社会参与治理的接口。以色列在1971年修订的《以色列国家审计长法》中,就增加了"公众申诉事项"启动审计监督内容,并收到了很好的效果。我国审计署掀起的历次"审计风暴"也很好地展现了审计独特的治理效应和制度魅力,这实际上也是审计信息披露制度的魅力。

我国已经建立多样化的审计信息披露制度,仔细分析可以归纳出一个明显的二元结构,即内容复杂多样的审计报告制度和相对简单、统一的审计公告制度。其中审计报告制度占据主导地位,形式上多达11种,其多样化程度为世界各国所无法比拟。实行有区别、分层次、性质不同的审计信息披露制度是各国通行的做法,以审计技术和审计立法较为先进的美国为例,在实行审计公告制度的同时,"按照GAGAS实施的审计报告是依据审计师与被审计组织之间的关系,以及报告中包含信息的性质来分发的,如果审计事项包含的材料出于安全目的被保密,或包含机密或敏感信息,审计师可以限制报告的分发。审计师应将在报告分发上的所有限制情况都予以记录。政府审计组织应该向那些负有管理职责的部门、被审计单位的适当官员,以及要求或安排审计的适当的监督主体或组织分发审计报告。审计师还应该适当地向其他有法定监管权的官员,或负责按照审计结果和建议采取措施的官员,以及其他有权收到这类报告的人分发报告的副本"[②]。但是,应当深入思考的是,美国的审计信息披

[①] 在我国的审计立法和日常用语中,习惯使用"社会各界"的表述,而在国外立法中较多地使用"利益相关方"(interested parties)的表述来包揽审计信息的利用者。实际上,仔细分析可以得出,无论是"社会各界"还是"利益相关方"均具有复杂的分层结构,往往要在特定的审计类型和具体的审计法律中获得精准的语义界定。

[②] 美国审计总署:《美国政府审计准则(2011)》,胡智强等译,经济科学出版社2017年版,第60页。

露制度实际上仅仅可以分为两类:第一类是审计实施过程中审计人员的信息交流;第二类是对利益相关方(国家机关和社会公众)进行的信息披露。对比之下可以得出结论,后者在我国由审计报告和审计公告两种制度构成。审计报告制度和审计公告制度两者之间在责任主体、公开程度和公开对象上存在很大的区别,需要仔细加以研究和区别。

我国的审计属于行政型国家审计,政府内部审计色彩浓厚,是体制内部的自我监督。从理论上讲,即使直接向立法机关披露审计报告,其仍然属于公权力体制内的自我监督,更何况我国的审计报告还并不直接向立法机关提交,对于政府交办的重要审计事项只能向政府提交报告。《审计法》《审计法实施条例》虽然都有审计结果向政府有关部门通报或者向社会公开的相关要求,但均未明确规定审计公告范围、事项、时间等法定要素。我国的国家审计信息披露制度在内容上应统一走向"公告为主,报告为辅"的结构。

可得性是衡量审计信息可理解性的一项基本指标[①],审计信息的可得性是指从信息使用人出发,对审计信息能以最佳的速度阅读、理解并获得相关因素的全部之和,可得性决定审计监督的规制效果。审计信息披露的内容如果没有统一的标准,可得性不充足就无法保证可比性和统一性。提高规范性是通往可得性的基本途径,但在审计信息披露的要素和内容方面,"由于不同的经济、法律和文化环境,导致美国、日本等国的审计制度有不同的审计方法,由此导致了审计报告在格式、内容、详细程度等方面的差异。根据各国的实际情况,制定适合本国经济发展的审计制度和审计准则"[②]。我国在审计信息的规范性和可得性方面,已经做出了重要的努力。《国家审计准则》第121条规定,审计报告应当内容完整、事实清楚、结论正确、用词恰当、格式规范。该规定应当普遍地适用于所有审计信息披露制度,并对每一要素提供规范,例如制定审计信息披露格式准则并定期更新。当然,"每个法系都会以概念来表达规则,并通过分类将规则体系化"。对审计信息披露制度进行类型化处理是一个更为重要的长期性的基础工作。

特别需要指出的是,目前我国《审计法》中"两个报告制度"的法律地位存在很大的差别:依据《审计法(2021)》第4条和第19条,以及《国家

---

① 参见陈伟:《经济责任审计报告的可读性研究》,载《审计月刊》2009年第5期。
② 赵景诚:《审计报告的国际比较》,载《经济师》2004年第9期。

审计准则》第 155 条的规定,"两个报告制度"在我国审计信息披露制度中占有重要地位,其中,"审计工作报告"是一般性的普适性规定,《审计法(2021)》专门在总则第 4 条进行了规定。但《审计法(2021)》第 19 条所规定的"审计结果报告"仅仅出现在"审计机关职责"一章,审计机关履行预算审计监督职责时需要向国务院总理提出"审计结果报告"。审计结果报告是《国家审计准则》依据《审计法(2021)》第 19 条作出的扩张性补充规定。此外,在预算审计之外的专项审计调查和经济责任审计等领域,也存在审计结果报告。

显然,今后应当在《审计法》中给予"审计工作报告"和"审计结果报告"同等的普适性地位。笔者认为,在总则中同时以专门条文对两者进行规定是比较合理的做法。

【参考资料】

《中华人民共和国国家审计准则》第 155 条:

审计机关依照法律法规的规定,每年汇总对本级预算执行情况和其他财政收支情况的审计报告,形成审计结果报告,报送本级政府和上一级审计机关。

《中华人民共和国审计法实施条例(2010)》第 17 条:

审计法第十七条所称审计结果报告,应当包括下列内容:

(一)本级预算执行和其他财政收支的基本情况;

(二)审计机关对本级预算执行和其他财政收支情况作出的审计评价;

(三)本级预算执行和其他财政收支中存在的问题以及审计机关依法采取的措施;

(四)审计机关提出的改进本级预算执行和其他财政收支管理工作的建议;

(五)本级人民政府要求报告的其他情况。

《中华人民共和国审计法实施条例(2010)》第 18 条第 2 款:

审计署向国务院总理提出的中央预算执行和其他财政收支情况审计结果报告,应当包括对中央银行的财务收支的审计情况。

第二十条 【中央银行审计】

审计署对中央银行的财务收支,进行审计监督。

【立法目的】

本条是对审计署监督中央银行的财务收支的职责进行的规定。

【条文解读】

本条是《宪法》第 91 条关于审计机关对金融机构进行审计监督的内容的体现。我国的金融机构体系相对独立,实行行业管理、垂直领导,针对金融体系的特点,审计监督按照审计管理体制对其实行分级审计。按照审计全覆盖的要求,审计署对各银行总行、非银行的金融机构总公司一级进行直接审计,同时,还统一组织各级审计机关实行全行业的普适性的财务收支审计。

【理论分析】

国外对银行业进行监管的历史比我国早很多,审计对金融体系的监督是在金融自由与金融监管的矛盾运动中展开的。早期,欧美各国更多的是奉行金融体系独立和金融自由的思想,普遍放松金融管制,允许金融体系和金融市场充分经营、公平竞争、价格自由化、业务自由化、市场自由化以及资本流动自由化。金融监管的立场是尊重意思自治,对金融体系的监管较少。在这种背景下,审计监督总体上也呈现宽松格局。

1791 年,美国国会通过了关于设立国家银行的法令,成立了美国第一个国家银行。此后,美国大多数州都制定条例,纷纷成立州银行,也允许自由设立银行,除服务本州居民之外,还增强了州政府处理财政事务的能力。当时在美国社会上掀起了一股利用新银行法捞一把的热潮,1834 年美国银行总数为 500 家,1840 年就增加到 9000 家,1921 年银行超过 3 万家。1863 年,美国通过了《美国国民银行法》,并在其后的补充条例中规定联邦政府在财政部内设立金融监察局。1913 年,《美国联邦储备法》一直坚持银行经营自由的原则,审计监管也无从谈起。结果导致整个 20 世纪 20 年代银行倒闭之风不断。到 20 世纪 30 年代经济大危机时,整个银行业趋于崩溃。总体上看,美国从建国之初就选择了自由竞争的市场模式,两百多年来没有太大曲折。[①] 第二次世界大战

---

① 参见《美国的市场经济模式》,载 360 文档中心网(网址:http://www.360docs.net/doc/6ffcf70d581b6bd97f19ea1f.html),访问日期:2021 年 11 月 1 日。

以后虽然有很大的变化,但依然是以自由竞争为主基调,包括审计在内的金融监管并不严格。

随着国际经济形势日益复杂,各国开始重新思考和调整自己的金融格局和金融监管立场。1934年,美国总统罗斯福签署了《黄金法案》,禁止私人拥有黄金,黄金储备由政府控制。金融监管立场和理念的变化,都对审计监管产生了深刻的影响。原先美国财政部自1953年以来一直不允许对美国的黄金储备进行审计、分析和清查。由于《黄金法案》要求黄金储备国家化,社会公众就产生了焦虑和监督的需求。为满足社会公众的知情权,自1974年始,美国审计署对诺克斯堡国家金库的美国黄金储备库进行监测,选定了13个黄金储备室中的3个进行审计,对其全部存货内容进行实际盘点。1975年,美国财政部正式建立了美国国有黄金持续审计委员会。1987年,财政部监察长办公室指出,持续审计的目的是确保每年对约10%的美国国有黄金进行审计。美国众议员亚历克斯·穆尼认为,"美国财政部忽视了让美国人民对国家的黄金持有量有所了解"。并于2019年5月提出《黄金储备透明度法案》(HR2559),以使美国的黄金储备具有必要的透明度。该法案要求美国主计长对所有黄金储备进行"全面分析、清点和审计,包括任何黄金储备"。同时对美联储"任何和所有销售、采购、支出或收据进行全面核算,对任何和所有产权负担进行全面核算,包括因租赁、掉期或目前存在或进入的类似交易而产生的抵押(在过去15年中),分析为确保这些储备的实际安全而采取的措施的充分性"。事实上,该法案是第一次真正的全面审计,因为此前艾森豪威尔政府的审计工作从未真正完成。该法案指示,政府应要求办公室向国会提供审计结果,并在没有删减的情况下向公众提供。①

与美国市场化、自由化的经济模式不同,欧洲很多国家的银行早已开始接受审计监督。但是"欧洲央行认为,欧洲审计院仅仅有权在人事和预算方面审查中央银行的效率,而不是审查作为欧洲顶级银行主管的欧洲央行所做出的决定"。德国联邦审计院称,"德国的银行过去是受到全面审计的,由于欧洲银行的决定导致出现监管缺口"。经济形势的变化使人们开始认为,加强对银行的监管是政府履行重要的公共职能的职责所在,与强调欧洲央行的独立性并不矛盾。现在,欧洲央行已经开始与欧洲

---

① 参见《美国联邦立法要求对黄金储备进行全面审计》,载中国黄金网(网址:http://www.gold.org.cn/sc1227/scsd/201905/t20190513_183450.html),访问日期:2021年12月4日。

审计院密切合作,让相当数量的文件和说明保持可见度。

我国对金融系统的审计监督始于1986年,改革开放初期,由于市场环境变化,出现了较为严重的通货膨胀和金融秩序混乱。为贯彻落实国家抑制通货膨胀、整顿金融秩序和深化金融改革政策要求,促进经济、社会协调发展,"审计系统开始以轮流审计的方式,每年抽样审计一两家金融机构"①。一开始是为了查处违纪违规问题,从1989年起,国家开始治理整顿,审计系统开始对信贷资金进行审计,对中国人民银行和部分机构的财务收支进行经常性审计。由此扩大了审计监督的职责,经过一段时间的实践和总结,在《审计法(2006)》第18条第1款中规定为正式的法律制度。"当前国家审计包括国家重大政策贯彻落实情况跟踪审计、财政审计、金融审计、企业审计、经济责任审计、民生审计、资源环境审计和领导干部自然资源离任审计、涉外审计。"②金融审计成为我国审计工作格局9个组成部分中的重要内容之一。

【案例与实践】

人民银行2017年度财务收支等情况审计结果③

根据《中华人民共和国审计法》的规定,2017年12月至2018年3月,审计署对人民银行2017年度财务收支等情况进行了审计,重点审计了行本级和其管理的国家外汇管理局(以下简称"外汇局"),所属的天津分行等8家分支机构,主管的中国金融学会等2家社团,以及中国人民银行清算总中心、中国银联股份有限公司(以下分别简称"清算总中心""中国银联")等9家所属所管单位,对有关事项进行了延伸审计。

一、基本情况

人民银行为中央财政一级预算单位,部门预算由人民银行本级和45个二级预算单位的预算组成。审计结果表明,人民银行本级及本次审计的其他单位2017年度财务收支基本符合国家有关预算和其他财

---

① 中华人民共和国审计署:《中国共产党领导下的审计工作史》,中共党史出版社2021年版,第247页。
② 胡泽君主编:《中国国家审计学》,中国时代经济出版社2019版,第66页。
③ 参见《人民银行2017年度财务收支等情况审计结果》,载中华人民共和国审计署网(网址:http://www.audit.gov.cn/n9/n1580/n1583/c123559/content.html),访问日期:2022年4月28日。

经法规的规定,会计核算和财务管理基本符合会计法及有关财会制度规定。

二、审计发现的主要问题

(一)预算执行中存在的问题

1. 人民银行本级及个别分支机构违规招标采购。其中人民银行货币金银局采购进口设备未按规定报批,2010年至2017年支付采购价款1.72亿元;所属郑州中心支行2017年有5个不符合邀标条件的项目通过邀标进行采购,涉及金额430.19万元;2016年至2017年,所属湖南省湘潭市中心支行、洛阳市中心支行将总额达到公开招标标准的项目拆分为多个项目进行邀标,涉及采购金额519.55万元。

2. 2010年至2017年,人民银行本级、外汇局和所属济南分行、长沙中心支行、郑州中心支行、重庆营业管理部少计固定资产处置等收入5944.82万元,其中少计2017年收入1078.34万元。

3. 个别分支机构2017年度预算编报不实。其中所属天津分行在本行预算中为经费自理单位编列房屋租赁支出预算153.73万元并实际支付;所属株洲市中心支行编报基建项目预算比实际价款少报81.8万元,不足部分由地方财政补助资金结余部分弥补。

4. 2017年,所属郑州中心支行列支应由职工个人承担的物业费196.51万元。

5. 外汇局及个别分支机构账户、资金管理不规范。至2017年底,外汇局仍在本级财务账内核算工会经费,所属济宁市中心支行仍在支行基本户内核算济宁市金融学会收取的费用;2017年,所属洛阳市中心支行以大额现金形式发放奖金336.15万元;所属郑州中心支行征信查询费收缴管理不规范。

6. 外汇局和所属洛阳市中心支行挂账资金清理不及时。至2017年底,外汇局将以前年度收取的汇回利润保证金4174.67万元在"长期应付款"科目核算,挂账超过8年;洛阳市中心支行未按规定及时上划"支付系统运行维护资金"余额53.51万元,挂账超过1年。

7. 所属长沙中心支行在编报2017年预算时,对13856万元行政事业类支出未细化至具体项目。

(二)其他方面问题

1. 人民银行本级和部分分支机构资产管理不到位。其中,人民银行本级和所属哈尔滨、昆明和郑州中心支行存在未经批准出借办公用房等固定资产的问题;所属武汉分行、临夏州中心支行未按规定公开处置子公司股权及房屋等国有资产;人民银行本级、外汇局、所属天津分行和哈尔滨中心支行2.84亿元固定资产或软件资产,及所属郑州中心支行3013.54平方米土地及附属建筑账实不符,人民银行本级、外汇局、所属天津分行和哈尔滨中心支行还存在房屋等固定资产及软件资产闲置问题。

2. 外汇局机关服务中心1名退休干部违规到原单位所属公司任职。

3. 1998年至2017年,直属事业单位清算总中心、金融时报社和直属企业中国金融出版社少计手续费、发行费、房租等收入6954.23万元,其中少计2017年收入5903.75万元。

4. 2002年至2017年,金融时报社和人民银行管理企业中国银联的所属公司成本费用有2114.02万元不实,其中2017年就有74.46万元不实。

5. 至2017年底,直属事业单位中国人民银行征信中心(以下简称"征信中心")所属企业未按规定上交投资收益。

6. 2014年至2017年,征信中心未经国家发展改革委批准,收取动产融资租赁平台注册费1054.64万元。

7. 2005年至2015年,清算总中心、征信中心在上海、天津等地支出4.74亿元购置周转住房。至2017年底,部分住房闲置已超过2年。

8. 2017年,清算总中心6个项目未按规定公开招标,涉及合同金额5054.10万元。

9. 2012年,清算总中心未经土地部门批准,与其他单位签订国有土地使用权置换及还建协议,至2017年底,还建工程尚未开工且仍未办理土地审批和变更手续。

10. 2015年至2017年,中国银联违规为职工超比例缴纳年金。

11. 2010年至2017年,主管的中国金融学会所属分会在评奖活动中采用"中国"字样,未按规定报批。

三、审计处理情况和建议

对上述问题,审计署已依法出具了审计报告、下达了审计决定书。对违规招标采购、预算编报不实、账户及资金管理不规范、年金管理不规范等问题,要求今后加强管理,严格执行有关规定;对少计收入、违规列支费用等问题,要求调整有关会计账目和决算草案;对于挂账资金清理不及时的问题,要求相关单位加快清理挂账资金;对未经批准出借办公用房的问题,要求尽快办理审批手续;对于资产处置不规范,要求相关单位尽快完善有关手续;对于资产闲置问题,要求尽快盘活,妥善处理闲置资产;对于未经批准收费的问题,要求责成相关单位取消该收费项目或按规定报批后实施。

针对审计发现的问题,审计署建议:人民银行应进一步加强预算和财务管理,维护财经纪律;强化资产管理,严格执行资产出租、出借、处置等相关规定;加强对社团和所属企事业单位的管理,督促相关单位严格执行财经制度。

四、审计发现问题的整改情况

目前,人民银行本级和所属湖南省湘潭市中心支行已将250.64万元固定资产租金计入收入并调整相关账目;人民银行本级已将应计的11辆车辆纳入固定资产账内核算并调整相关账目;天津分行已将代编并实际支付的153.73万元收回并调整相关账目;外汇局已开始处置闲置软件资产,所属公司已解聘了在该公司违规任职的某退休干部;清算总中心和中国金融出版社分别将应计的5558.65万元手续费收入和272.81万元租金计入了收入并调整相关账目;其他问题正在整改。具体整改结果由人民银行向社会公告。

第二十一条 【事业组织审计】

审计机关对国家的事业组织和使用财政资金的其他事业组织的财务收支,进行审计监督。

【立法目的】

本条是关于审计机关对国家事业组织财务收支进行审计监督的职责的规定。

【条文解读】

根据国家事业单位分类改革精神,我国的事业单位不再分为全额拨款事业单位、差额拨款事业单位。《国务院办公厅关于印发分类推进事业单位改革配套文件的通知》(国办发〔2011〕37号)中,《关于事业单位分类的意见》将现有事业单位划分为承担行政职能、从事生产经营活动和从事公益服务三个类别,从事公益服务的事业单位细分为两类:公益一类事业单位、公益二类事业单位。另外,还新兴了社会资本举办事业单位,这是国家不拨款的事业单位。审计机关的监督范围是国家的事业组织和使用财政资金的其他事业组织的财务收支。

【理论分析】

我国的国家治理体系与国外存在很大的差别,事业单位的治理就是其中之一。在功能上,中国的事业单位对应国外的非营利组织(NPO)、非政府组织(NGO),在西方国家法律体系中其性质属于社会自治组织。其治理理念是以"政府—企业—社会"①相对独立的三元化分工为前提的。因而它是民间独立的依据自治规则和理念存在的组织形态,是公共治理领域重要的行为主体之一。

我国的事业组织自中华人民共和国成立时就存在,由于理念、社会环境的不同,我国事业组织的发展经历了三个阶段。

第一个阶段是中华人民共和国成立后到1993年,对事业组织的管理从属于计划经济体制。这一历史时期的事业组织基本上是一元化管理,采取党和国家办统一事业的模式,事业组织的经费全部使用国家财政资金。具体到对这一阶段事业组织的审计监督,则需要细分为两段。其一是从中华人民共和国成立到1982年,《宪法》规定审计监督体制,此间由于审计监督自身的曲折发展②,对事业组织的审计监督短时期地存在于财政监察之中,更多时候是处于废置状态的。其二是从1982年到1993年,依据《宪法》建立的审计监督体系,开始对事业组织有了最初的审计监督。这时的事业组织自身没有分类发展,依然是纳入预算审计监督中进行审计的。《宪法》第91条规定,审计机关对事业组织的财务收支进行审计监督。

第二个阶段是1993年到2011年,改革开放带来的市场经济发展为宪法所肯定,并于1993年将市场经济写入《宪法》。这一做法反过来又推动了市场经济的持续发展。"政府—市场"的二元互动模式在我国渐趋成形,由此带来了社会组织的长足发展。社会组织数量大大增加,且相互之间相对独立,统一的财政支持模式难以为继。内因与外因相结合,我国开

---

① 实际上就是"政府—社会"的二元互动模式。
② 我国的审计制度原本在1952年之前有过独立发展的历史,但在实行计划经济体制后,为了更好地适应计划经济,我国于1952年前后将独立的审计机关取消,取而代之的是财政检查(监察)机关。"文革"期间,财政监督机关大量被撤并,直接导致审计监督工作几乎停滞,直到1982年《宪法》恢复审计监督制度,情况才开始好转。

始了事业组织分类发展、分别监管的探索。2011年3月23日,《中共中央、国务院关于分类推进事业单位改革的指导意见》要求,到2020年,建立起功能明确、治理完善、运行高效、监管有力的管理体制和运行机制,形成基本服务优先、供给水平适度、布局结构合理、服务公平公正的中国特色公益服务体系。并在随后的5年中,在清理规范基础上完成事业单位分类。《国务院办公厅关于印发分类推进事业单位改革配套文件的通知》中《关于分类推进事业单位改革中财政有关政策的意见》[①]对使用财政资金的其他事业组织进行了具体规定。随着改革开放和国家机构改革的深化,我国社会主体日趋多元化,事业组织规模扩大,快速发展,出现了使用财政资金的其他事业组织。《宪法》第91条的表述需要重新理解,《审计法》在《宪法》第91条的框架下,采用了"国家的事业组织"和"使用财政资金的其他事业组织"的表述。

第三阶段是进入新时代以来,党统一领导下统筹推进事业组织改革。2018年2月,十九届三中全会《中共中央关于深化党和国家机构改革的决定》要求加快推进事业单位改革,为审计监督提出了新的任务。审计监督是国家治理体系的重要内容,对所有类型的事业组织进行审计监督是新时代审计全覆盖的要求,也是国家治理能力现代化水平发展的体现。这一阶段的特点有二:一是加强了党对事业组织发展的领导,并统筹推进和深化了已经开启的事业组织改革进程。二是肯定了事业组织分类发展的模式。为此,本次《审计法》修法再一次确认了审计机关对国家的事业组织和使用财政资金的其他事业组织的财务收支进行审计监督的模式。

---

① 凡是被认定为承担行政职能、但尚未调整到位的事业单位,其因履行行政职能而依法收取的费用以及因向社会提供其他服务所取得的收入,全部纳入财政预算管理,并且实行收支彻底脱钩,各项经费由同级财政预算予以安排。凡是被认定为从事公益服务的事业单位,按照国家有关政策和"以事定费"的原则,结合不同类型事业单位的具体特点和财力可能,科学合理制定经费标准并予以动态调整。对公益一类事业单位,财政根据正常业务需要提供相应经费保障;对公益二类事业单位,财政根据单位业务特点和财务收支状况等,给予经费补助,并通过政府购买服务等方式予以支持。对事业单位利用国家资源、国有资产等提供特定公共服务取得的政府非税收入,要严格按照"收支两条线"规定的要求,上缴国库或财政专户。对事业单位向社会提供经营服务取得的收入,要全额纳入单位预算,统一核算、统一管理,主要用于公益事业发展。

【案例与实践】

审计部门对学校收到的财政拨付考务费的监督[1]

某市审计部门对某中学出具的审计报告指出:"存在少数收支在往来中核算的情况 2019 年 9 月第 10#凭证,收到市财政局拨付的 2019 年全国会计专业技术中级资格考试考务费 10 万元,学校开具增值税普通发票(代开)给财政,账面计入'其他应付款——中级会计考试考务费'10 万元,未确认相关收入,10 月 20#凭证,列支中级会计劳务费 8 万元,直接冲减往来科目,未确认支出。"此举直接违反了我国有关法律法规的规定,应当及时整改。

我国公益一类事业单位不得从事生产经营性活动,按规定取得的非税收入和教育收费收入严格按照"收支两条线"规定全部上缴国库或财政专户,支出全部通过部门预算安排。通俗一点理解,就是有行政事业性收费(包括基金)和罚款的执收执罚职能部门单位,依法依规收取后,必须按规定全额上缴财政,部门和单位的人员经费、公用经费和其他所需经费等,由财政部门根据实际情况纳入本级综合财政预算统筹安排。就是不能"坐收坐支",这边收完那边直接就用。

《财政部关于将按预算外资金管理的收入纳入预算管理的通知》(财预〔2010〕88 号)规定:自 2011 年 1 月 1 日起,中央各部门各单位的教育收费(包括目前在财政专户管理的高中以上学费、住宿费、高校委托培养费,党校收费,教育考试考务费,函大、电大、夜大及短训班培训费等,以下简称"教育收费")作为本部门的事业收入,纳入财政专户管理,收缴比照非税收入收缴管理制度执行。

中央部门预算外收入(含以前年度欠缴及未缴财政专户的资金和财政专户结余资金)全部上缴中央国库,支出通过一般预算或政府性基金预算安排。根据各项收入的性质,纳入预算管理的具体方式如下:

(1)交通运输部集中的航道维护收入纳入政府性基金预算管理。

(2)中央部门收取的主管部门集中收入、国有资产出租出借收入、广告收入、捐赠收入、回收资金、利息收入等预算外收入纳入一般预算管

---

[1] 参见《案例|学校收到财政 拨付考务费是列"其他应付款"还是确认相关收入?》,载商业新知网(网址为:https://www.shangyexinzhi.com/article/3082224.html),访问日期:2022 年 5 月 23 日。

理,使用时用于收入上缴部门的相关支出,专款专用。

财政部门要及时核拨预算资金,保障相关中央部门的正常运转经费和相关事业开支。纳入政府性基金预算的,执收单位所需支出按政府性基金方式管理。纳入一般预算的,原执收单位为财政补助事业单位的,支出由同级财政安排;原执收单位为经费自理事业单位的,由同级财政通过安排其上级主管部门相关项目支出解决。

教育收费的资金拨付,由财政部门根据部门预算和用款申请,从财政专户中核拨。

第二十二条 【国有企业与金融机构审计】

审计机关对国有企业、国有金融机构和国有资本占控股地位或者主导地位的企业、金融机构的资产、负债、损益以及其他财务收支情况,进行审计监督。

遇有涉及国家财政金融重大利益情形,为维护国家经济安全,经国务院批准,审计署可以对前款规定以外的金融机构进行专项审计调查或者审计。

【立法目的】

本条是关于审计机关对国有企业和国有金融机构的资产、负债、损益以及其他财务收支情况进行审计监督的职责的规定。

【条文解读】

我国《宪法》第 91 条规定,审计机关对国家的财政金融机构和企业事业组织财务收支进行审计监督,本条是宪法规定在审计法领域的具体展开。本条规定的审计监督对象是"国有企业"和"国有金融机构",审计监督的内容是"资产、负债、损益"和"其他财务收支情况"。

本条第 1 款中审计机关对国有资本占控股地位或者主导地位的金融机构的审计监督,与《审计法(2021)》第 20 条(中央银行财务收支的审计监督)共同构成对《宪法》关于"国家的金融机构"的审计监督。1997 年 1 月 1 日实施的《审计署关于国有金融机构财务审计实施办法》(已失效)第 2 条规定,国有金融机构是指国家政策性银行(含各级分支机构)、国有商业银行(含各级分支机构、所属合资及控股公司)、国有合资及控股的保险业、信托业、证券业等非银行金融机构(含各级分支机构)。

随着改革开放的深入,特别是社会主义市场经济体制逐步建立和完善,我国的金融主体日趋多元化,国有资产占控股地位或者主导地位的金融机构快速发展。为此,该款还规定,审计机关对国有资产占控股地位或者占主导地位的金融机构进行审计监督。

本条第2款是本次修法新增的内容,本条授权审计机关对国有金融机构、国有资本占控股地位或者主导地位的金融机构之外的"其他金融机构"进行专项审计调查或者审计监督。该规定在理论上突破了审计监督只能对"国有""公共"性质的权力和资源进行监督的传统认知①,在实践中突破了"审计全覆盖"所规定的范围,实际上大大拓宽了审计监督的范围,在审计监督权的内涵上是审计监督职权的一个扩权行为。② 本款规定是《审计法(2021)》关于审计机关职责规定上迈出的一大步,需要从理论和实践角度进行全方位的观察。

正因为如此,本条还同时规定了4个限制性条件:审计执法的适用条件——遇有涉及国家财政金融重大利益情形;审计执法的目的限制——为维护国家经济安全;审计执法的程序限制——经国务院批准;审计执法方式限制——主要开展专项审计调查。从而区别于审计机关对金融机构开展的审计监督。尽管如此,这些限制条件依然显得过于宽泛,需要按照第1款的规定,由国务院进一步作出更为具体的实体和程序上的规范。

【理论分析】

关于国有企业的审计监督

中华人民共和国成立以后,国有企业是我国经济基础领域里占绝对统治地位的经济成分,即使是在改革开放后有了公司制度和证券市场,并经过多次多种所有制成分并存改造的今天,其地位依然如此。从上层建筑领域看,国有企业也是我国的执政基础。因此,对国有企业进行审计监督,保护和保障其更好地发展,一直是我国审计监督必不可少的工作。

---

① 即使是在"审计署稿"第24条,我们看到其规定的审计机关对企业(含金融机构)的财务收支以及有关经济活动进行审计监督,依然以"国有和国有资本占控股地位或者主导地位"为前提。

② 参见《宪法》第91条和本书关于《审计法(2021)》第2条、第24条的相关论述。

对国有企业的审计监督一直是我国审计立法的一条主线。1983年7月,审计机关筹备组制定了《关于开展审计工作几个问题的请示》(已于1986年7月25日失效),经国务院批转后贯彻执行。其中关于审计机关的主要任务之一,就是"对国营企业、基本建设单位、金融保险机构,以及县以上人民政府管理的相当于国营的集体经济组织的财务收支,进行审计监督,并考核其经济效益"。实践中,起步阶段的审计工作"边组建边工作",围绕国务院增收节支,平衡财政收支等经济工作重点。通过对天津、湖北和北京等地几个国有企业的试审正式开始了我国审计监督工作的道路,此后,无论是《审计法》修正的任何一个历史时期,还是审计工作实践,对国有企业的审计均是重点关注的领域。

对国有企业的审计最初是服务于经济工作大局的选点,具有探索性和选择性,后来演变为一项具有普适性的全覆盖的独立性的审计监督领域。重大政策跟踪落实审计也渐渐发展为一种独立形态的审计类型,在"审计署稿"中曾将其列为审计机关职责的第1条。

在开展对国有企业的审计监督中,还孕育了中国独有的经济责任审计制度。早在1985年,黑龙江齐齐哈尔、吉林辽源和山东烟台等地就已经开展对国有企业厂长履行经济责任情况进行审计监督的工作。1986年9月15日,中共中央、国务院发布《全民所有制工业企业厂长工作条例》通过立法正式创设了"厂长离任经济责任审计评议"制度,并在1986年12月《审计署关于开展厂长离任经济责任审计工作几个问题的通知》中(已于2003年9月18日失效),对该项制度的适用范围、基本原则、审计方法等问题进行了具体规定。经济责任审计制度后来脱离国有企业审计的范围,成为一种独立形态的审计监督。至于其是否属于审计监督的职责,从实体法的态度可以推论。《审计法(2006)》第25条将其明确为审计机关职责,"审计署稿"对此予以确认,并在第3条结合新时代对领导干部有关自然资源资产管理和生态环境保护责任一并予以规范。《审计法(2021)》在审计机关职责部分没有提及经济责任审计,而是在附则部分提及,可见,《审计法(2021)》将经济责任审计主要理解为一种干部管理制度。

改革开放之初,国有企业的改革是我国经济体制改革的重难点和核心,对国有企业的审计并不是一个孤立、偶然的审计执法行为,而是推进整个经济体制和国家治理模式转型的一个着力点。最初对国有企业的经常性审计监督是财务收支审计以及附随的对厂长离任财经纪律监督。随着审计署改革的深入发展,1991年进一步开展了对国有企业的"两个延伸审计";在审计执法中不仅关注企业财务收支的真实性、合法性,而且关注国企内部控制制度和经营效益,这对微观领域推动国企改革、宏观领域推动国家经济发展都起到了较好的作用。审计监督开始减少——以国有资产的保值增值为目标,探索资产、负债和损益的真实性审计,《审计法(1995)》和《审计法(2006)》均确立了"真实、合法、效益""国有企业的资产、负债、损益""国有金融机构的资产、负债、损益"方面的内容,并延续至今,本次修法时将后两者在本条中予以合并表述。

对比《审计法》关于事业组织审计的规定和本条的区别,不难发现,对事业组织的审计监督主要是财务收支审计,而对承载特殊政治经济使命的商主体——国有企业和国有金融机构的审计则主要是资产、负债、损益,但"资产、负债、损益"与企业财务收支活动存在关联,也不能完全放弃对国企财务收支的审计,所以吸收《审计法(2006)》的不足,新法增加了"**以及其他财务收支情况**"的审计内容,有利于审计监督执法的全面性。

国有企业审计制度的变化不仅体现了自身制度内容的不断增加、拓宽,而且体现了我国审计监督职责的多元化发展的裂变规律:它表现为整个审计监督体系内与外两个往返互动、相互补强的进程,在一个具体审计监督职责内部是内容的分化和裂变,在外又表现为不同的审计监督职责相互重组和交叉,结果是导致审计监督整体职责的复杂化和科学化,从而适应并促进国家治理体系的科学化发展。

关于国家金融机构的审计监督

我国《宪法》第91条规定,审计机关对国家的金融机构进行审计监督。《审计法(2021)》第22条据此规定,审计机关对国有金融机构和国有资本占控股地位或者主导地位的企业、金融机构进行审计监督。

现代社会是风险社会①,金融风险具有系统性、不确定性、破坏性和复杂性,是现代社会治理的难点和重点。各国都加强了对金融系统的审计监督,各国的金融体系、政治、法律、文化不同决定了各国的监管政策、目标和制度设计存在很大的差别。但是,提高审计监督的强度、广度和有效

---

① 在贝克(Ulrich Beck)那里现代性的特征被称为"风险社会",吉登斯在对现代性的分析中引入了时空特性,他认为现代性与前现代性区别开来的明显特质就是现代性意味着社会变迁步伐的加快、范围的扩大和空前的深刻性。

性是一个共同的策略。20世纪七八十年代美国国会对美国审计总署在美联储的审计内容上设立了很多的限制。但是由于金融体系的复杂和美联储所起的作用更为关键,国会需要更充分的信息和手段才能完成立法监督职责,因而要求美联储适应美国审计总署职责的战略转型①,提高透明度及应对全球和国内风险的履责水平。2015年《美联储透明措施法案》对美联储提出了更高的要求,实际上,美联储已经接受了通常意义上的全面审计,涉及领域包括其监管的各个领域的具体项目以及其他职能。例如,依据"多德-弗兰克法案",美国审计总署曾对美联储在危机中的紧急贷款计划及美联储的治理结构进行过审查,在金融危机后的一段时间,美国审计总署对美联储业务操作方面进行的审查近70项。审计由一位独立的监察长和一个外部会计公司(现为德勤会计师事务所)执行,并将最终的财务报告发布在网上。②

我国计划经济时代就高度重视金融审计,审计署成立后也高度重视金融审计。1989年7月15日,《审计署关于对国家金融机构的财务收支实行经常性审计的通知》规定了相应的审计监督范围。③ 从1990年起,就对国家金融机构的财务收支实行经常性审计。④ 在当时的历史条件下,由

---

① 2004年7月7日,具有83年历史的美国审计总署正式改变名称用词,由"General Accounting office"(美国审计总署)变更为"Government Accountability office"(政府责任办公室),英文缩写仍为GAO。美国总审计长戴维·沃克指出:美国审计总署这个名称虽然早已为公众所熟悉,但它并未真实准确反映出这一机构所扮演的角色,成立初期,审计总署主要负责核查联邦政府的财务情况。然而,时过境迁,尽管该机构依然是联邦政府财务活动的主要审计机构,但财务审计只占目前工作量的15%,更多的内容是政府职责的透明和绩效审计。参见邓义道:《有感于美国总审计署更名》,载《审计与理财》2004年第12期。

② 参见〔美〕本·伯南克:《"审计美联储"的真正用意》,载第一财经网(网址:https://www.yicai.com/news/4740103.html),访问日期:2022年4月29日。

③ 根据1989年7月15日发布的《审计署关于对国家金融机构的财务收支实行经常性审计的通知》,审计监督的范围包括中国人民银行、中国工商银行、中国农业银行、中国银行、中国人民建设银行、交通银行、国家外汇管理局、中国人民保险公司县级(含县支行、支公司)以上分支机构。如有需要,亦可延伸到县级以下的机构。中国人民银行总行、各专业银行总行、保险总公司、国家外汇管理局、中国国际信托投资公司、中国新技术创业投资公司的财务收支,由审计署金融审计司进行经常性审计。交通银行总管理处,由审计署驻上海特派员办事处进行经常性审计。以上单位的分支机构和所属企业,按审计署已经明确的审计范围,分别由审计署金融审计司和地方审计机关以及有关特派员办事处负责进行经常性审计。

④ 1990年,审计署对中国人民银行、中国工商银行、中国农业银行、中国银行、中国人民建设银行、中国人民保险公司、中国国际信托投资公司和中国新技术创业投资公司等8个总行、总公司1989年度的财务收支进行了审计。参见中华人民共和国审计署:《中国共产党领导下的审计工作史》,中共党史出版社2021年版,第249页。

于金融体系结构较为单一,金融审计内容也没有现在复杂。但如果说政策跟踪审计、经济责任审计究竟是否属于审计监督的职责以及如何在审计机关职责体系中进行安放还存在一定歧见的话,那么可以说国有企业审计和金融审计历来是我国审计监督最为重要的基本职责。近年来,国际金融风险的危害日益严重,2021年3月2日,"2021人民网全国两会调查热词榜"出炉,"金融风险"位居第6位。虽然国内金融体系较改革开放之初更加立体化,但需要更加注重金融风险的防范。

党和国家高度重视金融审计,本次修法突出了对金融审计职责的规定。依次规定了对中央银行、国有金融机构、国有资本占控股地位或者主导地位的金融机构的审计监督,最后是对其他金融机构的审计监督。这四个层次的金融审计共同构建了我国金融审计全覆盖的制度网络,并且四种类型的金融审计之间在适用法律和适用条件等方面存在差别。

特别需要指出的是,本次修法新增的对"其他金融机构"的审计监督是一次重要的制度创新,它突破了国家审计必须以国有或国有资本具有控制权(占控股地位或主导地位)为产权依据的法理和传统做法,审计机关在法定条件下可以对非国有金融机构开展审计监督。因此,立法采取了审慎监管的态度,执法主体仅限于审计署,而没有按照审计机关的设置在各级审计机关开展。目前有一些地方非国有银行等金融机构引发金融风险事件,影响了社会稳定和金融安全,今后是否需要在各级地方的"其他金融机构"形成审计监督体系,需要进一步观察。"试验型规制制度是在立法信息不充分的情况下,为正式规制制度探索知识、积累经验、反馈信息而设置的一种规制制度形态。在试验型规制制度的适用过程中,试验目标明确化和试验内容可推广化的规范落实,试验区域选择标准的规范确认,实施情况报告制度的规范构造,是保障试验型规制制度规范运行的核心内容和必备要求。"[①]因此,对其他金融机构的审计监督,必须以维护国家经济安全和公共利益为目的,程序上须经国务院批准,性质上属于非强制性规范,方式上主要是专项审计调查或者审计监督。

对比《审计法(2006)》,本次修法对金融审计的安排更加科学和全面,体现了原则性与灵活性的结合,降低了金融治理过程中的复杂性和不确定性,但也需要后续立法的及时跟进。

---

① 靳文辉:《试验型规制制度的理论解释与规范适用》,载《现代法学》2021年第3期。

【案例与实践】

案例1：重点国企"一汽大众"公司贪腐大案[①]

1. 基本情况

一汽大众汽车有限公司（以下简称"一汽大众"）成立于1991年2月6日，是由中国第一汽车股份有限公司、德国大众汽车股份公司、奥迪汽车股份公司和大众汽车（中国）投资有限公司合资经营的大型乘用汽车生产企业，是我国第一个按经济规模起步建设的现代化乘用车生产企业。国有企业一直是我国经济基础领域里占重要地位的经济成分，是国家治理体系的基石，也是审计监督的重点对象之一。

原"一汽大众"销售副总经理静国松涉嫌收受商业贿赂数千万元的巨额贪腐案，已于2013年12月由吉林省高级人民法院作出终审裁决。作为贪腐案的关键性主角，静国松最终因涉嫌受贿、巨额财产来源不明罪，被判处死刑，缓期二年执行。

在长达28页的刑事裁定书中，所认定的静国松受贿事实多达67项，受贿款物折合人民币计近9000万元，其中索贿近500万元。另有近1500万元财产，静国松不能说明合法来源。而这起堪称罕见的贪腐案是如何案发？审计人员又是怎样从貌似正常的销售数据中梳理出重重疑点和线索，顺藤摸瓜，揭出隐秘的利益输送链条？这要从一场异地审计说起。

2011年5月，一场面对中央企业的审计，在审计署的统一部署下全面展开。中国第一汽车集团（以下简称"一汽集团"）位列审计范围之中。按照异地审计原则，审计署西安特派办承担了此次审计任务，由50多名审计人员组成的精干队伍开赴一汽集团总部所在地——长春。

面对一汽集团如此体量超大、构架复杂、发展势头正盛的国有重点大型企业，审计内容涵盖公司治理、财务收支、自主建设、执行国家宏观政策等诸多方面，审计工作应该从哪里入手呢？扎实、细致的审计前调查，成为此次审计的重中之重。

从搜集到的大量信息中，审计人员敏感地发现，各项营销费用支出

[①] 参见孙海华：《异地审计挖出一汽贪腐大案》，载《中国青年报》2015年7月15日，第4版。

中,广告费总额巨大、占比最多,且增长迅速。巨额营销、广告招商、店面批建以及畅销车型的分配等"实权"由谁掌握?会不会有人以此收受回扣、贿赂谋利?审计突破口能否从这两项入手?经过反复讨论、研究和论证,审计组最终决定"去啃这块硬骨头",将突破重点锁定在"广告投入"和"4S店批建"这两个关键环节。

2. 审计监督锁定国企贪腐大案

公司历年来的账本、业务凭证、会议记录堆得满满当当,加上计算机里的财务数据、业务资料,审计组面临的资料浩繁复杂。每年,仅为一汽大众销售公司提供营销策划、媒体公关和广告代理服务的广告公司就有二十多家。对它们全部进行审计和延伸调查显然不可能。那到底该从哪家公司入手?经过连续两周的加班加点分析资料,审计人员梳理出了一些头绪和疑点:按2008年至2010年间,与一汽大众销售公司签订合同金额的大小,及各广告公司每年业务量的增幅排序,选出3年间业务量靠前且增长迅速的3家。在查询工商登记情况时,审计人员惊奇地发现:3家公司虽分别设立在北京和广州,却均为某集团的下属子公司,3年间分别从一汽大众销售公司结算1.19亿元、1.92亿元、2.66亿元,金额相当可观,且年均增幅均超过60%。迅速追查中审计人员发现,3家公司在收到一汽大众销售公司的广告款后,将相当一部分以"学费""生日快乐""中秋快乐"等名义支付给包括静国松在内的一汽大众销售公司多名人员。"这是明显的资金回流链条"审计人员敏感地推断。

进一步的调查结果更是惊人,上述3家公司支付给静国松的资金虽然仅为8.5万元,但静国松本人仅在北京的银行存款资金往来就数额巨大。静国松,这位长期掌控一汽大众销售网络的实权派人物成为审计人员聚焦的重点。根据审计部门提供的线索,有关部门对静国松进行了进一步查处。作为一汽大众销售公司副总经理,静国松权力寻租的范围涉及之广令人吃惊:从审批配车、广告承揽、加入一汽销售网络,到店面批建、出国考察、拉托融资、办理贷款,无所不包。不仅收受贿赂,贪欲不断膨胀的静国松还利用手中执掌的车辆资源分配、退市车型买断权力多次以"处理费用""垫付购车款"甚至"打麻将未带钱"等名义主动伸手,大肆索贿。2012年11月15日,静国松被刑事拘留,两周后被逮捕。2013年12月24日,静国松涉嫌受贿、巨额财产来源不明一案审理终结。

审判机关认定,静国松身为国家工作人员,"受贿数额特别巨大,情节特别严重",核准以受贿罪判处静国松死刑,缓期二年执行,剥夺政治权利终身,并处没收个人全部财产;以巨额财产来源不明罪判处有期徒刑7年,"决定执行死刑,缓期二年执行,剥夺政治权利终身,并处没收个人全部财产"。

3.审计监督与内外部监督体系协同优化市场环境

由审计署挖出的一汽大众销售公司贪腐线索,在随后几年间进一步发酵。4年间,反腐风暴持续波及一汽集团。紧随静国松落马的,还有包括原副总经济师周勇江、原副总经理安德武、原销售公司总经理李武、原副总经理石涛在内的多名高管,他们或锒铛入狱,或被立案调查。

大型国企拥有丰厚的优质资源,在市场中占据举足轻重的地位。必须健全内部管理体系,实现权力之间的相互制约。纪委、监察、审计、巡视等不同的外部监督主体,分别依据各自的监督职能从不同角度履行防范和治理腐败的职责。"内部约束"和"外部监管"必须同时加强,"外部监管"最终有效促进内部的有效约束,共同构建一个更加完善、更加有效的监督体系。

案例2:审计署对金融资产管理公司的审计监督①

2004年,审计署统一组织对中国华融、长城、东方、信达4家资产管理公司及其各分支机构的资产负债损益情况进行了审计,共抽查这些资产管理公司收购的金融不良资产5544亿元,占其收购总额的39%。总的来看,资产管理公司在促进盘活银行不良资产、防范和化解金融风险方面发挥了积极作用,但也存在一些违法违规和经营管理不规范的问题。据有关资料统计,截至2004年末,4家资产管理公司累计处置不良资产6750亿元,处置进度为53.9%;累计回收现金1370亿元,现金回收率为20.2%。此次审计共查出各类违规、管理不规范问题和案件线索金额715.49亿元,占审计抽查金额的13%。

第一,违规剥离和收购不良资产。一些商业银行和资产管理公司在剥离和收购不良贷款过程中,审查把关不严,致使一些不符合剥离条件的贷款被剥离到资产管理公司,不仅造成相当一部分金融债权难以落实,而且由于对不良贷款形成的原因、责任未予追究,掩盖了贷款过程中的一些

---

① 参见李金华:《关于2004年度中央预算执行和其他财政收支的审计工作报告》,载中华人民共和国审计署网(网址:http://www.audit.gov.cn/n5/n26/c36127/content.html),访问日期:2022年4月29日。

违规问题和金融犯罪案件。这次审计共发现不良资产剥离环节违规和不规范问题169.18亿元。4家商业银行借剥离不良贷款之机,掩盖以前年度违规经营问题,转嫁经营损失21.21亿元。如2000年6月中国工商银行要求广东省分行等发放3.28亿元贷款,用于置换其银城、银海、万利、北疆等4家投资基金形成的损失,然后将贷款本息作为不良资产剥离给华融资产管理公司广州、沈阳和哈尔滨办事处。违规剥离造成了国有资产流失,有关人员借机弄虚作假,牟取私利。2000年6月,中国建设银行(以下简称"建行")湖北省枣阳支行在时任行长、副行长的操纵下,与当地政府、法院联手,编制虚假的贷款资料,将不符合剥离条件的29户企业贷款本息1844万元作为呆账违规剥离。对其中的18户企业,枣阳市法院出具了虚假的终结执行民事裁定书,这些裁定书全部由建行枣阳支行制作,法院盖章、案号、时间、内容均系伪造;对另11户企业,枣阳市政府出具了虚假关闭批复等,建行枣阳支行的债权确认书也均系伪造。在这29户企业贷款剥离前后,建行枣阳支行从中收回现金及实物资产720多万元,其中690万元隐匿账外,有502万元被转至个人名下。

第二,违规低价处置不良资产。一些资产管理公司在不良资产处置过程中,存在违反程序、弄虚作假、暗箱操作的现象,致使部分资产被低价处置,造成国有资产不同程度的流失。本次审计发现资产处置过程中违规和不规范问题共计272.15亿元。主要表现在,评估、拍卖环节管理不严,走过场,有的甚至虚假操作,故意低价处置。如2001年12月,信达资产管理公司长沙办事处在处置位于广东省南海市的130亩土地资产时,先收取南海裕东龙有限公司的价款,然后才进行评估、发布处置公告和举行拍卖会,而南海裕东龙有限公司是唯一的竞拍人。该土地基准价为每亩34万元,拍卖评估价为每亩11.63万元,而实际成交价每亩仅5万元。南海裕东龙有限公司购买上述土地后,为取得抵押贷款重新委托评估,评估价为6523万元,是拍卖评估价的4倍多、拍卖成交价的10倍多。东方资产管理公司广州办事处以3.18亿元价格将涉及90户企业的44.75亿元债权"打包处置"给广东中鼎集团公司后,又受中鼎公司委托进行处置,并按处置所得金额的4.35%收取服务费,截至2004年4月底,已收取753.5万元,该办事处参与人员人均分得36万元。审计抽查其中两项债权发现,当时东方公司广州办事处均以零价格出售给中鼎公司,但转手再处置时价格分别为7500万元和2700万元。华融资产管理公司成都办事处原总经理在处置一项8730万元债权的过程中,明知该项债权已被法院拍卖并能获得 3328 万元拍卖款,但仍以 1100 万元的低价处置给私营企业,有关人员涉嫌经济犯罪。一些资产管理公司借处置不良资产之机,为本单位或个人谋取不正当利益。如长城资产管理公司长春办事处组织拍卖 33 套抵债商品房,成交价比市价低 54%,其中 80% 的竞买人为该办事处员工,其他也大多是职工亲属。

审计还发现,由于地方政府、法院干预,一些地方企业通过不规范破产逃废金融债务。如湖北省有 475 户地方企业因不规范破产,导致华融、长城、信达 3 家资产管理公司 54.53 亿元的债权总额,只受偿 1803 万元,受偿率仅为 0.33%。

第三,一些资产管理公司财务管理混乱,违规挪用资产处置回收资金为职工谋利或公款私存,造成回收资金损失;对抵债资产管理不严,大量账外存放或违规自用。如长城资产管理公司西安办事处 2001 年以来,截留处置回收资金 2093 万元,并违规占用抵债土地,修建办公楼和职工住宅。审计发现,东方资产管理公司 2000 年至 2003 年共向财政部虚报职工人数 3983 人,造成财政部多拨付人员费用 1.98 亿元,其中仅工资就多拨 1.33 亿元。

案例评析:改革开放以来,我国的市场经济日趋发达,金融体系出现很多新生事物。"在发达的市场经济体系中,国有是国家履行其职责的实现形式,新兴市场国家和转轨国家也逐渐沿袭这种理解与实践。非国有金融机构或新的金融机构与国有独资金融机构等传统金融机构的作用和位置在中国经济发展的现阶段是互补的。而国有金融机构与国有独资金融机构存在特殊的竞争关系。"①现行《审计法(2021)》对其他金融机构进行审计的制度安排,是健全金融治理体系和提高治理水平的一次探索,对维护国家金融与经济安全将起到十分重要的作用。

第二十三条 【政府投资建设项目审计】

审计机关对政府投资和以政府投资为主的建设项目的预算执行情况和决算,对其他关系国家利益和公共利益的重大公共工程项目的资金管理使用和建设运营情况,进行审计监督。

---

① 张谦:《中国非国有金融机构的概念和界定》,载《中国经济改革研究基金会 1999 年研究课题汇编》2000 年 6 月发表,第 229—235 页。

【立法目的】

本条是关于审计机关对政府建设项目和重大公共工程项目审计监督职责的规定。

【条文解读】

本条承袭了《审计法（2006）》的相关内容，就审计机关对政府投资和以政府投资为主的建设项目预决算情况进行监督的职责进行了规定。在此基础上，本次修法还增加了审计机关对其他关系国家利益和公共利益的重大公共工程项目的资金管理使用和建设运营情况进行审计监督的规定。

【理论分析】

重大公共工程投资审计是财政审计[①]的一项重要内容，是实现预算执行和财政收支的真实性、合法性和效益性，推进预算规范管理、建立现代财税体制、优化投资结构的战略目标的重要内容。

我国政府投资项目审计具体包括：政府投资和以政府投资为主的建设项目、全部和主要使用政府部门管理或受政府委托管理的公共资金的项目、政府与社会资本合作的项目、国有和国有资本占控股地位或主导地位的企业（含金融机构）投资的项目、其他关系到国家利益和公共利益的重大公共工程项目。

对其他关系国家利益和公共利益的重大公共工程项目的审计监督，意味着将"非政府投资建设，但涉及公共利益，关系人民生命健康的重大公共工程项目，如体育场馆、影剧院、大型游乐设施等纳入审计监督"[②]。新法赋予审计机关对非国有金融机构和非政府投资公共工程的审计监督职责，实际上既实现了审计监督权的扩张，也实现了审计监督范

---

① 在《"十四五"国家审计工作发展规划》中，财政审计的内容包括：财政预算执行及决算草案审计、部门预算执行及决算草案审计、重点专项资金审计、政府债务审计、税收与非税收入和社会保险费征管审计、重大公共工程投资审计、国外贷援款项目审计7个方面的内容。

② 张炎良：《国常会通过审计法修正草案：地方银行、非政府投资重大公共工程项目等将纳入审计监督》，载红星新闻网（网址：https://baijiahao.baidu.com/s?id=1699105549553267613&wfr=spider&for=pc），访问日期：2022年4月30日。

围的扩张,需要在宪法和法律框架下进一步进行体系化的阐述。从健全审计法治的角度看,需要对"关系国家利益和公共利益"进行界定和类型化分析,避免审计监督权的无序扩张、审计执法的任意性,以及可能带来的审计执法风险扩大。

【案例与实践】

"透风"的保温层"[①]

近日,孝感市审计局对某安置房住宅小区进行审计,该住宅小区多年前采用 BT 模式建设(即建设—移交)。审计发现监理单位、开发商虚假签证致使虚列工程投资价款 425 万元,给审计人员"通风报信"的正是"变薄"的外墙保温层。

收尾再补"一把火"

隐蔽工程因其完工后不易被检查的特点,是工程建设中容易出现问题一个重点环节。施工单位往往在此环节偷工减料,以次充好和虚报冒领建设资金,对使用效能、工程质量造成极大危害,需要审计人员重点关注。因此在安置房住宅小区审计收尾阶段碰头会上,审计组决定再去现场对外墙保温层钻孔取样,测量厚度,补"一把火"。

审计组制定了现场钻孔取样方案,并通知了建设方,由其组织开发商、监理单位一同到现场对外墙保温钻孔取样。但却收到了开发商的反对意见:"项目已经竣工验收了,多方也签证确认了,钻孔容易造成二次破坏,而且最近没有时间。"审计组嗅出了不同的味道,既然监理单位已签证确认,造价跟踪单位已计入造价,手续完整齐全,为什么不愿意接受检查呢?于是审计组更加坚定了要取样的决心。在与建设方反复沟通后,开发商终于答应一个星期后取样。

火眼识破"鬼把戏"

到了约定时间,审计组配备钻孔设备到达项目现场,按照事先制订方案,要求先检查多层住宅墙体保温层的厚度。开发商说:"审计没必要这么认真,我们是正规企业,结算资料都是齐全的,钻了孔破损地方谁来修补。"态度十分强硬。又提出项目竣工验收后,钥匙已经全部上交了,手上

[①] 参见《"透风"的保温层》,载孝感市审计局官网(网址为:http://sjj.xiaogan.gov.cn/sjgs/599571.jhtml),访问日期:2022 年 5 月 23 日。

仅有顶层两套房子的钥匙。审计组表示钻孔房子应该随机抽查,僵持一段时间后,审计组决定先对这两套房子钻孔取样,看看葫芦里卖的什么药。经测取芯多层保温厚度都大于监理单位签证的厚度48mm。开发商洋洋得意起来,再次说道:"我们是正规企业,施工质量绝对有保障。"审计组坚持再随机抽查两套多层住宅,开发商依旧说"手上没有钥匙,而且住户没有搬入,无法开门"。审计人员跟建设方商量后,找了一处未分配给拆迁户的二楼(一层为车库),搬来一个长梯子,直接爬上了上去,打开了入户门,对外墙保温层进行钻孔取样,测量发现厚度仅30mm。这时,开发商紧张了起来,连连解释,只是这一户施工没到位。审计组严肃地说,请配合审计工作,不然我们怀疑所有住户的保温层厚度均未达标。建设方看到钻芯取样的结果,发现开发商的猫腻,态度也强硬了,要求开发商配合审计工作,必须随机对其他房屋保温层厚度进行测量。开发商这才勉强地拿来了一大串备用钥匙。在审计组等各方监督下建设方随机挑出两把住宅钥匙,进行了入户取样测量后,发现保温层厚度均在30mm左右,开发商刚开始的嚣张气焰终于消了,如泄气的皮球。

乘势而为,审计组又提出随机对高层外墙保温进行检测。当进入一套高层住宅时,开发商又拿出一个已钻好的芯样解释说:"钻了几个孔也累了,我们提前钻好了,你们量一量。"审计人员不为所动,坚持自己进行钻测,通过随机钻孔测量三套高层住宅,外墙保温厚度均在25mm左右,远远小于监理签证的厚度60mm。进一步揭穿了开发商只提供样板间、钻孔芯样意图蒙混过关的"鬼把戏"。

问责同步"挤水分"

审计组现场整理好取证笔录后,首先让建设方签字,监理单位自知理亏紧跟签了字,然而开发商仍然狡辩,妄图耍赖耍横蒙混过去。审计组理直气壮地表明,对于虚假签证多计价款,事实确凿,审计将依法依规扣减价款,对参建及管理各方不作为行为将进一步移送(交)处理,即便你们坚持不签字,我们仍会依法将整理好所有证据,移送给相关部门处理。开发商见在事实面前狡辩无力,无奈在取证笔录上签了字。经审计组依据钻孔取样数据重新整理,该项目仅外墙保温层多计厚度一项虚列价款425万元。审计机关对多计价款责成建设单位予以了扣减,将开发商、监理单位虚假签证事项依法依规移交建设单位处理,并对建设单位管理上的漏洞提出了相关建议,建设单位全部采纳,认真进行整改。

案例点评:城市拆迁制度是我国市场经济发展到一定阶段,经济社会发展需要的产物。为加强国有土地资源的合理利用,各地根据城市建设规划和土地使用规划,依法拆除建设用地范围内的房屋和附属物,将该范围内的单位和居民重新安置。拆迁为城市治理提出了新的难题,拆迁安置小区作为重要的民生项目,是关系国家利益和公共利益的公共工程项目。近年来,各地安置小区工程一向作为重点审计项目被加以关注。本案例中,审计机关对政府投资和以政府投资为主的工程项目的预算执行、决算以及有关建设、运营情况进行审计监督。在现场审计中,审计人员根据审计目标和被审计单位的实际情况,运用职业判断确定调查了解的范围和程度,取得了预期效果。

第二十四条 【国有资源、国有资产和公共资金审计】

审计机关对国有资源、国有资产,进行审计监督。

审计机关对政府部门管理的和其他单位受政府委托管理的社会保险基金、全国社会保障基金、社会捐赠资金以及其他公共资金的财务收支,进行审计监督。

【立法目的】

本条是关于审计机关对国有资源、国有资产和公共资金进行审计监督职责的具体规定。

【条文解读】

本条贯穿的立法宗旨是新时代关于审计机关对国有资源、国有资产和公共资金审计全覆盖的指导思想。第 1 款是审计机关对国有资源、国有资产进行审计监督的职责的原则性规定。第 2 款是审计机关对公共资金进行审计监督的职责的具体规定,在内容安排上采取了列举加概括的方式。本款前半部分特别指明了三种重要的公共资金形式:政府部门管理的和其他单位受政府委托管理的社会保险基金、全国社会保障基金、社会捐赠资金。对比《审计法(2006)》,《审计法(2021)》增加了第 1 款,第 2 款增加了社会保险基金,将"社会保障基金"修改为"全国社会保障基金";将原来"其他有关基金、资金"修改为"其他公共资金"。对基金监管内容的进一步明确,使审计监督具有针对性,顺应了时代发展对"社会保险基金""全国社会保障基金"等各类公共基金加强审计监督的呼吁。

基于目前我国的社会保险基金、全国社会保障基金和社会捐赠资金来源的社会化和管理的多元化，以及国家审计监督对象的特点，这三种资金的审计必须是"政府部门管理的和其他单位受政府委托管理"，在此范围之外，社会审计等监督渠道具有广泛的发挥空间。既避免国家审计过度干预、过度扩权，又充分拓宽了三种资金的来源渠道。

【理论分析】

审计全覆盖是《审计法（2021）》实施以来，党和国家对审计机关履行职责的新的时代要求。本次修法在《审计法》的各个部分通过诸多条文进行了体系化的安排，本章通过审计机关的职责的具体规定来予以体现。

《审计法（2021）》自第18条起，第三章对审计机关职责的规定采用列举的方式逐一排序，分别为预算（第18条至第19条）、央行（第20条）、事业组织（第21条）、国有企业、金融机构和国有资本占控股地位或者主导地位的企业、金融机构（第22条）、政府投资和以政府投资为主的建设项目（第23条）等方面的审计监督职责。

本条在逻辑上含混于概括与举例之间，第1款实际上是从总体上对审计机关职责进行概括。因此，在逻辑结构上该款有两种表达方式：第一，作为独立条文放在第18条之前，以概括性的表述引领后面的各个具体的审计监督职责。第二，作为独立条文放在全部列举之后，以概括性兜底条文的方式进行收束，总结前文逐一展开的各个审计监督职责，并弥补可能存在的法律漏洞。

因此，本条可以拆分为两个条文：第2款与《审计法（2006）》的做法相同，对各类基金的审计监督职责单列一条。将第1款改为"审计机关对国有资源、国有资产、公共资金，进行审计监督"，作为单独的1条，放置于第三章的第1条，或放在审计机关的审计监督职责全部罗列结束之后的位置。考虑到第27条所起到的兜底作用，亦可将第1款与第27条合并作为其第1款，共同起到收束和兜底作用。如此，方能形成完整的逻辑结构。

我国审计机关究竟有哪些审计监督职责，即审计监督的具体领域究竟有哪些？对其进行划分的内在逻辑依据是什么？这是一个需要不同学科的人共同讨论和厘清的深层次的理论问题。原审计长李金华认为，我国的审计工作格局有4个部分的内容，"财政、金融、国有企业审计和经济责任审计，构成了有中国特色的'3+1'的审计业务工作格局,其中,金融审计、国有企业审计和经济责任审计在世界上都是独一无二的,具有中国审计的鲜明特色"①。原审计长胡泽君认为审计监督有以下几个方面的内容:"当前国家审计包括国家重大政策贯彻落实情况跟踪审计、财政审计、金融审计、企业审计、经济责任审计、民生审计、资源环境审计和领导干部自然资源离任审计、涉外审计。"《"十四五"国家审计工作发展规划》第二部分"依法全面履行审计监督职责"中,审计署的职责包括政策落实跟踪审计、财政审计、国有企业审计、金融审计、农业农村审计、资源环境审计、民生审计、经济责任审计8个方面的内容。我们看到无论是实务界还是理论界,对此表述各执一词。并且从这些分类来看,各种审计监督职责之间名称、归属存在不统一和交叉的现象。如经济责任审计究竟是不是审计机关的法定职责之一?领导干部自然资源资产离任审计究竟是属于资源环境审计还是属于领导干部经济责任审计,又或者本身就是一种形态的审计?解决诸如此类的问题还需要很长的时间。

【案例与实践】

2012年全国社会保障资金审计结果②

根据《宪法》和《审计法》等相关法律规定,按照党中央、国务院的部署,审计署在地方各级党委政府的大力支持和各级发展改革、财政、人力资源社会保障、民政、卫生、银行等部门及单位的密切配合下,于2012年3月至5月组织全国审计机关4万多名审计人员,对31个省(区、市)、5个计划单列市本级及所属市(地、州、盟)、县(市、区、旗)三级政府(以下分别统称"省、市、县")和新疆生产建设兵团管理的18项社会保障资金进行了审计,具体包括:基本养老保险(企业职工基本养老保险、新型农村社会养老保险、城镇居民社会养老保险)、基本医疗保险(城镇职工基本医疗保险、新型农村合作医疗、城镇居民基本医疗保险)、失业保险、工伤保险、生育保险等9项社会保险基金,城市居民最低生活保障、农村最低生活保

---

① 李金华:《中国审计25年回顾与展望》,人民出版社2008年版,第3页。
② 参见《2012年第34号公告:全国社会保障资金审计结果》,载中华人民共和国审计署网(网址:https://www.audit.gov.cn/n5/n25/c63607/content.html),访问日期:2022年4月30日。

障、城市医疗救助、农村医疗救助、自然灾害生活救助、农村五保供养等6项社会救助资金,儿童福利、老年人福利和残疾人福利等3项社会福利资金。此外,还对人民银行、农业发展银行实施行业统筹管理的职工基本养老保险基金进行了审计,对地方试点或开展的其他社会保险进行了调查。本次审计共涉及37个省本级(含计划单列市和新疆生产建设兵团)、404个市本级和2790个县(以下分别统称"省本级""市本级""县"),延伸审计了29273家企业、4207家医院和8101个村(居)委会。

审计署提出了具有针对性的审计建议:充分发挥社会保障"调节收入分配、纾解社会矛盾、推动经济发展、促进国家长治久安"的功能,从长远看,应妥善处理好"政府与市场、中央与地方、公平与效率、权利与义务、安全与保值、近期与长远"的关系,进一步加强顶层设计,协同推进社会保障体制改革与财税体制、收入分配、户籍管理、医疗体制和事业单位等领域的改革;以消除参保对象户籍界限、城乡界限、单位性质界限为重点,建立与经济社会发展水平相适应的城乡一体、覆盖全民、科学完善、具有中国特色的社会保障体系;统筹区域和城乡协调发展,缩小不同群体的保障水平差距,推动社会保障实现人群全覆盖,使广大人民群众平等共享发展成果。

审计公告还建议当前和今后一段时期应重点抓好几个方面工作:进一步完善社会保障制度法规、进一步健全社会保障运行机制、进一步加强社会保障监督管理,审计署将继续跟踪审计整改情况,并适时公告。此后,审计署还于2017年发布了专门针对医疗保障基金的第1号公告《医疗保险基金审计结果》。

对社会公众的公开信息披露、系统的全覆盖式监管、及时有效的审计建议和全过程的跟踪整改,这些对于提高我国各类社会保障基金管理的水平起到了明显的效果,也促进了民生和社会经济的发展。

第二十五条　【国际组织和外国政府援助及贷款项目审计】

　　审计机关对国际组织和外国政府援助、贷款项目的财务收支,进行审计监督。

【立法目的】

　　本条是关于审计机关对国际援助和贷款项目财务收支的审计监督职责的规定。

【条文解读】

国际组织和外国政府援助、贷款的财务收支情况是我国审计法的法定审计监督领域。本条为我国各类各级相关的审计立法提供了依据,在此基础上,《审计法实施条例》第 22 条进一步规定,国际组织和外国政府援助、贷款项目,包括:(一)国际组织、外国政府及其机构向中国政府及其机构提供的贷款项目;(二)国际组织、外国政府及其机构向中国企业事业组织以及其他组织提供的由中国政府及其机构担保的贷款项目;(三)国际组织、外国政府及其机构向中国政府及其机构提供的援助和赠款项目;(四)国际组织、外国政府及其机构向受中国政府委托管理有关基金、资金的单位提供的援助和赠款项目;(五)国际组织、外国政府及其机构提供援助、贷款的其他项目。①

【理论分析】

涉外审计包括国家组织、外国政府援助和贷款项目的审计、对外投资项目和资金的审计监督、对外审计交流与合作、审计法律的跨国适用②、跨国审计执法合作与纠纷的解决等领域,涉外审计是涉外审计法治建设的重要内容,也是我国审计机关较早开展的一个重要领域。改革开放之初,由于国内建设需要争取更多的国际资源,党的十二大报告提出,尽可能地多利用外国资金帮助国内建设,国家经济交流增多也为此提供了条件。在这一过程中,联合国和世界银行等国际组织要求我国依照国际惯例,对其基于中国的贷款和资助项目等进行审计并提交审计鉴证报告。于是,审计署成立不久就在 1984 年 4 月部署了联合国世界粮食计划署援助中国 6 个城市发展奶类项目的审计工作。这是我国审计监管首个对国际援助开展审计监督的项目③,为我国涉外审计的开展积累了初步的经验。考虑到国外审计机关将涉外审计作为一项制度化的内容,以及我国审计监督国际交流的发展趋势。1984 年,受世界银行委托,其贷款项目的

---

① 《中华人民共和国招标投标法》第 3 条规定,使用国际组织或者外国政府贷款、援助资金的项目,属于依法必须进行招标的项目。

② 审计法治的跨国适用包括国外审计法律在我国的适用、我国审计法律在国外的适用、审计国际组织法律文本在国内的承认与适用等。

③ 参见中华人民共和国审计署:《中国共产党领导下的审计工作史》,中共党史出版社 2021 年版,第 208 页。

审计,由中华人民共和国及项目所在省、自治区、直辖市、计划单列市审计局组织进行。同年5月,审计署正式成立外资审计局,负责外资审计业务和外事工作。同年7月,审计署《关于对世界银行贷款项目审计工作的基本要求》,为对国际援助和贷款项目财务收支的审计监督提供了最初的立法探索。1986年审计署外资司制定的《国际金融组织及联合国专门机构贷援款项目审计工作规范》(试行),也是审计署最早的一本审计业务操作规范。此后,外资司根据国内外有关政策法规的最新发展和实际工作需要,陆续制定或编译了《世界银行贷款项目审计工作规范》《国际金融组织贷款项目审计手册》《涉外财务报告和审计报告编制指南与范例》《世界银行贷款项目审计手册》《世界银行贷款项目审计操作指南》《世界银行亚洲开发银行贷款项目审计指南》等规范或指南,大大提高了审计工作的规范化,提升法治化建设效果。① 1999年3月,审计署、财政部专门发布《关于加强国际金融组织贷款项目审计监督的通知》。1999年10月,审计署关于转发财政部《关于加强世界银行贷款管理和及时纠正项目执行中违规行为的通知》,一系列的相关立法使得我国的涉外审计法治建设取得了长足进步。

国际援助和贷款项目财务收支审计已经成为一项基础性的职责。《审计法(2021)》第25条承继我国审计立法关于审计机关职责的一贯脉络,依然以《宪法》第91条为依据展开,但是拓宽了对国家援助、贷款财务收支情况审计监督的范围,随着改革开放,社会主体多元化,使用国际组织和外国政府援助、贷款的主体趋于多元化,并不局限于《宪法》第91条规定的"两个收支"的范围,因此,为健全涉外审计法治的发展,《审计法(2021)》和《审计法实施条例》对宪法文义进行了扩展解释,为开展涉外审计法治提供了具体的法律支撑。

涉外审计法治相对更为复杂,各国都在积极探索。美国的做法是从审计准则入手,制定可操作的法律规制规则。《美国政府审计准则(2018)》增加了关于境外经营实体开展审计的法律规制,对审计人员的具体资格要求、跨国注册会计师互相认证、境外经营实体审计监督的工作要求都提出了具体的制度规范。总体上看,美国开展的对境外经

---

① 参见顾嘉:《国家治理视角下的外资审计法治化研究》,载中华人民共和国审计署官网,(网址为:https://www.audit.gov.cn/n6/n1558/c110796/content.html),访问日期:2022年5月24日。

营实体的审计监督是美国审计立法史上前所未有的,不仅全面提高了对审计人员的资质要求,也强调了政府在对境外经营实体的审计监督中的主导作用。① 我国的涉外审计立法也经历了一个从点到面的过程,即从具体的国际援助和贷款项目财务收支审计开始,到制定具有普遍性的制度。在涉外审计领域从审计准则入手是较好的选择,因为审计准则体现了审计监督的技术规范特征,意识形态和法理方面的差异较少,相对容易取得规制效果。

【案例与实践】

宁波市全球环境基金赠款项目审计监督案②

2020年,宁波市审计局依法对全球环境基金(以下简称GEF)赠款宁波低碳城市建筑节能和可再生能源应用项目进行了审计。宁波低碳城市建筑节能和可再生能源应用项目为国家住房和城乡建设部统一领导的GEF五期"中国城市建筑节能和可再生能源利用项目"的子项目(GEF赠款号TF014522-CN)。宁波子项目总投资9822万元,其中GEF赠款350万美元。该项目由促进低碳、具适应性、宜居的城市形态发展,提高大型公用和商业建筑能效及项目管理三个子项组成。项目实施时间为2013年到2018年。2018年4月,经世行同意,原绿色建筑示范项目宁波大学建工楼改扩建工程替换为宁波首创厨余垃圾处理有限公司(以下简称"首创厨余")绿色建筑示范项目。替换后,宁波子项目总投资增至37608万元(包含宁波大学新建科技服务大楼项目和首创厨余绿色建筑示范项目全部成本),项目实施时间延期至2019年12月31日。同时,宁波子项目财务报表核算方法由全部成本核算更改为增量成本核算,财务报表中宁波大学新建科技服务大楼项目和首创厨余绿色建筑示范项目由原来的反映全部成本改为仅反映增量成本,项目总投资调整为4640.59万元。

在提交的审计报告(甬审外报〔2020〕30号)中"审计发现的问题及建议"部分,宁波市审计局指出:我们除对财务报表进行审计并发表审计意

---

① 参见余冬梅、胡智强:《常态化贸易冲突中的审计应对策略》,载《常州大学学报》2020年第4期。

② 参见《宁波市审计局关于全球环境基金赠款宁波低碳城市建筑节能和可再生资源应用项目的审计结果公告》,载宁波市审计局网(网址:http://sjj.ningbo.gov.cn/art/2020/10/12/art_1229055570_58918114.html),访问日期:2022年4月30日。

见外,还关注了项目执行过程中相关单位国家法规和项目赠款协定遵守情况、内部控制和项目管理情况、项目绩效及上年度审计建议整改落实情况。未发现存在违反国家法规、赠款协定的问题和内部控制缺陷。

第二十六条 【国家重大经济社会政策措施情况审计】

根据经批准的审计项目计划安排,审计机关可以对被审计单位贯彻落实国家重大经济社会政策措施情况进行审计监督。

【立法目的】

本条是对审计机关贯彻落实国家重大经济社会政策措施情况进行审计监督的职能的规定。

【条文解读】

本条将贯彻落实国家重大经济社会政策措施情况进行审计监督正式列为审计机关的职责,是一个历史性进步,有利于发挥审计制度对社会关系进行调整的广度和深度。但从结构上看,《审计法》对审计机关职责的安排采取的是"列举+兜底条款"的模式,审计机关对贯彻落实国家重大经济社会政策措施情况进行审计监督的职能属于"列举"部分的最后一条,并没有反映该项职能应有的价值和地位。

我国的政策跟踪审计始于2008年的一次专项审计调查,但多年来其不仅不是一个法律概念,甚至在不同的文件和规范文本中称谓差别很大。我国审计监督领域的"重大政策审计"称谓一直不固定,内容也变化频繁。最初出现该概念在《审计署2008至2012年审计工作发展规划》中是指"宏观投资、金融、支农、惠民、土地和节能减排",此后在各个年度的内容和称谓都会变化。① 有时直接称为某一项或数项具体的政策,有时又笼统地称为"国家重大经济社会政策""政策措施跟踪落实情况","审计署稿"第19条采用"党和国家重大经济政策措施和决策部署"的提法,将其内容限定在经济领域是科学的做法。作为法律范畴的基本边界应当明确,从主体看,究竟是指国家政策,还是党和国家的政策?从内容上看,究竟是包括经济政策,还是也包括社会和其他方面的政策?《审计法》中类似的

---

① 参见陈希晖、邢祥娟:《重大政策落实跟踪审计的实施框架》,载《中国审计评论》2017年第2版。

概念还有很多:审计委员会、审计程序、延伸审计、公共资源、公共资产、国有资源、经济责任、自然资源资产等,故从学理上进行梳理的任务极为繁重。

从法律地位上看,"审计署稿"将其作为第三章"审计机关职责"的第1条来安排,在行文上是审计机关一般性法定职权的概括性表述,反映了审计机关有将政策跟踪审计视为最重要职责的倾向。《审计法(2021)》则将其列为审计机关职责的第9项,也即审计机关明文列举的职责的最后一项,并且在措辞上使用了"根据经批准的审计项目计划安排"和"审计机关可以"的限定语,表明其在性质上属于任意性规范(指导性规则)。因此,可以理解为:《审计法(2021)》并没有将其视为审计机关的一项法定职责。

【理论分析】

中华人民共和国成立后,我国的审计制度曲折发展。在成立初期,甚至没有设置专门的审计机关,在1949年至1958年的10年间,财政监督的职能主要由各级财政部门承担,也有部分审计监督寓于监察工作之中。从1958年开始,由于各级财政监察机构和监察部(原监察委员会)陆续被裁撤,而财政监察机构经历部分恢复后又再次撤销,我国的经济监督工作一度陷入停滞。计划经济时期,审计的功能被旁置。直到1980年,国务院同意并批准了财政部《关于财政监察工作的几项规定的通知》(已失效),规定在财政部设立财政监察司,各省、自治区、直辖市相应设置财政监察机构,这一机构才宣告再次恢复,但其主要任务依然是进行财政财务监督,检查违反财经纪律问题。1982年至2011年的30年间,在党的领导下,各级审计机构建立并随经济社会的发展和经济监督工作的需要不断调整。① 审计职能在这一时期经历了从"财政监督"到"监督财政"的转变,即从"站在财政部的角度看纳税人是不是偷漏税"转变到"站在纳税人的角度监督政府怎么花纳税人的钱"。②

世界各国的审计监督都经历了从主要监督政府开支的合法性和合理

---

① 参见汪德华、侯思捷、张彬斌:《中国共产党领导的国家审计:百年历程与发展启示》,载《财贸经济》2021年第7期。

② 舒圣祥:《审计报告不点名偏离"纳税人立场"》,载信息日报网(网址:https://www.jxnews.com.cn/xxrb/system/2006/06/29/002285650.shtml),访问日期:2022年4月30日。

性,向监督财政资金和公共资源使用,承担制约公权力的政治和社会治理的历史使命转变的过程。以美国为例,2004年,美国审计总署公布《美国人力资源改革法案修正案》,自2004年7月7日起,美国审计总署正式更名为美国政府责任署,调整审计监督的重心与发展方向,强调审计在提高政府工作效能和保证政府责任中的关键作用,增强了政府在政府经济受托责任和提供信息方面的功能。[①]

从我国《审计法》本次修法来看,我国审计机关的职能已经明显地从监督财政资金的使用,演变为走向审计全覆盖的多元化结构。公共政策审计职能如何安放是其中一个重要的问题。"审计署稿"将其列为第三章"审计机关职责"的首条,反映了审计实践的变化和制度构建的迫切需求。《审计法(2006)》对此没有规定,《审计法(2021)》注意到了该问题,将其列为第三章"审计机关职责"的第9项,这是一个进步,但不能反映审计制度功能变化的客观趋势。该制度安排拓宽了审计监督的职能,但与《宪法》第91条规定的"国务院设立审计机关,对国务院各部门和地方各级政府的财政收支,对国家的财政金融机构和企业事业组织的财务收支,进行审计监督"的表述存在抵牾,需要更为深入的理论论证和法律协调。

另外,关于该项重要的审计监督职责的概念和制度内涵,还缺乏深入的研究。实体法需要依靠严密和精确的概念体系构建规则体系,并指导实践。实务中,各级审计部门依据自己的理解适用,影响法律规制效果,也容易带来纠纷。公共政策审计在我国又称"政策审计""贯彻落实国家重大经济社会政策措施情况审计""党和国家重大经济社会政策落实跟踪审计"等,《审计法(2006)》对此没有规定。

表3-2 我国政策审计称谓变化概览表

主体与时间	规范性文本	具体称谓
2014年8月国务院	《关于印发稳增长促改革调结构惠民生政策措施落实情况的跟踪审计工作方案的通知》	稳增长促改革调结构惠民生政策措施落实情况跟踪审计

[①] 参见美国审计总署:《美国政府审计准则(2011)》,胡智强等译,经济科学出版社2017年版,第1页。

(续表)

主体与时间	规范性文本	具体称谓
2014年10月国务院	《国务院关于加强审计工作的意见》	国家重大政策措施和宏观调控部署落实情况的跟踪审计
2015年5月审计署	《国家重大政策措施和宏观调控部署落实情况跟踪审计实施意见(试行)》	国家重大政策措施和宏观调控部署落实情况跟踪审计
2015年9月审计署	《关于印发进一步加大审计力度促进稳增长等政策措施落实的意见的通知》	监督检查稳增长等政策措施的落实情况跟踪审计
2015年12月中共中央办公厅、国务院办公厅	《关于完善审计制度若干重大问题的框架意见》	国家重大决策部署贯彻落实跟踪审计
2016年5月审计署	《关于印发"十三五"国家审计工作发展规划的通知》	国家重大政策措施和宏观调控部署落实情况跟踪审计
2017年审计署	《国家重大政策措施落实情况跟踪审计工作指导意见》	国家重大政策措施落实情况跟踪审计
2016年至2017年审计署	《审计结果公告》	国家重大政策措施贯彻落实情况跟踪审计
2018年审计署	《审计结果公告》	国家重大政策措施落实情况跟踪审计
2019年3月审计署	《审计法(修订草案征求意见稿)》	党和国家重大经济政策措施和决策部署的审计监督

【案例与实践】

呼伦贝尔市审计局为规范项目建设逆程序操作提出审计建议[①]

为推进城市基础设施重大项目建设政策措施落实,呼伦贝尔市审计局及时开展跟踪审计,在审计工作中发现市政基础设施项目建设中存在逆程序操作问题。项目承建单位在组织项目实施时,未能严格按照规定

---

① 参见《呼伦贝尔市审计局为规范项目建设 逆程序操作提出审计建议》,载呼伦贝尔市人民政府网(网址:http://www.hlbe.gov.cn/OpennessContent/show/22068.html),访问日期:2021年11月24日。

的基本建设程序报建、报批,一是存在边勘察边设计边施工等"三边"工程;二是未办理项目施工许可就先行建设、先开工后批复;三是建设程序审批手续不全。

为此,2020年5月7日,呼伦贝尔市审计局提出审计建议,第一,项目建设单位要结合本地实际,做好前期调研工作,科学合理规划,杜绝先建设后规划;第二,相关部门及单位应切实履行主体责任,加大监管力度,完善惩处制度,敦促建设单位严格履行基本建设程序;第三,充分运用网络报建、报批相关系统,建立健全网上审批制度及流程,严格遵守基本建设程序,完善管理机制,杜绝未批先建等违规行为。

案例点评:与审计机关其他职责相比,政策落实跟踪审计不是指向某一个具体的点,而是从面上下功夫,具有更广泛的适用空间、更好的治理价值。近年来,通过政策跟踪落实审计,审计机关发现经济社会运行中的风险隐患以及新情况、新问题、新趋势,及时反映,分析原因,提出审计建议,对防范和化解社会风险、实现综合性经济监督、有效维护经济社会运行安全起到了非常好的监督效果。欲进一步完善政策落实跟踪审计制度,还要从更多的角度去思考:"国家政策"究竟如何界定?其中的"国家""重大""经济社会"等要素的具体边界如何?该项制度与预算监督审计、金融审计、领导干部经济责任审计和自然资源资产离任审计等审计监督职责之间是何种关系?

第二十七条 【其他法定事项审计】

除本法规定的审计事项外,审计机关对其他法律、行政法规规定应当由审计机关进行审计的事项,依照本法和有关法律、行政法规的规定进行审计监督。

【立法目的】

本条是对审计机关职责的兜底性规定。

【条文解读】

审计法第三章对审计机关职责以"列举+兜底条款"的模式进行表述,"列举"部分(第18条至第26条)所具体列明的我国审计机关9项审计监督职责。① 由于审计监督权的内容在不断扩张,为了解决列举的有限性、刚性和调整对象的变动性之间的矛盾,在立法技术上有列举条文必然就有兜底条文,体现法律的刚柔相济。审计机关的职责主要由《审计法》规定,但是并不排除其他法律、行政法规对由审计机关进行审计的事项进行规定,本条通过兜底条文对此予以规范。

需要注意的是,在适用法律时,由于涉及多个法律法规,存在法律冲突,因此,本条依据通行的法理和国家权力分工的原理对此进行明确:其他法律、行政法规规定应当由审计机关进行审计的事项,审计机关必须依照《审计法》和有关法律、行政法规的规定进行审计监督。

【理论分析】

"依法审计"的"法"应当是什么法？笔者认为审计监督既是行政执法,又具有专业领域特征。审计监督的法律依据是多样化、多层次的,审计执法的法律依据应当包括:行政法、有中国特色的审计法律体系和会计法、预算法等其他法律法规。我国审计法立法中存在一个普遍性的问题:对依法审计的"法"的理解存在不同法律文本,甚至同一个法律文本的不同条文表述不同,在《审计法》《审计法实施条例》《国家审计准则》和各地方性法规中广泛存在该问题。立法并没有处理好审计监督的法定依据的问题。由于审计监督具有很强的政策性,如果将审计执法的依据局限于法律法规,势必导致很多审计行为无法可依,因此,有学者"建议将国家审计的依据定位为'国家有关规定'以上的法律层次"②。在具体表述上,本条"依照本法和有关法律、行政法规的规定进行审计监督",可以改为"依法进行审计监督",而不必特别指明什么法。

我国审计监督整体化发展还有一个具有中国特色的问题需要解决,即如何安放经济责任审计制度？《审计法(2006)》第 25 条和"审计署稿"第 3 条都对经济责任审计进行了明确规定,并在附则中对相应的法律适用予以确认,《审计法(2021)》的做法是仅仅在"附则"的第 58 条保留

---

① 《审计法(2021)》关于我国审计机关的职责的安排实际上采用的是"8+1+2"模式:第 9 项政策跟踪审计实际上是指导性规则,与审计机关的前 8 项职责存在明显的区别。《审计法(2021)》第 32 条、第 33 条关于审计机关对内部审计和社会审计进行指导的职责,也属于指导性规则。

② 蔡春、杨肃昌、胡耘通:《关于审计法(修正草案)的修改意见与建议》,载《财会月刊》2021 年第 15 期。

了经济责任审计法律适用的规定。其间的差别不单是《审计法(2021)》关于经济责任审计法律条文数量的减少,更反映了对整个审计监督职责、功能的"二元化"理解,以及对经济责任审计的地位"另行安排"的理解和法律适用上的"除外"。如此看来,经济责任审计并不是审计机关的法定职责,且经济责任审计也难以适用审计法。

【案例与实践】

国企境外投资须对重大风险标的开展预先审计[①]

改革开放以来,尤其是近年来我国国有企业境外投资业务取得长足发展,也出现了有些项目资产状况不佳、盈利能力不强、投资回报率偏低等问题,甚至出现很多新的腐败案件。究其根源,企业财务管理能力和水平与之不相适应是一个重要原因,审计制度没有及时跟进也是一个重要原因。

为此,我国财政部印发《国有企业境外投资财务管理办法》(以下简称《办法》),于2017年8月1日起正式施行。《办法》对境外投资的事前、事中、事后财务管理提出明确要求,将对连续三年累计亏损金额较大或者当年发生严重亏损等重大风险事件的境外投资企业(项目)进行实地监督检查或者委托中介机构进行审计,并根据审计监督情况采取相应措施。该办法坚持问题导向,实现了国企境外投资的全过程管理,有利于增强企业境外投资财务管理水平,提高境外投资效益,提升国有资本服务于"走出去"战略和"一带一路"倡议的能力。

调研显示,事前决策不科学、不履行必要程序是造成国企境外投资失利的重要原因,《办法》专章对境外投资事前决策的财务管理提出了要求。一是要求企业在董事长、总经理、副总经理、总会计师(财务总监、首席财务官)等领导班子成员中确定一名主管境外投资财务工作的负责人,确保决策层有专人承担财务管理职责。二是以并购、合营、参股方式投资境外目标企业(项目),投资方要组建包括行业、财务、税收、法律、国际政治等领域专家在内的团队,或者委托具有能力并与委托方无利害关系的中介机构开展尽职调查,形成书面报告。其中,财务尽职调查重点关注目标企

[①] 参见《财政部:国企境外投资须对重大风险标的预先审计》,载搜狐网(网址:https://www.sohu.com/a/161685215_561670),访问日期:2021年12月17日。

业(项目)所在国的宏观经济风险和目标自身的财务风险。三是要求企业组织内部团队或者委托具有能力且与委托方无利害关系的外部机构对境外投资开展财务可行性研究。

《办法》要求投资方:一是建立健全对境外投资的内部财务监督制度和境外投资企业(项目)负责人离任审计和清算审计制度;二是对连续三年累计亏损金额较大或者当年发生严重亏损等重大风险事件的境外投资企业(项目)进行实地监督检查或者委托中介机构进行审计,并根据审计监督情况采取相应措施;三是对负责人、财务负责人任职时间没有明确要求且相关人员任职满5年的境外投资企业(项目)财务管理情况进行实地监督检查。这样规定可以有效避免"重投资、轻监督",及时发现财务风险苗头。

《办法》对适用范围进行了具体规定:第一,适用。关于适用的行为,《办法》规定,境外投资是指国有企业在香港、澳门特别行政区和台湾地区,以及中华人民共和国以外通过新设、并购、合营、参股及其他方式,取得企业法人和非法人项目所有权、控制权、经营管理权及其他权益的行为。适用的主体为国务院和地方人民政府分别代表国家履行出资人职责的国有独资企业、国有独资公司以及国有资本控股公司(即通常所称"国有及国有控股企业"),包括中央和地方国有资产监督管理机构和其他部门所监管的企业本级及其逐级投资形成的企业。第二,参照适用。国有企业合营的企业、国有资本参股公司以及非国有企业开展境外投资,可以参照《办法》执行。第三,不适用情形。金融企业不执行《办法》,金融企业境外投资财务管理办法另行制定。

特别需要指出的是,依据我国《审计法》的规定,对国有企业境外投资的审计属于国家审计,除此之外国有企业还必须依法开展内部审计,并依法实现经济责任审计全覆盖。目前,这些方面都做得还很不够。

案例评述:对境外投资进行审计监督是涉外审计法治建设的一个重要内容,也是各国审计实践和审计立法的一个薄弱点,美国在2018年修订《美国政府审计准则》时,特别增加了对美国海外经营实体进行审计监督的规定,以弥补法律漏洞。新时代我国的海外投资迅速扩大,党的十七大报告中提出"走出去"战略,2013年我国发起"一带一路"的合作倡议,党的十九大报告提出要提高中央企业的全球竞争力,境外投资业务迅速发展,但我国又处于百年未有之大变局时期,国际贸易形势更为复杂,大规模的境外资产长期处于监管空白,未得到有效的监督。因此,必须加强该领域涉外审计的立法,对涉外审计事项进行规定,并由审计机关积极探索开展境外审计执法模式研究。

第二十八条 【全面审计和专项审计】

审计机关可以对被审计单位依法应当接受审计的事项进行全面审计,也可以对其中的特定事项进行专项审计。

【立法目的】

本条是关于审计机关针对被审计单位进行全面审计或专项审计的授权性规定。

【条文解读】

本条一改此前对审计机关监督职责按照监督领域的分类方法进行排列的逻辑,从审计方式的角度对审计机关履行审计监督职责进行授权性规定。

《审计法(2021)》第29条对专项审计调查进行了规定,本条所指专项审计并非专项审计调查,而是从微观角度规定了审计机关针对被审计单位依法应当接受审计的事项,可以开展的两种不同方式的审计监督(审计执法方式):审计机关可以对被审计单位依法应当接受审计的事项进行全面审计或专项审计。

【理论分析】

本条为本次修法新增的内容,究其性质,本条属于审计监督职责的实现方式。

对被审计单位应当接受审计的事项进行全面审计侧重于发现问题、纠正和处理问题,关注面较广。对被审计单位应当接受审计的事项进行专项审计注重审计监督的深度,主要是针对被审计单位的突出问题进行分析研究,针对性和灵活性更强。

作为授权性法律条款,审计机关具有选择权,并且审计机关对被审计单位开展的全面审计与专项审计两种审计监督方式必要时也可以互相转换,全面审计发现的突出的疑难问题、违法案件线索等,可以通过专项审计加大审计监督的力度,提高审计监督效果。

【案例与实践】

英国的独立审计[①]

2010年5月,英国媒体披露出多位下议院议员滥用公务补贴的清单,议员们被曝最大限度地钻制度的空子,用公款报销各类开支,甚至包括修马桶和购买狗粮的费用,此事引起公众的愤怒,导致下议院议长马丁和多位内阁部长辞职。为挽回政党的公信力,英国首相布朗任命托马斯·莱格爵士为独立审计员,对过去5年间议员的开支进行审计。

莱格爵士长期担任英国政府的常务次官——内阁中最资深的公务员,曾为英国最高法院服务数十年,独立调查过多起涉及政府部门的案件。经过他的独立审计调查,在第一批公布的议员"催款信"名单中,首相布朗、财政大臣达林,以及自由民主党领袖尼克·克莱格的名字均赫然在列,他们均被要求退还违规报销的费用。

莱格提出,议员每年用于卫生费(包括干洗费和擦窗户的费用)的数额不得超过2000英镑,园林绿化费不得超过1000英镑,超过此限额的开支需要偿还。由此,布朗需要退还12415英镑,其中包括超标的10717英镑的卫生费、302英镑的绿化费。2006年4月,他还把一笔1396英镑的装修费报销了两次。至于达林,他为自己的第二套房购买了一套价值1104英镑的柜子,他需要退还554英镑。而克莱格的园林绿化费用则超标了910英镑。尽管与其他国家政府官员的贪腐行为相比,这些似乎是小钱,但在英国媒体的舆论压力下,小钱也成了大问题。

最大在野党(保守党)领袖卡梅伦被莱格要求提交更多的报销材料,他也坚决要求保守党议员退还多报销的费用,卡梅伦称,"不愿意偿还超额款项的议员将被保守党除名"。克莱格也表示,同意归还910英镑的超额园艺费,他还警告该党议员们不要质疑,"如果我们需要在下届选举中面对选民的眼神,就必须肃清整个系统中的问题,退还莱格先生要求我们退还的费用。"

尽管亡羊补牢,这场"审计风暴"对英国政界,尤其是执政党的打击却是毫无疑问的。

---

① 参见《独立审计如同海啸黎明到来》,载判例网(网址:http://www.famouscase.net/show.php?contentid=3273),访问日期:2022年1月2日。

独立调查在英国素有传承。任命德高望重、具备独立性和专业性的人士来调查有广泛关注的争议性事件,是英国一个较为独特的传统。如果事件属于有法律争议的事件,一般会选择最高法院的法官,但如果涉及财务事件或经济方面的问题,多会选择会计师或审计师来操作,这就是独立调查员必须具备的专业性。一般在独立调查调查报告公布后,相应的制度将会发生重大改变。

第二十九条 【专项审计调查】

审计机关有权对与国家财政收支有关的特定事项,向有关地方、部门、单位进行专项审计调查,并向本级人民政府和上一级审计机关报告审计调查结果。

【立法目的】

本条为我国各级国家审计机关开展专项审计调查提供法律依据。

【条文解读】

本条一改此前按照审计监督领域对审计监督职责进行分类的方法,而是从审计监督的方式的角度,对审计机关履行职责进行授权性规定。本条体现了新法进一步扩大审计机关职责的努力。

专项审计调查是我国各级审计机关享有的行使审计监督职责的一项法定方式。专项审计调查与专项审计是不同的审计执法方式,专项审计是审计法授权审计机关针对被审计单位依法应当接受审计的事项进行的审计监督。专项审计调查是审计机关针对与国家财政收支有关的特定事项进行的审计监督。在性质上,两者都是授权性规范,但两者适用于不同的对象,并且在审计结果信息披露和审计结果运用的法律程序等方面也存在诸多不同。

在审计信息披露方面,本条规定,专项审计调查只需要向本级人民政府和上一级审计机关报告审计调查结果,理论上属于审计结果报告。[①]

【理论分析】

专项审计调查是指审计机关为了及时向各级人民政府决策提供经

[①] 参见本书关于《审计法(2021)》第 19 条的有关内容。

济信息,促进宏观调控,就国家财政收支有关的事项开展的专门调查活动。

20世纪80年代,改革开放对国家治理提出了许多新的课题,需要新的治理方式,尤其是在先行先试的经济领域更是出现了不少新的问题,需要探索新的审计方法。① 为此,审计署在1986年至1988年,积极探索专项审计调查。一是因为专项审计调查不同于专项审计,可以超越具体的审计项目,针对新问题,在较大范围内进行深入调查研究。二是专项审计调查的结果可以对领导机关和有关部门完善宏观控制和改进工作起到参谋作用。②《审计署2003至2007年审计工作发展规划》指出:"实行审计与专项审计调查并重,逐步提高专项审计调查的比重,争取到2007年,专项审计调查项目占整个项目的一半左右。重点调查国家政策法规执行中存在的问题和重大决策的落实情况,促进加强宏观管理,完善法规制度。"《审计署2006至2010年审计工作发展规划》坚持了关于专项审计调查的"两个并重",并特别强调,效益审计"以专项审计调查为主要方式"。《审计署2008至2012年审计工作发展规划》改变了过去实行真实性、合法性审计与效益审计并重的提法,提出以真实性、合法性审计为基础,全面推进绩效审计。1994年颁布的《审计法》第一次明确了专项审计调查的法律地位,使之成为我国审计机关的一项法定职责。这表明,一项具有中国特色的审计监督职责(制度)正式升华为国家法律制度。新时代由于面临国家治理体系和治理能力现代化水平提升的历史任务,由于目标的宏观性、范围的广泛性、方式的多样性③和作用的时效性,专项审计调查得到更加充分的强调和运用。④

专项审计调查制度的诞生并正式固化为一项有中国特色的审计法律制度,表明一个国家的审计监督制度职能也必须依据自己的国情展开。专项审计调查一般是本级人民政府交办的特定事项自特定领域展开,适

---

① 据《中国审计史》记载,1984年12月至1985年1月,审计署首次对经济特区中外合资、合作企业进行了专项审计调查。转引自宫军:《专项审计调查的历史观察》,载《中国内部审计》2013年第1期。

② 参见宫军:《专项审计调查的历史观察》,载《中国内部审计》2013年第1期。

③ 从严格意义上讲,专项审计调查是审计和调查的有机结合,可以采用多种方式来开展,既可以是单项调查,也可以是多项调查;既可以独立开展,也可以结合项目审计开展;既可以审核被调查单位的会计、统计资料及其他财务收支情况,也可以通过座谈会和走访等方式来进行。

④ 2018年的全国审计工作会议确定的三项重点之一就是加大审计调查的覆盖面和力度。

应我国行政型审计体制的需要,有效地服务于国家治理的需要,但需要兼顾审计的独立性、自治性、审计自由裁量权的合理规制。

专项审计调查的适用范围仅限于与国家财政收支有关的特定事项,实际上是对我国《宪法》规定的审计机关对"两个收支"进行审计监督的范围的补充规定,《审计法实施条例》第 23 条将其进一步明确为"对预算管理或者国有资产管理使用等与国家财政收支有关的特定事项"①。专项审计调查适用的对象是有关地方、部门、单位,由各级审计机关依据职责和管辖具体确定。专项审计调查适用的程序是依照《审计法》《审计法实施条例》规定的审计程序、方法以及国家其他有关规定。其中,审计信息披露是必经法定程序,即向本级人民政府和上一级审计机关报告审计调查结果,但依据《审计法实施条例》第 33 条的表述,"可以就有关审计事项向政府有关部门通报或者向社会公布对被审计单位的审计、专项审计调查结果"②。

专项审计调查与一般审计(全面审计和专项审计③)虽然都是审计法赋予审计机关的职责,但在目的、程序、对象、要求、作用等方面具有各自的特点。因此,两种方式发挥作用的效果不同。一般审计对问题的处理或评价是具体的,针对某事或某项具体行为,对被审计对象具体行为的监督有较强的作用。专项审计调查涉及面广,层次高,政策性强,但一般不出具具体行为的处理处罚决定,主要作用是更好地提供宏观决策和政策调整的依据。过去认为,专项审计调查组可根据工作需要决定向或不向被调查单位征求意见。审计机关通过专项审计调查报告向本级人民政府和上级审计机关报告审计调查结果,无须向被调查单位出具审计意见书和审计决定书。但笔者认为,专项审计调查也应当统一遵守本法有关审计程序的规定,才符合审计法治的基本精神。正因为如此,专项审计调查与一般审计才能够发生互相转换而不至于影响监督效果,否则,审计机关完全可能存在通过监督形式的转换而脱离审计法治的规制框架,导致滥用审计自由裁量权的风险。

---

① 依据《中华人民共和国国家审计准则》第 8 条和第 36 条的规定,审计机关依法对预算管理或者国有资产管理使用等与国家财政收支有关的特定事项向有关地方、部门、单位进行专项审计调查。

② 《审计法实施条例》第 33 条、第 44 条等对专项审计调查进行了更为具体的规定。

③ 参见本书关于《审计法(2021)》第 28 条的有关内容。

【案例与实践】

国家科技重大专项审计"解密"①

2014年10月,科技部党组一份整改情况通报曾披露,审计署审计发现,5所大学的7名教授弄虚作假、套取国家科技重大专项资金2500多万元。7名教授中,包括中国工程院院士、中国农业大学教授李宁,原全国政协委员、浙江大学教授陈英旭等人,由于涉及的都是相关领域的顶尖人才,这引发了对科研经费管理的高度关注。

实际上,这是一次由审计署于2011年年底到2012年年初统一组织的民口国家科技重大专项的例行审计所引发的。国家科技重大专项是指由《国家中长期科学和技术发展规划纲要》圈定的国家级重大科研方向,每个方向都涉及相关行业最优秀的人才以及巨额的资金投入,此次审计共涉及民口的8个重大专项。审计结果显示,出现问题的并不止5所大学的7名教授。据了解,安徽省环境科学研究院水研究所原所长陈云峰案亦是由这次专项审计牵出的,陈云峰利用担任水专项课题及成果示范工程负责人的职务便利,贪污、受贿、套取科研经费总额达400余万元,于2014年1月被判处有期徒刑14年,并引发安徽环保系列腐败窝案。

一次审计,几多高校涉案,发现了科研经费管理的积弊,也凸显了专项审计在科研经费监督管理中重要的"防火墙"作用。那么,我国高校的科研经费的管理又存在哪些问题?

审计发现,通过签订合同将部分课题内容转包给关联公司,再通过关联公司套取科研经费,是最常见的一种情况。除了通过与关联公司套取科研经费,以虚列劳务费的手法冒领科研经费,也是科研项目审计中常见的问题。

科研项目应该允许失败,只要其研究路径合理,资金使用合规,应该予以认可。但在这次专项审计中甚至发现,有项目承担单位在无法完成任务情况下将境外生产的设备作为科研成果,并通过了初步验收,而负责验收的专家中甚至还有院士。

目前来看,套取科研经费的手段基本就是假合同、假票据,算不上"高

---

① 参见刘星:《一次审计,多名"高知"现形》,载《中国青年报》2015年7月9日,第4版。

明"的手段,却轻易就套出了数额巨大的科研经费。说明目前我国的重大专项的管理监督机制还不够完善,专项组织实施的部门重资金分配、轻管理监督,专项经费的使用基本都由课题负责人决定,项目绩效考核和成果后期评估制度不健全。

对科研经费一些规定管得过死、科研经费拨付太晚的声音,审计人员也注意到了。实际上,一些科研项目相关经费到位时间都很晚,按照预算时间钱很可能花不完。审计时也遇到过真的花不完钱、先将钱调到其他账户的情况,但这些钱都还在单位账户,不存在被挪用或进了个人账户的问题。

虽然现在的重大专项预算都是厚厚的一本,并且有着详细的规定,但科研项目预算还是很粗。这说明预算的审核显然还需要加强。(文中提到的审计人员均为化名)

案例评述:《国家审计准则》第 36 条规定,涉及宏观性、普遍性、政策性或者体制、机制问题的可以进行专项审计调查。第 125 条规定,专项审计调查报告除符合审计报告的要素和内容要求外,还应当根据专项审计调查目标重点分析宏观性、普遍性、政策性或者体制、机制问题并提出改进建议。高校的科研项目和资金的管理机制还需要进一步改革完善,通过好的制度引导和鼓励科技创新,有效激发科研人员的积极性和创造性,同时进一步完善专项审计制度。

第三十条 【经济社会风险隐患披露】

审计机关履行审计监督职责,发现经济社会运行中存在风险隐患的,应当及时向本级人民政府报告或者向有关主管机关、单位通报。

【立法目的】

本条是对审计机关发现经济社会运行中的风险隐患所负有的法定报告义务的规定。

【条文解读】

本条为《审计法(2021)》新增的内容,源于"审计署稿"第 32 条。本条将审计机关发现经济社会运行中的风险隐患及时向本级人民政府或者有关主管机关、单位反映规定为审计机关的法定义务。本条体现了新法进一步扩大审计机关职责的努力。

应当注意的是:第一,审计机关发现经济社会运行中的风险隐患是在履行审计监督职责中,审计机关不是单独在审计机关监督职责之外去"发现"经济社会运行中的风险隐患。第二,按照国家机关职责分工原理,审计机关所发现的经济社会运行中的风险隐患由于超出自身法定职责的范围,所以应及时向本级人民政府或者有关主管机关、单位反映。

因所发现的"隐患"的性质不同,基于行政权职能分工由专门的法律主体依其职权、方式和程序应对。故,《审计法(2021)》规定,对在履行审计监督职责中所发现的经济社会运行中的风险隐患,审计机关负有的只是向特定对象的告知义务。

【理论分析】

自《宪法》确立现行审计体制以来,我国审计机关的职责一直处于持续扩大的状态。特别是新时代实行审计监督全覆盖目标以来,社会对审计监督的认知似乎存在审计监督无处不在的感觉,业内外对审计与监察、纪委等的监督职责区分也存在模糊认识。从理论上需要讨论的深层次问题是:审计机关法定职责的主要来源及具体适用究竟如何?审计是干什么的?审计监督的边界是什么?审计机关究竟有哪些职责?

我国审计署曾为此向 10 个国家的审计长发出统一问卷,其中第 11 个问题是"贵国最高审计机关如何把握国家审计的边界,包括审计的范围、内容和深度等及其与国家治理需求变化的关系如何?"[①]以下为世界各国的回答:

日本审计院:审计范围由法规规定,审计院一直根据法律、法规实施审计。审计的主体和深度以及审计建议的范围和程度则依据审计环境确定。

法国审计法院:在地方审计法院的协助下,国家审计法院得以领导几乎所有公共机关的绩效审计和财务审计。法院及其法官绝对地不受国家治理变化的影响;法院改革的时间不再与选举时间表关联。法院审计工作最大的特点是判决能力;法院由法官组成。

英国审计署:对政府以及接受政府资助的机构进行严格的财务管理

---

① 审计署国际合作司:《十国审计长谈国家审计》,中国时代经济出版社 2014 年版,第 187 页。

以及独立开展问责。

美国审计总署:审计的主要使命是为国会服务,通过推动联邦政府更好地工作而为美国人民服务。审计总署支持国会监督工作主要有四种方式:报告政府项目与政策的实施情况;对机构工作进行审计,确认联邦资金支出的效率和效果;对关于非法和不当行为的指控进行调查;出具法律决定和意见书。……政府所面临问题的类型日益复杂,审计的边界日益模糊。……审计需要更加关注如何评估和加强不同的机构、政府层级、行业和政策工具之间的关联,包括对政府是否实行以结果为导向原则进行检查,对是否健全最佳合作机制进行评估,对政府能力进行评价。……对行政部门进行后续追踪,了解审计建议的实施情况,从而掌握审计建议的影响力。

澳大利亚审计署:对所有澳大利亚政府控制的机构进行审计……"跟着资金流向"开展审计,对使用联邦资金的绩效情况进行审计。

俄罗斯联邦审计院:对专项预算的执行和国家财产的使用实施可靠的审计监督。帮助权力机关提升其为社会谋福利的工作,确保公民参与社会事务的权利得到保障。最高审计机关的最大特色在于切实帮助国家和社会解决国家社会经济发展新阶段遇到的战略难题。

印度主计审计署:审计监督考虑了被审计单位的核心业务活动、主要的合同和资本项目、重大政府政策举措以及各邦和中央政府对各部门及项目的预算分配。

南非审计署:审计署审计边界和范围可以看作是包含所有接受公共资金的机构,审计机关可以查阅所有的交易和记录,并可对任何方面提出审计建议。

我们可以看出,"审计边界,尤其是审计对象或被审计单位意义上的审计边界,总体上都是依法确定和调整;审计范围、审计内容、审计深度意义上的审计边界,适应国家治理需求而变化,在深化具体项目审计的同时,越来越多地关注宏观层面或部门、项目之间的共性问题;在审计工作中,遵循审计准则等有关规定,保持审计业务操作的规范性和一致性。"[①]

本条关于审计机关在履行职责中将发现的经济社会运行中的风险隐患及时向本级人民政府或者有关主管机关、单位反映的告知义务,实际上可以理解为对审计机关职责的授权式概括性规定。由于是《审计法

---

① 孟大围:《不同国家审计机关如何把握审计的边界》,载《审计观察》2021年第7期。

(2021)》新增的审计机关法定职责,其具体适用条件、程序和方式等有待于《审计法实施条例》或《国家审计准则》予以进一步的补充和明确。例如:既然本条规定审计机关"应当"报告,则相应的问题就是:第一,审计机关负有检查风险隐患的义务? 如何与《国家审计准则》规定的审计程序衔接一致,并组织实施,即如何去发现? 第二,审计机关发现风险隐患究竟是一项独立的审计监督职责,还是其他审计监督职责的一项必需或非必需的前置程序? 第三,如何"及时反映",相关时限性规定如何设置? 第四,审计机关及时反映,即履行审计信息披露义务的方式是审计工作报告,还是其他?

【案例与实践】

南京市玄武区审计局对重点跟踪审计项目"大走访"提出"小建议"解决"大难题"①

根据南京市"走千企入万户、助发展促富民"大走访活动要求,南京市玄武区审计局结合工作实际,对教育系统重点跟踪审计项目进行集中"大走访"。

2017年7月6日上午,区审计局党支部书记带队,先后走访了科利华中学新建教学楼、逸仙小学异地复建等项目施工现场,做好问题意见的收集整理,针对项目分项工程、零星附属小型工程招标时间较长和建设工期紧迫,施工场地狭小、学生在外过渡就读压力大等问题,区审计局摸清实际情况,建议项目主管部门严格按照招投标相关规定,对限额以上的分项工程,对照进度计划节点,提前做好招标准备工作;对限额以下的在建工程追加的附属小型工程,可以委托原承包人实施。

此次大走访中,该局提出的建议为走访单位解答了疑难问题,提升了项目质效,促进了规范化管理。该局也就审计机关人财物管理改革情况进行了宣传,在取得被审计单位理解支持的同时,进一步做好监督和服务工作。

案例点评:本案中南京市玄武区对重点跟踪审计项目实施审计监督

---

① 参见《玄武区审计局对重点跟踪审计项目"大走访"提出"小建议"解决"大难题"》,载南京市审计局网(网址:http://sjj.nanjing.gov.cn/gzdt/201707/t20170720_448084.html),访问日期:2021年12月20日。

的过程中,发挥审计监督的主观能动性,发现被审计项目存在的社会风险隐患,并及时向项目主管部门反映,获得了很好的效果,充分发挥了审计监督权在国家治理体系中的作用。

第三十一条　【审计管辖】

审计机关根据被审计单位的财政、财务隶属关系或者国有资源、国有资产监督管理关系,确定审计管辖范围。

审计机关之间对审计管辖范围有争议的,由其共同的上级审计机关确定。

上级审计机关对其审计管辖范围内的审计事项,可以授权下级审计机关进行审计,但本法第十八条至第二十条规定的审计事项不得进行授权;上级审计机关对下级审计机关审计管辖范围内的重大审计事项,可以直接进行审计,但是应当防止不必要的重复审计。

【立法目的】

本条是关于审计管辖的规定。

【条文解读】

本条第 1 款规定了我国审计管辖的第一个最基本原则——财政财务隶属原则。由于《宪法》第 91 条规定了我国审计监督的范围是"财政财务收支",因此,为有效实现审计监督,审计程序法在确定管辖时,就形成了审计监督领域划分管辖最基本的财政财务隶属原则。按照我国的财政管理体制,国家实行一级政府一级预算的五级预算体制。预算关系决定决算关系,预算决算关系统称为财政隶属关系,并在财政隶属关系下形成财政财务隶属关系①,被审计对象的财政财务收支隶属哪一级,则由对应的审计机关管辖。

本条第 1 款还规定了我国审计管辖的第二个最基本原则——国有资源和国有资产监督管理关系原则。我国的国有资源和国有资产应当接受

---

① 一级预算单位(包括本级预算各部门和直属单位)设有若干级核算单位,即二级、三级预算单位,它们与一级预算单位之间存在着财务上的报账核批关系或会计核算上的汇总与汇总关系等财务隶属关系。据此,对二级、三级预算单位的财务收支审计由对一级预算单位具有管辖权的审计机关管辖。

国有资产管理部门的监督管理,从而形成了国有资源、国有资产监督管理关系。与被审计对象的财务收支所属国有资源、国有资产管理部门有对应关系的审计机关负责管辖该被审计对象。

这里应当明确的是,《审计法(2006)》仅仅确定了国有资产管理关系,鉴于审计全覆盖要求对国有资源和国有资产实行全覆盖监督,本次修法从程序法的角度,在审计管辖上解决了国有资源的审计管辖问题,"国有资源和国有资产管辖原则"的确定拓宽了审计管辖的范围。第1款同时确立的两个原则具有顺位关系,国有资源和国有资产管理关系原则"一般是在不能或难以按财政、财务隶属关系原则确立审计管辖范围的情况下使用的原则,如果能按照财政、财务隶属关系原则确立审计管辖范围,则应首先使用财政、财务隶属关系原则确立审计管辖权的归属"①。

本条第2款确立了审计管辖争议的解决原则——指定管辖原则。尽管有了审计管辖的两个基本原则,审计实践中依然会出现管辖权争议的现象,一是很多新的审计监督职能出现使得审计机关职责划分不清,审计机关之间出现对管辖权的推诿和争夺;二是现代社会出现的治理困境表现在审计项目上,就是一些审计项目无论在时间和空间上都难以按照既有标准划分归属,因此,审计机关之间对审计管辖范围有争议的,由其共同的上级审计机关确定具体的管辖关系。

本条第3款以"原则允许,例外禁止"的立法模式,确立了审计程序法上的授权管辖原则和直接审计原则(直接管辖原则)。授权管辖是审计程序法上的特别管辖——财政财务隶属原则和国有资源和国有资产监督管理关系原则的一种例外。在审计行政实践中,如果严格遵循财政财务隶属原则、国有资源和国有资产监督管理关系原则来确立审计管辖权,有时无法解决审计管辖权中出现的一些特殊问题②,授权管辖原则和直接审计原则体现了原则性和灵活性的结合,弥补了审计管辖制度的缺陷。

授权管辖原则规定,上级审计机关可以对其审计管辖范围内的审计事项,组织或者授权下级审计机关进行审计,但本条载明的法定禁止事项不得进行授权。为体现行政效率原则,提高审计监督效果,本条规定了审

---

① 李迎春、熊松:《审计管辖对地方审计机关执法的影响》,载《审计月刊》2006年第10期。

② 本属于上级审计机关管辖的一些事项,需要组织和动员更大范围内的审计资源和审计执法力量,或因种种原因授权下级审计机关审计更为合适。而出现在下级审计机关管辖范围内的重大事项,不宜由下级审计机关管辖。

计授权管辖原则有两种实现方式——组织下级审计机关进行审计或授权下级审计机关进行审计。

直接审计原则规定,上级审计机关对下级审计机关审计管辖范围内的重大审计事项,可以直接进行审计。但是,直接审计原则事实上易导致审计管辖权重复,为提高行政效率,避免浪费审计资源,本条特别进行了禁止性规定——应当防止不必要的重复审计。

【理论分析】

审计管辖权划分的理论基础是社会分工理论、有限政府理论和行政效率理论。为了确保审计机关有效行使审计管辖权,科学地划分和配置审计管辖权相当必要。一般的行政管辖权的划分,既涉及不同公权力主体之间对事权的划分,也涉及行政权内部的管辖权切割。本处审计管辖权的划分主要发生在纵向的同性质审计监督主体之间,以审计监督权与其他公权力之间横向分工为默认前提,具有内部性、排他性和程序性特征。审计监督权纵向分工主要是为了明确某一审计监督对象应当由哪一个审计机关首次处置。对于行政相对人来说,可以指明具体与哪一个审计机关发生行政法律关系。审计管辖权的划分是治理体系透明化的必要条件,既可以提高行政效率,也可以维护行政相对人的权利。因此,审计管辖权的划分虽然不是实体法律制度,但它对审计机关和行政相对人具有的双向意义决定了现代审计法治都相当重视审计管辖权的划分的法律化,从审计程序法的角度确保审计监督权有效行使。

本条第1款规定了我国审计管辖的两个最基本原则——财政财务隶属原则、国有资源和国有资产监督管理关系原则,这实际上是诉讼法领域级别管辖原理在审计法领域的具体体现。在中国行政法学理论中,有学者从法理上将以下5个因素列为确定级别管辖权的标准:(1)相对人的法律地位或级别;(2)对公共利益的影响程度;(3)对相对人权利义务的影响程度;(4)标的物的价值;(5)涉外因素。应当说,审计管辖实际上是从相对人的法律地位或级别角度来解决问题的。即使如此,实践中依然会出现管辖不明或导致管辖争议的情况,因此,本条还规定了补充性的管辖制度——指定管辖、授权管辖和直接管辖。为了完善审计程序法,有关制度还应通过后续立法予以进一步完善。早在1996年12月17日实施的《审计机关审计管辖范围划分的暂行规定》(审综发〔1996〕370号,已于2020年9月21日失效),和2009年1月16日实施的《审计署管辖范围内审计事项授权地方审计机关审计的管理办法》,应当依据新法更新。特别是现有的审计授权制度存在很多限制,如审计署原则上只安排行业性授权审计项目,一般不对个别审计事项单独安排授权。且审计署审计管辖范围内的审计事项只授权省级审计机关(含新疆生产建设兵团、计划单列市审计局),由省级审计机关直接实施或统一组织下级审计机关实施。其适用范围远远不能满足日益复杂的审计监督现实需要。

本条在确定审计管辖范围的依据时,没有考虑到经济责任审计的管辖问题。原因是依据我国经济责任审计立法的精神,经济责任审计制度属于干部管理制度,按照党管干部的原则确定管辖关系,而不宜由审计法进行规定,《审计法(2021)》附则部分对此也进行了特别指明。

【案例与实践】

审计署办公厅关于国家建设项目审计管辖权问题的批复

审办法发[2002]98号

河南省审计厅:

你厅《河南省审计厅关于国家建设项目审计中有关审计管辖权问题的请示》(豫审[2002]61号)收悉。经研究,批复如下:

对多个投资主体投资的国家建设项目的审计管辖权问题,根据《审计法》及其实施条例的规定。审计机关根据被审计单位的财政、财务隶属关系或者国有资产监督管理关系,确定审计管辖范围;两个或者两个以上国有资产投资主体投资的企业事业单位,由对主要投资主体有审计管辖权的审计机关进行审计监督;审计机关之间对审计管辖范围有争议的,由其共同的上级审计机关确定。据此,两个或者两个以上国有资产投资主体投资的国家建设项目,由对主要投资主体有管辖权的审计机关进行审计监督;两个或者两个以上国有资产投资主体出资额均等的国家建设项目,由其共同的上级审计机关确定审计管辖权。

第三十二条 【内部审计监督】

被审计单位应当加强对内部审计工作的领导,按照国家有关规定建立健全内部审计制度。

审计机关应当对被审计单位的内部审计工作进行业务指导和监督。

【立法目的】

本条是关于审计机关指导内部审计工作职责的具体规定。

【条文解读】

本条首先赋予了被审计单位建立健全内部审计制度的强制性法定义务。由于理论上将商主体和各类社会组织是否应当建立内部审计制度列为意思自治范围内的事情,因此,本条仅限于"被审计单位"即"依国家有关规定"所指明的国家审计的覆盖对象。当然,实践中,我国各类国家机关、企事业组织和商主体为应对日益复杂的社会环境,提高治理绩效,一般都建立了内部审计制度。因此,内部审计工作应当接受审计机关的业务指导和监督。

【理论分析】

近代的内部审计制度是企业顺应生产力发展要求的产物,并随着生产力的发展而不断变化。内部审计最初在 19 世纪 20 年代,是因企业管理以及协助注册会计师审计需要①而产生,总体上商主体的内部审计制度实属其意思自治范围内的事情。20 世纪 30 年代末期的"华尔街"金融危机,使人们认识到了内部审计制度对于企业经营的价值,从而促使了现代内部审计制度的产生。1941 年,维克多·布瑞克(Vickfor Brink)《内部审计——程序的性质、职能和方法》一书标志着内部审计学的诞生,为内部审计制度的发展提供了理论支撑。1941 年在美国纽约成立的"内部审计协会",是内部审计制度发展普遍化的一个标志,内部审计的地位得以大幅提升,不仅成为现代企业的一个"标配",其他社会组织也开始建立相应的内部审计制度。

内部审计制度在我国是 20 世纪初随着外国资本的进入和民族资本的初步发展而产生的,最初的内部审计制度建设相对薄弱。"民国时期毕竟是中国第一次实施近代理念的新式审计制度,处处都表现出初期摸索前进的特点"②。中华人民共和国成立后很长的一段时期里实行的是计

---

① 参见周蕊:《西方内部审计发展史及其对我国的启示》,载《现代商贸工业》2017 年第 27 期。

② 史全生:《略论民国审计制度的建立与发展》,载《民国档案》2003 年第 1 期。

划经济,没有企业和市场,内部审计监督制度则完全空缺,因此,我国的内部审计制度历史一般是从"1983年我国建立内部审计制度,企业设立内部审计部门"①开始计算,大约经历了四个阶段。第一,内部审计建立起步阶段(1983年至1992年),内部审计主要是在国有企业管理领域发挥作用。第二,内部审计在市场化背景下的转折发展阶段(1993年至2002年),内部审计制度在公法和私法两个领域同时发挥治理作用。第三,内部审计自主发展阶段(2003年至2012年)。2001年,我国加入了WTO之后,参与经济全球化的深度和广度出现了质的飞跃,开始更多借鉴和采用国际内部审计组织机构的发展理念。我国的内部审计随着改革开放、依法治国等法治进程背景的变化,从国家审计的辅助地位逐步走上与国家审计平行发展的道路。第四,党领导下的内部审计治理阶段(2013年至2019年)。这一阶段集中出现的一系列新的顶层设计,为内部审计提供了新的法理基础和目标要求。

"我国内部审计设立的历史从一开始就不同于西方国家的特殊背景。我国的内部审计机构是作为国家审计职能的延伸设置在组织内部的,从开始它就具有浓厚的行政色彩,需要接受审计机关的指导、监督和管理。"②中华人民共和国成立以后,我国的内部审计制度走出了一条自己独特的道路,内部审计一开始就是被视为国家审计在国有企业审计监督的延伸而开展工作的。1993年11月,《中共中央关于建立社会主义市场经济体制若干问题的决定》出台以后,内部审计主要服务于国有企业改制和企业转换经营机制。2003年10月,《中共中央关于完善社会主义市场经济体制若干问题的决定》出台以后,内部审计开始转型,面向市场快速发展,并由内部审计协会统一进行行业管理。2014年10月,党的十八届四中全会通过的《中共中央关于全面推进依法治国若干重大问题的决定》从全面依法治国的战略高度对审计监督提出了要求。2014年10月,国务院通过的《国务院关于加强审计工作的意见》提出审计全覆盖思想,要进一步发挥审计促进国家重大决策部署落实的保障作用,明确要求"加强内部审计工作,充分发挥内部审计作用"。因此,在我国,内部审计与国家审

---

① 王兵、刘力云、张立民:《中国内部审计近30年发展历程回顾与启示》,载《会计研究》2013年第10期。
② 张庆龙:《解读〈审计署关于内部审计工作的规定〉(2018)》,载桂阳县人民政府网(网址:http://www.hngy.gov.cn/8993/9002/9009/content_2779485.html),访问日期:2022年5月1日。

计协同治理,取得审计监督绩效优化始终是审计监督领域的一条明确线索。

通过立法来加强对内部审计发展的指导也是我国始终坚持的优良传统。1983年9月,国务院转批审计署《关于开展审计工作几个问题的请示》(已失效)就将健全内部审计视为国家审计监督工作的基础。1985年8月,国务院发布《关于审计工作的暂行规定》(已失效),对国有企业建立内部审计制度提出明确要求。1989年12月,《审计署关于内部审计工作的规定》(已失效)将内部审计界定为我国整个审计体系的一个组成部分。1995年7月,《审计署关于内部审计工作的规定》(已失效)首次对非国有经济组织的内部审计工作提出了初步的规定。2003年5月,《审计署关于内部审计工作的规定》(已失效)对国家审计如何实现市场经济转变对内部审计的指导方式进行了规定,即通过内部审计协会这一行业自律性组织进行间接的指导和监督。其间,国资委和银监会也各自分别出台了针对本系统内组织的内部审计工作的法律规范。

新时代国家治理体系整体发展的趋势又对审计监督体系进一步系统化发展提出了新的要求。2018年3月,《审计署关于内部审计工作的规定》规定对内部审计在实现组织目标的同时,应当注重与国家审计的同步协调发展。

通过以上梳理不难看出,《审计法(2021)》在本条要求的两个法律规制点:第一,被审计单位应当加强对内部审计工作的领导,并按照国家有关规定建立健全内部审计制度;第二,被审计单位的内部审计工作应当接受审计机关的业务指导和监督。这与我国内部审计制度自身发展和法律规制的传统是一脉相承的,内部审计在国家审计的指导和监督下的一体化发展,对提高审计资源利用效率、实现审计的全覆盖具有特殊的治理价值。

【比较与实践】

世界各国内部审计机构设置比较

国外的内部审计机构常见于商主体,循意思自治原则自主设立,正因如此也很少以国家统一立法的形式进行规制,因此在内部审计机构设置上形成了多元化的模式。英美法系国家一般采取审计委员会制度。大陆法系国家是在董事会或监事会中设置独立的审计机构,以德国和日本推行的总审计师制度为代表。我国在中央审计委员会成立以后,开始加快构建"中央审计委员会—国家审计—内部审计"的大审计格局,整合不同类型审计资源,提升审计监督合力。我国设立总审计师制度,它将与党组织的领导相互协调配合,通过"双重领导"保障审计质量,形成中国特色内部审计组织设置。目前,我国内部审计组织机构模式主要有隶属于财会部门、总经理、监事会、董事会以及经营管理系统这五种模式。①

多年来,按照审计署的部署和要求,中国内部审计协会及各地方协会在指导内部审计方面做了大量工作,我国特别是在市场经济条件下,内部审计协会对内部审计组织的统一管理和发展所起的作用尤为突出。但内部审计与国家审计之间存在根本的不同,在法定性、强制性和统一性方面均存在本质差别。因此,在国家层面审计机关将更多地通过加强与内部审计协会的联系,充分发挥行业协会作用,共同促进内审工作健康发展。

第三十三条 【社会审计报告核查】

社会审计机构审计的单位依法属于被审计单位的,审计机关按照国务院的规定,有权对该社会审计机构出具的相关审计报告进行核查。

【立法目的】

本条是关于审计机关对社会审计机构出具的相关审计报告进行核查的规定。

【条文解读】

本条将对社会审计机构出具的相关审计报告进行核查列为审计机关的职责和法定权力。

审计机关行使该项权力的适用范围仅限于社会审计机构审计的单位依法属于被审计单位。

依据《审计法实施条例》第27条,审计机关进行审计或者专项审计调查时,有权对社会审计机构出具的相关审计报告进行核查。在审计过程中,对社会审计机构出具的审计报告是否符合法律、法规和执业准则等情况进行核实和调查。审计机关核查社会审计机构出具的相关审计报告

---

① 参见王海兵等:《加强党对内部审计工作领导的路径研究》,载《会计之友》2020年第20期。

时,发现社会审计机构存在违反法律、法规或者执业准则等情况的,应当移送有关主管机关依法追究责任。如在向社会公布的审计、专项审计调查结果中一并公布对社会审计机构相关审计报告核查结果的,应当与有关主管机关协商。

【理论分析】

社会审计也称注册会计师审计或独立审计,是指注册会计师依法接受委托、独立执业、有偿为社会提供专业服务的活动,各国的社会审计监督均依托注册会计师制度开展。公司制度是社会审计制度产生的基础,因公司制度而产生的经营权和所有权的分离,迫使人们寻求有效的渠道降低公司经营中的代理成本,抑制机会主义行为,社会审计制度因此得以发展,并在近代随公司制度进入中国而在中国生根发展。

社会审计与国家审计体现的是完全不同的法权关系,国家审计无论是采取立法型审计、司法型审计、独立型审计还是行政型审计,它们都属于公权力之间的平衡与制约,体现的都是公法关系。社会审计是微观经济主体基于契约关系利用外部力量开展的经济监督,本质上属于私法关系。社会审计权的性质是以经济运行控制为核心的社会责任监督权,其法理基础是社会参与权的经济表达方式。[①] 国家审计是宪法和法律规定的审计监督权,具有法定性、强制性、独立性和外在性的特点。社会审计监督权或社会审计权是对社会组织进行综合性专门监督的权力,具有契约性、独立性、外部性、层次性和社会性的特点。

审计永远面临着审计的有限性和审计监督范围不断扩张之间的矛盾,我国的公有制和"党领导一切"的政治制度,决定了对审计监督具有更为广泛的期望。在"审计全覆盖"目标的指引下,审计进度必须要求具有足够的深度和广度,而社会审计的长足发展决定了它也能够对审计结果的准确性和科学性作出正确的评判,这使得很多领域已逐步借助社会审计力量来开展审计。当然,公法私法化和私法公法化的双向进程也是国家审计和社会审计贯通的法律基础。

新时代我国注重建设"国家审计—社会审计—内部审计"三位一体的

[①] 参见魏昌东、侯紫扬:《社会参与原则与中国社会审计法律制度完善——以《联合国反腐败公约》预防性措施为视角的切入》,载《首都师范大学学报(社会科学版)》2010年第4期。

审计监督体系,有效利用社会审计力量是一个重要的任务。必须在《审计法》《审计法实施条例》和《国家审计准则》等各个层次的法律规范中,对各种审计监督的贯通进行科学规范。由于社会审计不仅与国家审计存在工作目标上的差异,还具有逐利性、竞争性和双向的道德风险和机会主义行为:社会审计仅仅关注盈利,而国家审计机关疏于必要的监督,因此,各国都从立法上规定了国家审计对社会审计的监督责任,其具体路径是全过程和多样化的。以美国为例,《美国政府审计准则》规定在使用社会审计时必须增加特定的审计信息披露义务,对有可能因此影响审计质量和审计结论的情况必须在审计报告中进行说明,以提醒利益相关方(审计信息使用人)对于审计信息的合理使用程度和采信程度。在审计项目开展时,还增强了对外部审计执业人员的工作复核和记录责任方面的具体要求。在此基础上还进一步提高了外部同业检查的要求,利用外部相关专业机构作为独立第三方对审计工作质量进行复核的必经程序,要求审计机构与审计业务必须遵循公认的同业检查组织对会员的要求。

利用社会审计参与国家审计本质上是国家审计的有机组成部分,视为审计机关的具体行政行为,并由审计机关承担法律责任,这是国家审计必须对社会审计报告进行核查的法律依据。因此,我国审计法也同样建立了多元化的国家审计利用社会审计的规范机制,本条所规定的关于审计机关对社会审计机构出具的相关审计报告进行核查的规定,就是其中之一。但是,社会审计与国家审计毕竟具有质的不同,因此,在社会审计立法时,应当从结构功能主义的立场出发:一方面,要考虑到社会审计立法内部的自洽,体现其以契约为纽带实现受托经济责任的基本功能;另一方面,要充分体现社会审计与国家审计监督权、内部审计监督权的衔接,满足国家治理体系和治理水平发展的功能需求。从本条规定的核查机制来看,核查仅适用于社会审计与国家审计发生关联关系的场合,一般是国家审计聘请社会审计人员参与具体的审计执法(项目)。适用对象仅限于社会审计机构审计的单位依法属于被审计单位的情形,并以国务院另行规定为依据。显然,国家审计对社会审计的审计报告进行核查并非一项普适性的审计法律制度。国家审计与社会审计按照各自法律属性,在各自领域发展才是一个基本的前提。

此外,依据《最高人民法院关于审理涉及会计师事务所在审计业务活动中民事侵权赔偿案件的若干规定》的有关规定,注册会计师在审计业务活动中符合法定情形,出具不实报告并给利害关系人造成损失的,应当认定会计师事务所与被审计单位承担连带赔偿责任。利害关系人以会计师事务所在从事注册会计师法所规定的审计业务活动中出具不实报告并致其遭受损失为由,向人民法院提起民事侵权赔偿诉讼的,人民法院应当依法受理。会计师事务所在报告中注明"本报告仅供年检使用""本报告仅供工商登记使用"等类似内容的,不能作为其免责的事由。

有关审计机关职责的内容是世界各国审计法的重要内容,并且各国审计机关的职责也都经历了一个长期的演变过程最终成型并稳固。最早的英国审计机关于1856年由议会专门设立了一个机构——公款委员会,对公款使用的情况进行监督。1861年,该国议会又在下议院专门设立了一个决算审查机构——决算审查委员会,负责审查所有的账目,包括为满足公共事业而由议会拨给的款项,以及为委员会认可并报议会的账目。[1] 1866年6月28日,英国议会通过了以监督公共财政为立法精神的《国库与审计法》,1983年1月1日,英国议会通过的《国家审计法》及1921年的《国库与审计部法修正案》,均承继监督政府财政的传统,并在此基础上逐步开展绩效审计(3E审计)。[2] 美国国家审计的起源最早可以追溯到1775年独立战争时期,当时大陆会议专门配备人员负责有关会计和审计业务。美国独立之后,设立了专门的审计官对财政财务收支进行审计监督。根据1894年的《克雷科雷尔条例》,美国在财政部、陆军部、海军部、内政部、国务部、邮政部分设六名审计官分署办公,共同接受财政部长的领导。当时美国的国家审计模式还属于行政审计模式,以财政资金监督为己任。1921年美国国会通过的《预算和会计法案》,建立了隶属于国会的美国最高审计机构——美国审计总署,依然是负责调查有关公款收支的所有事项。[3] 1945年,国会通过《国会改革法》才开始授权审计总署对行政部门对公共资源使用的经济性、效率性、效果性(3E)进行审计,将审计总署的职责从原先的财务审计扩展到了对行政部门公共资源使用的绩效进行审计。2004年美国审计总署公布《人力资源改革法案修正案》,自当年7月7日起,美国审计总署正式更名为美国政府责任办公室,以"支持国会履行其宪法责任,为了美国公民的利益,帮助提升联邦政府的绩效并确保问责,向国会及时地提供客观、非党派、非意识形态的

---

[1] 参见〔日〕木下太郎:《九国宪法选介》,康树华译,群众出版社1982年版,第13页。

[2] 参见审计署编译:《世界主要国家审计法规汇编》,中国时代经济出版社2004年版,第260页。

[3] 参见李金华主编:《审计理论研究》,中国时代经济出版社2005年版,第36页。

公平信息"为己任。①

从本章对我国审计机关职责的具体规定可以看出：自1982年《宪法》确立现行审计监督制度以来，经过几十年的发展，我国已经形成了具有中国特色的符合我国审计监督需要的审计机关职责体系。现行审计法律规范中，对于审计机关职责主要有两种类型的规定：一种是相对明确和详尽的规定。对行政机关职责履行条件、程序以及对行政不作为的救济途径等进行了较为详细的规定，例如对审计机关职责的逐一规定。另一种是概括式规定。主要表现为对审计机关职责类型的授权式规定，例如本法第27条关于审计机关职责的兜底式规定②、第29条关于审计机关专项审计调查的规定③。

"对于第一类，行政机关裁量空间不大，行政审查密度较低；对于第二类，行政机关裁量空间较大，行政审查密度较高。"④从《审计法（2021）》来看，与"审计署稿"不同的是，我国审计机关职责体系中突出了以下几个特征：

第一，我国的审计监督依然是以财政预算审计监督为原点开展，依次是中央银行、国家的事业组织和使用财政资金的其他事业组织、国有企业和国有金融机构、重大公共工程项目、社会保险基金（全国社会保障基金、社会捐赠资金）以及其他公共资金、国际组织和外国政府援助及贷款项目、国家重大经济社会政策措施情况，这些内容的主线始终是宪法性审计规范所设定的"两个收支"。

第二，体现了新时代审计全覆盖的思想和目标。

第三，为维护国家经济安全和公共利益，加强了对其他金融机构的审计监督。

第四，拓宽了审计监督的职责范围，国家重大经济社会政策措施情况

---

① 美国政府责任办公室网页现实其通过以下5个方面来开展监督工作：（1）对机构的运行开展审计，以判断联邦资金的使用是否具备效率性和效果性；（2）调查对违法或不适当行为的指控；（3）报告政府的计划和政策是如何实现其目标的；（4）开展政策分析并列出选项以供国会考虑；（5）发布法律决定或发表意见，例如投标保护规则和对机构规则的报告。

② 除本法规定的审计事项外，审计机关对其他法律、行政法规规定应当由审计机关进行审计的事项，依照本法和有关法律、行政法规的规定进行审计监督。

③ 审计机关有权对与国家财政收支有关的特定事项，向有关地方、部门、单位进行专项审计调查，并向本级人民政府和上一级审计机关报告审计调查结果。

④ 刘洋：《行政机关法定职责的主要来源及具体适用》，载《检察日报》2021年4月1日，第7版。

审计、对其他金融机构进行的审计均为新增加的内容。

第五,继承了国家审计对内部审计和社会审计的指导。

我国审计机关的职责已经开始突破宪法性审计规范所设定的"两个收支"的职责范围,在国家治理体系和治理能力现代化的过程中将起到更为广泛的作用。

【案例与实践】

行使核查权并否决社会审计结论①

一、案例背景

1. 审计项目的立项依据

2012年下半年,明光市甲街道原乙村(现丙村)和丁村部分村民委托江苏某会计师事务所有限公司对原乙村一组、二组和丁村甲一组、甲二组2006年至2012年6月财务收支情况进行审计,分别出具了安徽省明光市甲街道原乙村一组、二组审计报告(以下简称"苏某会专〔2012〕386号审计报告")和安徽省明光市甲街道丁村甲一组、甲二组财务收支审计报告(以下简称"苏某会专〔2012〕369号审计报告")。部分村民根据审计报告披露的有关信息进行群体越级上访。为了查明事实,给上访村民一个明确的答复,明光市纪委委托市审计局对甲街道原乙村党支部书记A、村委会主任B任职期间经济责任履行情况进行审计,同时,对江苏某会计师事务所有限公司出具的苏某会专〔2012〕386号审计报告和苏某会专〔2012〕369号审计报告进行核查。根据《审计法(2006)》第25条、《安徽省审计厅关于加强村级组织主要负责人经济责任审计的意见》和明光市纪委委托函,明光市审计局于2013年2月6日成立审计组②,对甲街道原乙村(2008年2月并入丙村)党支部书记A、村委会主任B任职期间经济责任履行情况进行审计。

2. 案例选取的原因和意义

《审计法(2006)》第30条规定:"社会审计机构审计的单位依法属于审计机关审计监督对象的,审计机关按照国务院的规定,有权对该社会审计机构出具的相关审计报告进行核查。"审计法赋予了国家审计机关依法

---

① 本案例来自内部资料《安徽审计案例集》,由安徽省明光市审计局干木新先生提供。
② 审计组组长老G,审计组成员大W、小P。

对社会审计机构出具的相关审计报告的核查权,同时,近年来,一些社会审计机构为了追逐经济利益,违背《中国注册会计师审计准则》和职业道德,出具虚假审计报告,不仅败坏了社会审计机构的声誉,也给社会带来了极坏的影响。明光市审计局在开展对甲街道原乙村主要负责人任期经济责任审计中,通过对社会审计机构对该村部分村民组财务收支审计报告的核查,推翻了社会审计机构的审计结论,还原了事实真相,最终社会审计机构公开声明审计报告作废并退还审计费用,成功处理和应对了该村部分村民群体越级上访事项,维护了社会稳定,赢得了社会赞誉。

新时期,党中央和安徽省委高度关注三农工作,加大对"三农"的投入,涉农专项资金逐年增长,开展对村级组织负责人经济责任审计是审计机关服务三农的有效载体,是审计机关贯彻党的群众路线、审计干部"接地气"的有效途径。村级组织经济实力不断壮大,村级集体经济事项增多与村级会计核算、财务管理、民主监督能力薄弱的现实形成鲜明的对比,加强对村级组织的审计监督非常必要。近年来,由于体制改革、征地拆迁、城镇建设等引发的信访事项时有发生,尤其是群体越级上访事项,不仅损害了党群干群关系,干扰了党委和政府的工作,也给社会稳定带来了诸多负面影响,审计机关应主动介入,积极作为,为正确处理信访事项、维护社会稳定、纠正不良风气发挥作用。

二、案情和查处过程

(一)审前调查发现疑点

审前调查过程中审计组走访市纪委、信访局、甲街道办事处及农经站,约谈了上访村民代表并进行了资料收集。审计人员重点关注群体越级上访的原乙村一组、二组和丁村甲一组、甲二组2006年至2012年6月财务收支情况,及时与江苏某会计师事务所有限公司出具的苏某会专〔2012〕386号审计报告和苏某会专〔2012〕369号审计报告进行比对。发现苏某会专〔2012〕386号审计报告和苏某会专〔2012〕369号审计报告中披露的有关村民组财务收支及结余、征地补偿费收支及结余、征地补偿费发放情况及征地面积等信息与会计资料存在较大差异,审计人员对苏某会专〔2012〕386号审计报告和苏某会专〔2012〕369号审计报告产生了怀疑,决定在对该村主要负责人任期经济责任审计中,依法对社会审计机构的审计报告进行核查。

(二)依法核查还原真相

审计过程中,审计组将甲街道原乙村及一组、二组和丁村及甲一组、甲二组2006年至2012年6月财务收支及征地补偿费收支逐笔核对；对原乙村及一组、二组和丁村及甲一组、甲二组2006年至2012年6月征地协议和市国土局有关测绘资料进行逐项审核；对审计业务约定书进行了审核。发现江苏某会计师事务所有限公司出具的苏某会专〔2012〕386号审计报告和苏某会专〔2012〕369号审计报告存在错误披露和越权披露财务收支和重大经济事项问题。

1. 甲街道丁村甲一组、甲二组财务收支审计报告中存在的问题。苏某会专〔2012〕369号审计报告存在的错误：一是2007年工业园区征地1390.91亩为丁村一组、二组、三组、四组、五组、甲一组、甲二组7个村民组的土地。审计报告中将全部征地补偿费收入2747.08万元作为甲一组、甲二组征地收入，而征地补偿费支出1844.95万元仅为甲一组、甲二组征地补偿费（含174.11亩代征地支出）支出，据此得出甲一组、甲二组结余征地补偿费902.13万元，所进行披露与实际不符。二是2007年丁村按照每亩1.88万元代征甲一组、甲二组174.11亩土地的事实没有披露，少算甲一组、甲二组征地收入。三是2009年104国道风景带建设征地8.3亩，属于丁村2007年代征地174.11亩之中的土地，只能计算〔8.3亩×（3万元-1.88万元）〕补差价款，而审计报告按照每亩3万元价格计算征地补偿收入进行披露明显错误。四是2009年五组安置点用地21.5亩，该批次征地属于2007年丁村代征土地174.11亩之中的土地，而审计报告没有对该宗地应补差价款进行披露，少算甲一组、甲二组征地收入。五是审计报告重要事项说明3中关于816.48万元支付款项去向不明属于超越审计授权范围。上述816.48万元款项是丁村及各村民组的支出，其中：2008年12月18日取款436.48万元用于2009年1至2月发放甲一组、甲二组工业园区征地及丁村代征地二次补偿。2008年12月30日取款200万元于2009年1月3日存入原账户，开户银行用于调节年末存款规模。2011年1月分别取款150万元和30万元，合计180万元。一是支付征地款116.40万元，其中丁村一组71万元、二组10万元、三组25.9万元、四组9.50万元；二是用于支付丁村及各组日常费用和过年费等63.60万元。而该项审计仅为丁村甲一组、甲二组部分村民之授权，并无权限对丁村及其他村民组的经济事项进行披露。审计报告中存在的上述错误及越权披露经济事项导致审计报告使用者误读。错误引导部分村民超越实际诉求利益，引发群体越级上访。

2. 甲街道原乙村一组、二组审计报告存在的问题。苏某会〔2012〕386

号审计报告存在的错误:一是在财务收入和支出情况中所披露的"一组水泥修路工程有人在验收单上冒充××德签字以及水泥路面按合同规定的 20cm 标准厚度验收时未经测量"的结论没有依据。二是审计重要事项说明 2 中根据村民××德反映村支付村民的农户征地及树木补偿款有白条冒领现象和审计重要事项说明 3 发放给非农户口人员征地补偿费 240 万元的披露没有依据。三是审计重要事项说明 4 中披露工业园区占用一组土地 58.4 亩和二组土地 61.59 亩,没有签订征地协议,只是根据个别群众的书面材料,依据不充分。上述无依据和依据不充分披露经济事项导致审计报告使用者误读。错误引导部分村民超越实际诉求利益,引发群体越级上访。

3. 审计程序不合法

程序法治是审计法治不可或缺的重要内容,本案中审计程序不合法之处表现在:

一是授权主体不合法,甲街道丁村甲一组、甲二组与江苏某会计师事务所有限公司签订的审计业务约定书中甲方为安徽省明光市甲街道丁村甲一组、甲二组全体村民,实际甲方仅为其中的 5 名群众。甲街道原乙村一组、二组与江苏某会计师事务所有限公司签订的审计业务约定书中甲方为安徽省明光市甲街道原乙村一组、二组全体村民,实际甲方仅为其中的 6 名群众。经调查,上述两个审计授权主体不仅没有经过村委会同意,也没有通过村民代表大会且代表人数不符合规定人数。因而甲街道丁村甲一组、甲二组部分群众和甲街道原乙村一组、二组部分群众无权代表全体村民授权审计。

二是审计取证材料没有经过被审计单位签字、盖章确认。

三是审计报告没有向被审计单位征求意见。

(三)三下南京正面沟通

国家审计依法核查,揭开了社会审计机构审计报告的面纱,还原了事实真相。为了从根本上解决问题,审计组决定南下南京与江苏某会计师事务所有限公司进行正面接触。

1. 一下南京首战告捷

2013 年 4 月 15 日,审计组一行 3 人携带明光市审计局《关于要求撤销苏某会专〔2012〕386 号审计报告和苏某会专〔2012〕369 号审计报告的函》抵达南京市,约谈江苏某会计师事务所有限公司负责人××华、项目负责人×进。审计组组长老 G 说明来意后,向对方通报了审计核查结果,将核查取得的证据材料、审计取证单和工作底稿与对方相关材料一一进行核对,面对审计核查结果,江苏某会计师事务所有限公司不得不承认审计报告存在重大错误和疏漏。审计组组长老 G 严正指出:由于审计报告严重失实,导致委托人误判,多次群体进京赴省越级上访,冲击市委、市政府和甲街道办事处,提出不合实际的诉求,严重影响了明光市的社会稳定,干扰了党委和政府的工作。为此,提出如下要求:一是江苏某会计师事务所有限公司在媒体上公开撤销安徽省明光市甲街道丁村甲一组、甲二组财务收支审计报告(苏某会专〔2012〕369 号)和安徽省明光市甲街道原乙村一组、二组审计报告(苏某会专〔2012〕386 号),消除影响。二是全额退还两个项目的审计费用。三是明光市审计局保留通过其他渠道解决上述问题的权力。最终江苏某会计师事务所有限公司同意审计组的要求,审计组首战告捷。

2. 二下南京取得突破

审计组从南京返回明光市后,多次电话或短信催促对方尽快办理声明审计报告作废和退还审计费用事宜,对方答复已经在报纸上刊登审计报告作废的声明。审计组要求对方尽快将报纸寄来,以便处理信访事项,但是江苏某会计师事务所有限公司选择了沉默,电话不接、短信不回。审计组及时向局领导汇报,建议再次去南京与江苏某会计师事务所有限公司交涉。在局领导的支持下,审计组于 2013 年 5 月 9 日突然再次造访江苏某会计师事务所有限公司负责人××华,面对审计人员,××华无可奈何地从包里拿出一份报纸,告诉审计人员:我们已经在江苏经济报 2013 年 4 月 24 日 A2 版刊登公告,声明上述两份审计报告作废。接过报纸,审计组 3 名同志会心地笑了。江苏某会计师事务所有限公司企图以扣押报纸获得明光市方面适度补偿的想法落空了,核查工作取得重大突破。

3. 三下南京圆满成功

审计组再三催促,江苏某会计师事务所有限公司不愿退还 14 万元审计费用。审计组组长老 G 再次发送短信与江苏某会计师事务所有限公司负责人××华联系,要求尽快退还审计费用,否则,一切后果自负。对方答应近期就办理退还审计费用手续,并索要了明光市审计局有关账户资料。然而,时隔 20 天,仍然不见对方汇款,审计组成员小 P 建议再赴南京催要审计费用。2013 年 5 月 30 日,审计组带着银行开户资料来到江苏某会计师事务所有限公司要求退款,经了解,对方确实在过程中向明光市审计局汇过款,由于没有注明具体收款单位,汇款被明光市会计中心退回。于是,审计组成员小P与对方财务人员现场办理了汇款手续,并与明光市会计核算中心电话确认收到款项后,审计组才离开南京,至此,审计核查取得圆满成功。

(四)否决结论赢得赞誉

审计核查圆满成功之后,审计组及时将江苏某会计师事务所有限公司刊登声明审计报告作废的报纸送达有关部门、甲街道和信访人,并通过甲街道财政所将审计费用退还有关群众。审计组组长老G配合市委、市纪委和市政法委主要领导接访,老G详细解答了信访人的提问,解读了审计核查结果,并出示了相关证据,面对事实,信访人接受了审计核查结果,信访事项得到成功化解。审计核查工作受到市委、市政府主要领导的充分肯定。市纪委主要领导评价该项目审计"化解了信访事项、维护了社会稳定、纠正了不良风气"。信访人表示,过去我们之所以选择南京社会审计机构是因为我们不相信明光、不相信滁州、不相信安徽,事实证明,还是国家审计机关过得硬、信得过。

三、案例启示

(一)审计机关在社会治理中大有作为

在经济发展和社会变革的大潮中,由于机制体制的变化、经济利益的调整、城乡一体化进程的推进,必然会产生一些焦点、热点和难点问题,导致信访事项的发生,造成不良社会影响。国家审计机关在立足主业的同时,采取联合调查、专项调查等灵活多样的方式,对有关焦点、热点和难点问题进行调查,了解情况、还原事实、恢复真相,准确回答群众提出的问题、满足群众的合理诉求,为党委、政府和有关部门处理信访和维稳事项提供依据,充分发挥审计机关的作用。

(二)国家审计指导社会审计任重道远

社会审计机构是审计体系中的一个重要组成部分,在提高国家治理体系和治理能力现代化水平过程中发挥不可替代的作用。但在利益的驱使下,有一些社会审计机构和执业人员出具虚假审计报告的现象时有发生,带来了极大的危害,审计治理环境亟待净化。国家审计机关依法开展审计核查,对纠正社会审计错误、净化审计环境、促进社会审计健康发展尤为必要。开展对社会审计机构审计报告的核查既是法律赋予国家审计机关的权力,又是国家审计机关必须长期坚持的任务。

(三)国家审计对社会审计的指导必须遵守法定条件和程序

国家审计对社会审计出具的审计报告进行核查具有严格的法定条件和程序,否则会在公权力与社会审计机构的市场化活动之间造成混乱,适得其反。审计机关的核查务必注意实体条件合法和程序合法,在实务过程中还应当注意沟通的策略、技巧和方法,以求事半功倍之效。

新《审计法》第三章逻辑结构的优化

新《审计法》,即《审计法(2021)》,其第三章关于审计机关职责的逻辑结构在《审计法(2006)》的基础上没有进行大的变动,前后一贯,结构紧密。《审计法(2021)》秉承以财政预算监督为主线编排审计机关职责的总体思路,但是由于审计机关职责的增加和各个审计监督职责重要性的变化,也导致整体逻辑结构还存在需要优化的地方。

第一,审计机关职责逻辑结构的依据前后并不一致。第18条至第27条是按照审计监督的领域进行划分,第28条至第30条则是按照审计机关职责的履行方式进行划分,第31条是审计管辖,第32条至第33条是审计机关对内部审计和社会审计进行领导和监督的职责。

第二,审计监督职责可否授权?依据第31条,我国审计机关的职责又可以进行二元划分,第18条至第20条为禁止授权性职责(关于预算和央行的审计监督),其余则是可授权性职责。依此,如果有关事业组织(第21条)、国有企业、金融机构和国有资本占控股地位或者主导地位的企业、金融机构(第22条)、政府投资和以政府投资为主的建设项目(第23条)等方面的审计监督职责固然可以以具体审计事项的方式进行授权的话,第32条至第33条关于审计机关对内部审计和社会审计进行领导和监督的职责——非以具体审计事项的方式展开——同样是审计机关的法定职责,其在性质上,应当是不可授权的。同样,第28条至第30条有关审计监督职责的实现方式在性质上也属于不可授权的。

第三,审计监督职责顺位的合理性。笔者认为,尽管审计机关对内部审计和社会审计进行领导和监督的职责不太可能存在管辖争议,但第31条有关审计管辖的规定必须放在第三章最后才算合理。

第四,一些条文的表述存在明显的不合理之处,最突出的表现就是第24条。该条第1款是对审计机关职责总体性的抽象表达,而第2款是对某一特定类型审计职责的具体表述,两者之间存在明显的不妥帖。究其根源是十八届四中全会《中共中央关于全面推进依法治国若干重大问题的决定》和《国务院关于加强审计工作的意见》要求审计机关要对"三资一责"(公共资金、国有资产和国有资源以及领导干部经济责任审计)审计监督全覆盖,这是新形势下党和国家对审计工作提出的新的更高要求,也是新常态下审计监督的必然选择,但需要从理论上加深新时代审计全覆盖目标与审计机关职责之间的具体关系,从而在立法中以审计机关职责的科学表达来实现。

第四章　审计机关权限

第三十四条　【资料索取权】
　　审计机关有权要求被审计单位按照审计机关的规定提供财务、会计资料以及与财政收支、财务收支有关的业务、管理等资料,包括电子数据和有关文档。被审计单位不得拒绝、拖延、谎报。
　　被审计单位负责人应当对本单位提供资料的及时性、真实性和完整性负责。
　　审计机关对取得的电子数据等资料进行综合分析,需要向被审计单位核实有关情况的,被审计单位应当予以配合。

【立法目的】
　　本条是对审计机关要求提供资料的权力进行的规定。

【条文解读】
　　首先,本条的核心是将要求被审计单位提供资料设定为审计机关的法定权力,相应地,提供资料即为被审计单位的法定义务。法治的基本原理要求,任何权利与义务均必须具有法定的范围,既避免执法机关可能的滥权行为,也避免行政相对人承担不必要的义务。因此,本条进一步对"资料"的范围进行界定,这是当事人双方权利义务的落脚点。被审计单位应当提供的资料包括两类:财务、会计资料;与财政收支、财务收支有关的业务、管理资料。具体表现形式可以是纸质的资料,也包括大数据时代的电子数据和有关文档。《审计法(2021)》对审计机关要求提供资料的权力进行了扩展:第一,将《审计法(2006)》规定的"财务会计报告"修改为"财务、会计资料以及与财政收支、财务收支有关的业务、管理等资料",将"电子数据和必要的电子计算机技术文档"修改为"电子数据和有关文档",这就拓宽了"资料"的范围。第二,关于被审计单位负责人对本单位提供资料增加了"及时性"的要求,符合审计程序法治的要求。第三,新增审计机关对取得的电子数据等资料核实,被审计单位应当予以配合。

其次,本条对相对人履行提供资料的法定义务的法律依据进行了规定。作为行政相对人的被审计单位提供资料必须具有法律依据,而不是由任何一方当事人的主观意愿所确定的。本条规定被审计单位"按照审计机关的规定"提供资料,此举过分扩大了审计机关的权力,甚为不妥,被审计单位提供资料的义务来源于法律,而不是执法机关的意志。因此,本条第1款"按照审计机关的规定"应当改为"依法",更符合审计法治思想。

最后,本条对相对人提供资料应负的法律义务进行了系统规定。对审计相对人提供资料的义务应当以本条的内容为基础,结合整部《审计法(2021)》的有关条文进行体系化的解释,其具体内容包括:第一,相对人必须提供法定范围、形式和种类的资料;第二,本条第1款规定被审计单位不得拒绝、拖延、谎报;第三,本条第2款规定,被审计单位负责人对本单位提供资料的及时性、真实性和完整性负责;第四,本条第3款规定了审计机关对取得的电子数据等资料进行综合分析和核实时,被审计单位的配合义务;第五、第34条、第35条规定被审计单位开放有关信息系统和数据共享平台的义务。有关被审计单位提供资料的义务还应当包括审计机关在行使检查权、调查权、采取强制措施权、建议权、审计信息披露权和提请协助权等权力过程中,被审计单位应当提供相关资料的义务。

【理论分析】

从第四章本条开始是关于审计机关权限的规定。结合本章和第五章、第六章的规定,我国审计机关的基本权限包括审计计划权(第26条、第42条)、要求提供资料的权力(第34条、第35条、第36条)、审计检查权(第36条)、审计调查权(第37条)、采取强制措施权(第38条)、审计建议权(第39条)、审计信息披露权(第4条、第19条、第40条、第52条)、审计提请协助权(第39条、第41条)、审计整改监督权(第4条、第52条)、审计移送权(第45条、第48条、第54条)、审计处理权(第49条、第50条、第51条)、审计处罚权(第3条、第45条、第47条、第48条、第50条、第51条)和审计裁判权(第46条)等多项权力。这些权力究竟在概念上如何规范、在内容和程序上如何界定,目前国内外专门研究的文献甚少。有学者将国家审计权的子权力体系分为"审计计划权、审计实施权和审计报告权"①,这实际上是按照审计监督的过程进行划分的。通过对法条的梳理和归纳,可以看出我国审计机关享有相当广泛的权力,在立法型审计、司法型审计、独立型审计和行政型审计中,"各种配置模式及其典型代表国家的审计机关所享有的国家审计权能差异很大,职权相对最大的是行政型审计"。我国审计机关之所以享有广泛的权力是行政型审计体制的一个必然结果,由于在国家公权力体系中,行政权相较于立法权和司法权等是一种主动型权力,"强势政府可以为解决经济社会矛盾提供稳定的社会秩序以及高效的解决途径"②。"行政国家"③的发展必然导致审计机关权力的不断同步扩张,审计全覆盖正是"行政国家"理念在审计监督领域的具体表现。事实上,我国《审计法(2006)》修改的过程也正是审计监督权内容不断扩张、审计机关不断扩权的过程。例如,审计整改监督权就是本次修法新增的权限,在各个不同的具体条文中,对执法对象、有关机关或共享平台等增加义务,进行不同形式扩权的痕迹屡见不鲜。

在审计机关广泛的权力谱系中,"要求提供资料的权力"是其余诸项权力的基础和前提。行政执法本身需要以解决信息不对称为前提,更何况审计监督权本质上是一种信息规制机制。从一般的视角看,审计信息披露规制是国家审计监督发挥作用的基本手段和最基本的规制功能。重视信息获取和披露是各国共通的做法,美国审计立法明确提出透明、责任和公开是高质量审计准则的整体前提。由于美国的立法型审计既不像司法型审计那样可以居中裁断,又不像行政型审计那样可以主动干预,因此在确保透明度方面就做得更加彻底。《美国政府审计准则》在每一个审计业务类型都对应设置了相应的信息获取和披露规范,并通过信息披露与刑事司法调查程序、国会听证与拨款程序、社会监督机制形成无缝对接。当然,美国发达的公民社会传统和舆论监督力量,是国家审计的工具理性与法治理想的价值理性有机结合最好的法治文化底蕴。解决信息不对称

---

① 胡贵安:《国家审计权法律配置的模式选择》,中国时代经济出版社2010年版,第115页。

② 胡贵安:《国家审计权法律配置的模式选择》,中国时代经济出版社2010年版,第171页。

③ 所谓"行政国家"是指人类社会发展到这样一个阶段———国家行政权渗透到人们社会生活的各个领域,人们在其生命的整个过程中都离不开行政机关,行政机关的行政行为成为影响人们生命、自由、财产和国家安全、稳定、发展的一种几乎无所不能之物。

也是我国审计执法面临的首要问题,从更特殊的视角看,在我国的审计监督制度中,还具有处理处罚和经济责任审计(党纪规制)等本土独有的规制制度,这些都必须立足于审计信息披露制度才能很好地发挥作用。因此"要求提供资料"就显得尤为重要。

"要求提供资料"究竟是一种什么性质的权力?笔者认为其属于审计法意义上的行政强制措施。《中华人民共和国行政强制法》(以下简称《行政强制法》)规定的行政强制措施是指行政机关在行政管理过程中,为制止违法行为、防止证据损毁、避免危害发生、控制危险扩大①等情形,依法对公民的人身自由实施暂时性限制,或者对公民、法人或者其他组织的财物实施暂时性控制的行为。行政强制措施的种类包括:(1)限制公民人身自由;(2)查封场所、设施或者财物;(3)扣押财物;(4)冻结存款、汇款;(5)其他行政强制措施。② 尽管"要求提供资料"并非属于"制止违法行为、防止证据损毁、避免危害发生、控制危险",但在实践中,行政强制措施手段多种多样,是一个范围较宽广的概括性、包容性概念。因适用场合和所追求目标的不同,在现行法中的名称和实际存在的形态有很大差异,取决于行为的内容、强度和具体的对象。鉴于各个行政执法领域的复杂、多样和信息时代的现实,对于行政强制的对象应当不限于"财物"。《行政强制法》第2条中"制止违法行为、防止证据损毁、避免危害发生、控制危险扩大等"的"等"字需要进行扩大解释。从行为性质看,"要求提供资料"符合我国《行政强制法》关于行政强制措施是对特定对象"实施暂时性控制"的行为特征。依据《审计法(2021)》第38条的规定,审计机关还可以采取"制止""必要时封存"等升级措施。因此,"要求提供资料"是《审计法(2021)》有权设定的审计行政强制行为,它是《行政强制法》第9条规定的"其他行政强制措施"在《审计法(2021)》中的实现形式。至于"要求提供资料"是否具有可诉性?取决于它是否为一个独立、完整和已经成立的具体行政行为,也取决于它与相对人权益的关系。由于"要求提供资料"是一种前置性的权力,对行政相对人利益的影响需要结合其他审计权力共同行使后判断,因此,"要求提供资料"本身不具有可诉性。

对于行政机关而言,权力的扩大意味着风险。从法治思维的监督看,立法者在赋予行政机关权力的同时,必然会同时设置限制性条件。因

---

① 参见《中华人民共和国行政强制法》第2条。
② 参见《中华人民共和国行政强制法》第9条。

此,《审计法(2021)》没有使用"审计机关的权力"的表述,而是使用了"审计机关的权限"的字样。这也为后续从学理、内容和程序上如何进一步规范权力的行使指明了方向。

【案例与实践】

宁波市全球环境基金赠款项目审计监督案[①]

宁波低碳城市建筑节能和可再生能源应用项目为国家住房和城乡建设部统一领导的国际组织援助项目[②],宁波市审计局依法对其进行了审计监督,以下为审计结论,其中审计师出具"审计师意见"系职务行为,"(三)审计意见"为审计执法部门的处理处罚结论。

审计师意见

宁波低碳城市建筑节能和可再生能源应用项目领导小组办公室:

我们审计了全球环境基金(以下简称"GEF")赠款宁波低碳城市建筑节能和可再生能源应用项目2020年4月30日的资金平衡表,以及截至该日同期间的项目进度表、赠款协定执行情况表和专用账户报表等特定目的财务报表及财务报表附注(第6页至第18页)。

(一)项目执行单位及宁波市财政局对财务报表的责任

编制上述财务报表中的资金平衡表、项目进度表及赠款协定执行情况表是你办的责任,编制专用账户报表是宁波市财政局的责任,这种责任包括:

1. 按照中国的会计准则、会计制度和本项目赠款协定的要求编制项目财务报表,并使其实现公允反映;

2. 设计、执行和维护必要的内部控制,以使项目财务报表不存在由于舞弊或错误而导致的重大错报。

(二)审计责任

我们的责任是在执行审计工作的基础上对财务报表发表审计意见。

[①] 参见《宁波市审计局关于全球环境基金赠款宁波低碳城市建筑节能和可再生资源应用项目的审计结果公告》,载宁波市审计局网(网址:http://sjj.ningbo.gov.cn/art/2020/10/12/art_1229055570_58918114.html),访问日期:2022年4月30日。

[②] 案情参见本书《审计法(2021)》第25条的【案例与实践】。

我们按照中国国家审计准则和国际审计准则的规定执行了审计工作,上述准则要求我们遵守审计职业要求,计划和执行审计工作以对项目财务报表是否不存在重大错报获取合理保证。

为获取有关财务报表金额和披露信息的有关证据,我们实施了必要的审计程序。我们运用职业判断选择审计程序,这些程序包括对由于舞弊或错误导致的财务报表重大错报风险的评估。在进行风险评估时,为了设计恰当的审计程序,我们考虑了与财务报表相关的内部控制,但目的并非对内部控制的有效性发表意见。审计工作还包括评价所选用会计政策的恰当性和作出会计估计的合理性,以及评价财务报表的总体列报。

我们相信,我们获取的审计证据是适当的、充分的,为发表审计意见提供了基础。

(三)审计意见

我们认为,第一段所列财务报表在所有重大方面按照中国的会计准则、会计制度和本项目赠款协定的要求编制,公允反映了 GEF 赠款宁波低碳城市建筑节能和可再生能源应用项目 2020 年 4 月 30 日的财务状况及截至该日同年度的财务收支、项目执行和专用账户收支情况。

(四)其他事项

我们还审查了本期内由宁波市财政局报送给世界银行的第 NB13 号至 NB16 号提款申请书及所附资料。我们认为,这些资料均符合赠款协议的要求,可以作为申请提款的依据。

本审计师意见之后,共同构成审计报告的还有两项内容:财务报表及财务报表附注和审计发现的问题及建议。

宁波市审计局
2020 年 9 月 25 日

地址:中国宁波市鄞州区宁穿路 2001 号 2 号楼 7 楼

邮政编码:315066

案例评析:以上摘录了该案中审计执法的有关结论性材料,包括"审计师意见""审计意见"。具体执法过程中,审计部门在形成最终结论前要求被审计对象提供财务、会计资料以及与财务收支有关的业务和管理资料等,具体包括财务报表和财务报表附注、资金平衡表、项目进度表、赠款协定执行进度表、专用账户表和财务报表附注,并对本单位提供资料的及时性、真实性和完整性负责。审计执法取得了良好的效果,发挥了审计监督在涉外审计法治建设中独具魅力的治理价值。

第三十五条　【国家政务信息系统和数据共享平台开放】

国家政务信息系统和数据共享平台应当按照规定向审计机关开放。

审计机关通过政务信息系统和数据共享平台取得的电子数据等资料能够满足需要的,不得要求被审计单位重复提供。

【立法目的】

本条是对国家政务信息系统和数据共享平台向审计机关开放的规定。

【条文解读】

本条为《审计法(2021)》新增的内容。为保证审计机关"要求提供资料"的权力得以实现,本条对国家政务信息系统和数据平台课以法定义务。

本条第1款规定了国家政务信息系统和数据共享平台向审计机关开放的义务。本条第2款对审计机关通过政务信息系统和数据共享平台取得电子数据等资料的审计自由裁量权进行了一定的限制。依据条文语义,本条的适用对象仅限于国家政务信息系统和数据共享平台,不得进行扩张性解释,推及适用于其他类型的信息系统和数据共享平台。

【理论分析】

本法第34条规定了审计机关"要求提供资料"的权力,本条是其配套规定,在我国尤其有意义。因为我国审计监督的对象均为公权力、公共资源和国有资源,产生的信息也并非个人信息,而是作为公共数据资源存储在特定公共平台(库)。例如,在经济责任审计中,作为审计对象的有关干部的信息均存在于特定信息系统中。因此,规定国家政务信息系统和数据共享平台向审计机关开放,对于减少执法阻力、节约审计资源、提高审计效力具有特别重要的价值。《国务院关于加强审计工作的意见》首次在国务院文件中明确提出提升审计能力的基本路径:"加快推进审计信息化。推进有关部门、金融机构和国有企事业单位等与审计机关实现信息共享……探索在审计实践中运用大数据技术的途径,加大数据综合利用力度,提高运用信息化技术查核问题、评价判断、宏观分析的能力。"

但是,何为审计机关对电子数据等资料"能够满足需要",实践中依然没有标准,因此,本条对审计机关在大数据时代的审计执法活动提供了有力的支持,但审计机关向国家政务信息系统和数据共享平台获取电子数据等资料的规制依然显得苍白。《审计法(2021)》第 16 条关于审计人员的保密义务的规定固然是一定的限制,但是还远远不够,因为审计机关并非在需要保密的信息范围之外就可以过度获取信息。尽管《中华人民共和国个人信息保护法》(以下简称《个人信息保护法》)对国家机关处理个人信息进行了特别规定①,但审计机关在审计执法活动中获取的国家政务信息系统和数据共享平台的信息更多的是"非个人信息",因此,还需要立法进一步明确限制性规定。

【案例与实践】

我国的审计信息化系统建设项目②

为了适应信息化社会的挑战,我国于 1999 年开始编制审计信息化发展规划,并按国家基本建设项目程序组织实施。2002 年 8 月,《国家信息化领导小组关于我国电子政务建设指导意见》就将国家金审工程(China's Golden Auditing Project,又称"审计信息化系统建设项目")列入 12 个国家重点业务系统,经过多年建设,系统已卓有成效。金审工程实施"预算跟踪+联网核查"审计模式。逐步实现审计监督的"三个转变",即从单一的事后审计转变为事后审计与事中审计相结合,从单一的静态审计转变为静态审计与动态审计相结合,从单一的现场审计转变为现场审计与远程审计相结合。国家金审工程通过领先于国外的大数据审计,大大增强了审计机关在信息网络环境下查错纠弊、规范管理、揭露腐败、打击犯罪的能力,维护经济秩序,促进廉洁高效政府的建设,更好地履行审计法定监督职责,提高了审计监督的法律效果。

国家金审工程确定了组成对财政财务收支实施有效监督的国家信息

---

① 根据《个人信息保护法》第 34 条的规定,国家机关为履行法定职责处理个人信息,应当依照法律、行政法规规定的权限、程序进行,不得超出履行法定职责所必需的范围和限度。

② 参见李金华:《推进审计事业的新发展——论审计机关的"人、法、技"建设》,载《求实》2001 年第 24 期。

系统的总体目标,建设了集审计业务支撑、审计办公管理、领导决策支持和信息资源共享于一体的审计管理系统,集计算机审计功能、专业审计方法、审计项目管理和审计信息交互于一体的现场审计实施系统。

第三十六条 【审计检查权】

审计机关进行审计时,有权检查被审计单位的财务、会计资料以及与财政收支、财务收支有关的业务、管理等资料和资产,有权检查被审计单位信息系统的安全性、可靠性、经济性,被审计单位不得拒绝。

【立法目的】

本条对审计机关检查权进行了规定。

【条文解读】

审计执法活动中的检查权是审计机关的法定权力。审计检查权仅适用于审计执法过程中,否则即为滥权,这是正当法律程序对审计监督权的必要约束。审计检查权的适用对象是:第一,被审计对象与财政收支、财务收支有关的业务、管理等资料和资产。《审计法(2021)》将原来的"会计凭证、会计账簿"扩大为"财务、会计资料""业务、管理等资料和资产",是长期审计实践经验的总结,也是合理的扩权。第二,被审计对象信息系统的安全性、可靠性、经济性。这是《审计法(2021)》新增的内容,适应了大数据时代审计监督工作的需要。审计机关的检查权具有强制性,被审计单位不得拒绝。

【理论分析】

现代审计已经具有传统审计所不具有的崭新内容,信息系统安全性审计就是其中之一,信息系统审计包括信息系统真实性审计、信息系统绩效审计等。[①] 其主要目标是审查企业信息系统和电子数据的安全性、可靠性、可用性、保密性等。一是预防来自互联网对信息系统的威胁;二是预防来自被审计对象基于机会主义和道德风险从内部对信息系统的危害。

---

① 参见陈耿、韩志耕、卢孙中:《信息系统审计、控制与管理》,清华大学出版社 2014 年版,第 27 页。

大数据时代,由于被审计对象的资料和信息均以信息系统的方式存在,因此,信息系统审计既是一种专门的审计科学与技术,也是审计机关执法活动的基础工作。实践中不首先开展对被审计对象信息系统的检查,就无法防止舞弊和违法行为。因此,本次修法对审计机关进行扩权,审计检查权覆盖到检查被审计对象信息系统,是一个必然的历史进程。

行政程序中行政相对人的协力义务主要包括诚信义务与配合义务①,配合义务包括不作为与作为两种形态,不作为形态的协力义务包括不得拒绝与拖延行政程序、行政执法行为的义务。作为义务是积极主动予以配合的义务,包括配合查清事实真相、提供真实信息、负担法定费用等义务。协力义务因行政行为的强制性、效力性所致,具体样态由各个领域的部门法依据具体情况设定。立法在规定协力义务时,应当注意协力义务的内容、形式和强度的合理性,协力义务必须遵循行政法上的比例原则,做到与行政行为的类型、内容和强度具有相关性和适度性。避免相对人过重的负担和资源浪费。本条规定了审计执法活动中的检查权是审计机关的法定权力,被审计单位不得拒绝。在审计机关享有检查权的同时,对检查权适用的条件、范围和程序进行了初步的规定,审计机关在此范围内,依然具有很大的自由裁量空间。

【案例与实践】

银行数据大规模泄露的审计应对②

美国第七大商业银行"第一资本"(Capital One)于当地时间2019年7月29日宣布,大约1亿美国人和600万加拿大人的个人信息遭1名"黑客"窃取。目前,犯罪嫌疑人已经被逮捕。2019年7月17日,一名"源码托管服务公司"的用户看到有人通过网站发布"第一资本"银行客户的个人信息,随后提醒银行可能遭到了黑客入侵。2019年7月29日,"第一资本"发表声明,证实在19日发现系统基础架构的"配置漏洞",导致大约1亿美国用户的信息在2019年3月12日到7月17日期间被黑客窃取——

---

① 参见李敬:《行政程序中相对人协力义务与证据协力义务的关系》,载《楚天法治》2019年第21期。
② 《美国银行数据大规模泄露 波及上亿人 犯罪嫌疑人被逮捕》,载百家号——央视新闻网(网址:https://baijiahao.baidu.com/s?id=1640541496994598666&wfr=spider&for=pc),访问日期:2022年5月2日。

其中大部分失窃数据是个人和小企业用户从 2005 年到今年初申请信用卡时所提供的信息，包括姓名、地址、电话号码、出生日期以及个人收入等。"第一资本"强调说，黑客并没有获得用户的信用卡账号和登录密码，但有大约 14 万美国人的社会安全号码以及与之关联的 8 万个银行储蓄卡账号被盗；另外还有大约 100 万加拿大人的社会保险号外泄。

"第一资本"的总部位于美国弗吉尼亚州，主营业务有网上银行、信用卡发行等，资产估值为 3736 亿美元，是美国近年来发展迅速的消费金融公司，它靠数据和技术驱动消费信贷业务，在全球互联网金融领域享有盛名。此次数据外泄可能让这家银行当年的经营成本增加 1 亿至 1.5 亿美元，用于赔偿受影响的用户。"第一资本"董事长兼首席执行官费尔班克于 7 月 29 日发表声明，对个人信息遭窃取的用户表示道歉，并承诺将"纠正错误"。

有业内专家指出，近些年来，美国金融机构用户个人信息泄露事件频繁发生，早就不是什么新鲜事了。美国信用卡网站分析师特德·罗斯曼表示："第一资本"肯定清楚自己被盯上了。所有的金融机构，甚至是所有的公司都被黑客盯上了，只不过这次事情发生在"第一资本"。根据美国第一资本金融公司的通报，居住在西雅图的女黑客佩琪·阿黛尔·汤普森，制造了这起入侵数据库盗取用户信息的案件。佩琪曾在科技公司从事软件工程师工作，她利用配置错误的 Web 应用防火墙（系统漏洞），获得了"第一资本"数据库的访问权限，并将盗取的用户信息放在知名信息共享网站 GitHub 上。

据外媒报道，"第一资本"这次出现大规模用户信息遭黑客入侵盗取的一个原因是：它是美国各大银行、金融机构中"最坚定使用云服务者"，为了节省成本，它把大量数据储存在第三方公司提供的云端。云存储服务是互联网领域的趋势，其安全性一直备受各界关注，像社保、银行信用卡等涉及用户机密信息的机构，是否可以放心地让第三方云存储公司托管用户信息？相信这是接下来全球都会高度关注并带有争议的话题。

案例启示：大数据时代对个人信息进行保护是世界各国立法的共同做法，客户信息是个人信息的重要内容。在市场经济条件下，客户信息具有尤为重要的价值。它不仅是个人信息保护一般立法的保护对象，也是有关特别法立法保护的重点。我国不仅通过《个人信息保护法》对客户信息提供保护，银行法等专门立法也有特别的规制。《中华人民共和国商业银行法》第 29 条、第 30 条、第 53 条规定了商业银行对客户信息的保密义务。中国人民银行还颁布了《个人信用信息基础数据库管理暂行办法》《个人信用信息基础数据库金融机构用户管理办法（暂行）》《个人信用信息基础数据库异议处理规程》等一系列规章制度，对个人信息的采集、保存及使用等方面进行了规范，规定了授权查询、限定用途、保障安全、查询记录、违规处罚等措施，严格保护个人隐私和个人信息安全。在我国，银行泄露客户信息属于违法行为，其法律责任包括民事责任（违约责任和侵权责任）、行政责任和刑事责任。审计人员想要关注与防范这类风险，需要开展云审计、信息系统安全审计、信息系统运行管理审计等。

第三十七条 【审计调查权】

审计机关进行审计时，有权就审计事项的有关问题向有关单位和个人进行调查，并取得有关证明材料。有关单位和个人应当支持、协助审计机关工作，如实向审计机关反映情况，提供有关证明材料。

审计机关经县级以上人民政府审计机关负责人批准，有权查询被审计单位在金融机构的账户。

审计机关有证据证明被审计单位违反国家规定将公款转入其他单位、个人在金融机构账户的，经县级以上人民政府审计机关主要负责人批准，有权查询有关单位、个人在金融机构与审计事项相关的存款。

【立法目的】

本条是对审计调查权的规定。

【条文解读】

审计调查权是审计机关的法定职权，该项职权适用于审计执法活动并仅限于"审计事项的有关问题"。审计调查权的内容包括：第一，有权进行调查，并取得有关证明材料。第二，有权查询被审计单位在金融机构的账户，但需经县级以上人民政府审计机关负责人批准。第三，有权查询有关单位、个人在金融机构与审计事项相关的存款。由于该项权力对当事人的利益影响较大，审计机关也具有较大的执法风险，因此，在审计执法中，"有证据证明""违反国家规定""转移公款""存款与审计事项相关"

"批准程序"就成为必备的五个要素。

《审计法(2006)》第33条规定"审计机关有证据证明被审计单位以个人名义存储公款的,经县级以上人民政府审计机关主要负责人批准,有权查询被审计单位以个人名义在金融机构的存款"。在此基础上本条第3款将其修改为"审计机关有证据证明被审计单位违反国家规定将**公款转入其他单位、个人在金融机构账户**的,经县级以上人民政府审计机关主要负责人批准,有权查询有关单位、个人在金融机构**与审计事项相关**的存款"。拓宽了对"存款"进行监督的范围,在具体表述上也更加精准,既提高了审计监督的质量,也加大了对审计监督权的规制力度。

审计机关行使调查权时,被审计对象的协力义务既包括诚信义务即如实向审计机关反映情况,还包括积极的配合义务,应支持和协助审计机关工作,并提供有关证明材料。

审计机关查询被审计单位存款的权力由来已久,《审计署、中国人民银行关于审计机关在审计执法过程中查询被审计单位存款问题的通知》(审发〔1998〕308号,已失效)对此就有具体的规定。《审计署、中国人民银行关于〈审计署、中国人民银行关于审计机关在审计执法过程中查询被审计单位存款问题的通知〉适用军队审计机关的通知》(审法发〔1999〕35号)将其适用范围拓展至军队审计。2006年修正《审计法》时,《审计署、中国人民银行、中国银行业监督管理委员会、中国证券监督管理委员会关于审计机关查询被审计单位在金融机构账户和存款有关问题的通知》(审法发〔2006〕67号,已失效),根据新的形势进行了重新规定。根据本次修法的需要,《审计署、人民银行、银保监会、证监会关于审计机关查询单位和个人在金融机构账户和存款有关问题的通知》(审法发〔2022〕7号)出台,依据新法进行了修正,不仅具体规定了查询银行存款的范围①,还对查询中审计执法的程序和保密义务等提出了进一步的要求。

---

① 审计机关查询的账户和存款,包括单位、个人在政策性银行、商业银行、城市信用合作社、农村信用合作社、保险公司、信托投资公司、财务公司、金融租赁公司、中央国债登记结算公司、中国证券登记结算有限责任公司、证券公司、证券投资基金管理公司、期货公司以及经国务院金融监督管理机构批准设立的其他金融机构(统称"金融机构")开立的银行、资金、证券、基金、信托、保险等各类账户,以及在金融机构办理的储蓄账户、结算账户以及买卖证券、基金等的资金账户的资金。

【理论分析】

行政检查也称为行政监督检查,是指行政机关或法定授权的组织依法对管理相对人遵守法律、法规和规章的情况进行督促检查的行为。① 行政检查在行政管理活动中广泛存在,是行政机关最经常实施、民众接触最直接频繁且影响权益最深远的公权力行为之一。② 现代社会行政权具有很强的能动性,各国的行政检查呈多元化发展的势头。一般的业务行政检查主体包括工商行政管理部门、物价部门和卫生部门等。专门监督检查主体包括两个部门:审计部门和监察部门。检查权的类型也因各个不同的部门法设定而具有多样化的特点。

审计检查权由审计法设定,以宪法的审计监督权为"母"权。审计检查权是职权行为,具有强制性。审计检查权直接影响到当事人的利益,因此,现代审计法治必须重视对审计自由裁量权的限制,审计检查权必须遵循法治原则、均衡原则和开放原则。

法治原则的要求是:第一,审计检查权必须有法律依据,包括必须遵守宪法和法律法规。审计法很多地方关于审计机关职权行使的依据是"法律、法规",但也有很多地方是"国家规定",不仅逻辑上不一致,也导致口径过宽,扩大了审计机关职权的存在空间。第二,审计法律必须规定审计检查权的组织、权限、手段、方式和违法的后果,审计检查权必须保证主体、手段、程序和目的等具有合法性。第三,审计机关必须以自己的行为来保证审计法律的实施。"强制检查手段只能在审计过程中采用,审计机关并不能在审计活动以外单独实施此种强制活动。"③

均衡原则要求审计检查行为的内容具有正当性、合理性和相关性。开放原则是现代民主与审计法强调政府责任理念的体现,它进一步要求审计结果公开、审计检查的程序实现公众参与。行政相对人有权利申请审计机关进行检查,或在审计检查中有权利提供相关事实情况并发表自己的意见。由于现代组织的内部控制系统具有自主性、封闭性,因此,甚至允许依据法律的特别规定参与审计检查。这些内容对于提高审计执法质量、减少执法风险和维护当事人权益,都具有特别重要的意

---

① 参见应松年主编:《行政法学新论》,中国方正出版社1998年版,第281页。
② 参见邓武强:《论行政检查的法律原则》,载《湘潭师范学院学报》2009年第5期。
③ 尚永昕:《审计机关的行政强制措施初探》,载《南京审计学院学报》2008年第3期。

义。当然,除了审计法之外,也有待于我国统一的行政程序法予以规范。

本条第 1 款是对审计调查权的概括性规定,该款同时规定了被审计对象的协力义务。本条第 2 款是关于审计机关查询被审计单位在金融机构的账户与存款的适用条件和程序的具体规定。从理论上看,审计调查权并非仅仅局限于"查询被审计单位在金融机构的账户",而是具有更广泛的内容。因此,本条存在逻辑上的含混之处,应该将第 1 款单列一条,并补充相应的普适性程序性规定。将第 2 款和第 3 款合并单列,对"查询被审计单位在金融机构的账户"这样一项特定的权力进行规定。

【案例与实践】

江苏省审计厅亚洲开发银行贷款
江苏盐城湿地保护项目审计[①]

根据《审计法(2006)》和审计署授权,2018 年 3 月 23 日至 4 月 27 日,江苏省审计厅对江苏省亚行贷款盐城湿地保护项目办公室、盐城国家级珍禽自然保护区管理处、大丰麋鹿国家级自然保护区管理处(以下分别简称"省项目办""珍禽项目办""麋鹿项目办")、盐城林场、大丰林场和省财政厅等相关单位执行的亚洲开发银行贷款江苏盐城湿地保护项目 2017 年度财务收支和项目执行情况进行了审计。

一、审计师意见

本次审计了亚洲开发银行贷款江苏盐城湿地保护项目 2017 年 12 月 31 日的资金平衡表,以及截至该日同年度的项目进度表、贷款协定执行情况表和专用账户报表等特定目的财务报表及财务报表附注。

审计认为,第一段所列财务报表在所有重大方面按照中国的会计准则、会计制度和本项目贷款协定的要求编制,公允反映了亚洲开发银行贷款江苏盐城湿地保护项目 2017 年 12 月 31 日的财务状况及截至该日同年度的财务收支、项目执行和专用账户收支情况。同时,还审查了本期内由省财政厅报送给亚洲开发银行的第 12、13 号提款申请书和 GEF 赠款的第

[①] 参见《江苏省审计厅关于亚洲开发银行贷款江苏盐城湿地保护项目 2017 年度财务收支和项目执行情况的审计结果》,载江苏省审计厅网(网址:http://jssjt.jiangsu.gov.cn/art/2018/9/29/art_1024_7830934.html),访问日期:2022 年 5 月 2 日。

02至06号提款申请书以及所附资料。我们认为,这些资料均符合贷款协议的要求,可以作为申请提款的依据。

二、审计发现的问题及建议

审计中关注了项目执行过程中相关单位国家法规和项目贷款协定遵守情况、内部控制和项目管理情况及上年度审计建议整改落实情况。发现存在如下问题:

1. 盐城林场未扣罚违约设计费用。2012年11月,盐城林场与江苏省建筑园林设计院有限公司、江苏省交通规划设计院有限公司订立总价为人民币130万元的《亚行贷款盐城林场海滨生态林项目勘察设计合同》,其中第6.2.10条约定:"设计单位方负责编制工程量清单与竣工结算时实际工程量误差超过2%,则甲方将扣除该阶段设计费用10%作为处罚。"但两家单位设计的"防火道路一般路基处理"子项目的工程量清单为1.21万立方米,而施工时图纸工程量却高达21.05万立方米,是设计工程量的17.4倍,与实际情况存在明显误差。对此,盐城林场未扣罚相应的违约设计费用。

上述行为违反双方合同约定。对此,审计要求省项目办核查相关事项执行的规范性,督促盐城林场按合同规定扣回相应设计费。

2. 盐城林场防火道路工程违规多报账提款约8万元。2017年盐城林场实施防火道路工程(合同号YCCW-02),该工程由中佳环境建设集团有限公司实施,江苏伟业项目管理公司监理。审计发现,合同中"清杂及原有路面拆除"子项目已按13.60万立方米的工程量报账提款10.47万元,但经测算实际工程量约为3.24万立方米,多报工程量约10.36万立方米,并导致多报账提款约人民币7.97万元。

上述行为违反财政部《建设工程价款结算暂行办法》(财建〔2004〕369号)第13条的规定。对此,审计要求省项目办查明原因,收回多报账提款资金。

3. 盐城林场种植的柳杉大部分处于濒死状态。2016年至2017年,盐城林场实施海滨生态林苗圃建设项目(合同号YCCW-05-1,合同总价人民币2853.16万元),先后种植价值人民币132.76万元的柳杉38433株。经审计人员现场察看发现,大部分柳杉生长不良,叶色黄化,濒临死亡。审计要求省项目办尽快查明原因,采取有效措施,保证项目顺利完成。

三、本年度审计发现问题的整改情况

截至审计公告日,针对盐城林场未扣罚违约设计费用问题,江苏省建筑园林设计院有限公司已于7月18日缴回5.2万元违约款；针对盐城林场防火道路工程违规多报账提款问题，省项目办经核实多报账提款7.75万元，将在该工程下次报账款中扣减；针对盐城林场种植的柳杉大部分处于濒死状态问题，经江苏省林科院和盐城市林业局专门组成的专家组现场查看后认为，盐城沿海区域的土壤气候等条件不适合大面积栽植柳杉。省项目办已确定整改方案，目前正在实施相应整改工作。

案例分析：依据我国审计法的规定，审计人员实施审计，可以审查会计凭证、会计账簿、财务会计报告，查阅与审计事项有关的文件、资料，检查现金、实物、有价证券和信息系统，向有关单位和个人调查等，并取得证明材料。在本案例的审计实践中，审计人员审查了亚洲开发银行贷款江苏盐城湿地保护项目2017年12月31日的资金平衡表，以及截至该日同年度的项目进度表、贷款协定执行情况表和专用账户报表等特定目的财务报表及财务报表附注，这些证明材料反映了亚洲开发银行贷款江苏盐城湿地保护项目2017年12月31日的财务状况及截至该日同年度的财务收支、项目执行和专用账户收支情况。

第三十八条 【审计强制措施】

审计机关进行审计时，被审计单位不得转移、隐匿、篡改、毁弃财务、会计资料以及与财政收支、财务收支有关的业务、管理等资料，不得转移、隐匿、故意毁损所持有的违反国家规定取得的资产。

审计机关对被审计单位违反前款规定的行为，有权予以制止；必要时，经县级以上人民政府审计机关负责人批准，有权封存有关资料和违反国家规定取得的资产；对其中在金融机构的有关存款需要予以冻结的，应当向人民法院提出申请。

审计机关对被审计单位正在进行的违反国家规定的财政收支、财务收支行为，有权予以制止；制止无效的，经县级以上人民政府审计机关负责人批准，通知财政部门和有关主管机关、单位暂停拨付与违反国家规定的财政收支、财务收支行为直接有关的款项，已经拨付的，暂停使用。

审计机关采取前两款规定的措施不得影响被审计单位合法的业务活动和生产经营活动。

【立法目的】

本条是对审计机关采取强制措施权的规定。

【条文解读】

本条规定采取强制措施是审计机关的法定权力。依据本条,审计机关采取强制措施的权力包括以下四个方面的内容。

第一,制止权。审计机关的制止权分为两种形态:一是针对被审计对象的特定物。审计机关进行审计时,被审计对象有本条第 1 款规定的转移、隐匿、篡改、毁弃资料(或转移、隐匿、**故意毁损资产**)的行为时,审计机关应当制止。二是针对被审计对象特定行为。审计机关对被审计单位正在进行的违反国家规定的财政收支、财务收支行为,有权予以制止。制止权的适用条件有严格的限制,本条第 2、3 款分别进行了具体规定。

第二,封存权。封存权适用于特定对象,即本条第 1 款所规定的"涉案"资料或资产。封存权的适用条件同样有四个严格的限制,满足第 1 款规定的转移、隐匿、篡改、毁弃资料(或转移、隐匿、**故意毁损资产**)的行为要件,经过了制止的前置程序,确有必要时,经县级以上人民政府审计机关负责人批准后,方可行使。依据《审计法实施条例》,违反国家规定取得的资产,包括:(1)弄虚作假骗取的财政拨款、实物以及金融机构贷款;(2)违反国家规定享受国家补贴、补助、贴息、免息、减税、免税、退税等优惠政策取得的资产;(3)违反国家规定向他人收取的款项、有价证券、实物;(4)违反国家规定处分国有资产取得的收益;(5)违反国家规定取得的其他资产。

第三,冻结权。冻结权适用于特定对象,即被审计对象在金融机构的有关("涉案")存款。封存权的适用条件同样有四个严格的限制,在满足第 1 款规定的特定的行为要件时,经过了制止的前置程序,确有必要时,经申请人民法院批准后,方可行使。

第四,暂停拨付与使用的权力。该项权力的适用对象是被审计对象特定的财政收支、财务收支行为。适用条件同样有四个严格的限制:违反国家规定;经过了制止的前置程序;经县级以上人民政府审计机关负责人批准;通知财政部门和有关主管**机关**、单位暂停拨付与使用。

审计机关采取强制措施权的各项内容连接紧密、环环相扣,由于其具有极强的干预机能,严重地影响到审计机关的形象、执法动机与效果和当事人权益,因此,立法者本着法治思想从实体条件和正当法律程序出发,极其谨慎地对审计机关的自由裁量权进行了规制。不仅对每一项内容规定了适用条件和适用对象,还要求权力的行使仅限于审计执法活动。本条第4款特别要求,审计机关采取强制措施不得影响被审计单位合法的业务活动和生产经营活动。此外,2011年2月起实施的《审计机关封存资料资产规定》(审计署令第9号),对封存资料资产做出了更为详细的规范。

【理论分析】

本条对审计机关采取强制措施的权力进行了集中规定。一般认为,强制措施就是《行政强制法》第9条所规定的:(1)限制公民人身自由;(2)查封场所、设施或者财物;(3)扣押财物;(4)冻结存款、汇款。但是,《行政强制法》第9条兜底性规定"其他行政强制措施",实际上授权各个部门法根据自己的情况依法设定强制措施。因此,对审计法上的强制措施应当拓宽认知范围,"要求提供资料"等权力,也属于强制措施的内容。

按照主体不同,审计机关采取强制措施的权力可分为直接强制和间接强制。直接强制由审计机关依法直接采取,行使制止权、封存权属于此类。由于国家机关相互之间存在分工和配合,审计机关的权力具有有限性,审计机关的很多权力不能也不必依靠自身实现,这就产生了审计机关的间接强制权力,同时这也是为了对审计执法权进行制约和制衡。对审计执法权的规制一般有三个路径:规定权力适用的条件和对象、设置权力适用的程序、合理配置权力的分工。可见,间接强制权既是审计监督权的有限性的结果,也是审计法治的必然要求。审计机关的间接强制权由审计机关依据执法的需要启动,并依据国家权力的分工和性质,依法通知其他公权力机关,冻结权需要通知人民法院行使,暂停拨付与使用的权力则需要通知财政部门和有关主管机关、单位行使。在这一过程中,人民法院等有关部门则负有协助义务。

【案例与实践】

甘肃省地震灾后恢复重建跟踪审计[①]

一、灾后恢复重建基本情况

(一)项目进展情况

甘肃省全省灾后恢复重建列入规划落实资金的项目10579个,规划投资682.5亿元,截至2011年9月底,除极个别项目因客观因素制约未完工外,绝大多数项目全面竣工并投入使用。

全省8个重灾县区列入规划落实资金的项目7546个,规划投资614.8亿元,截至2011年9月底,已全部开工建设,已完工项目7462个,占规划项目数的99%,完成投资622.5亿元,占规划投资的101.2%。重点行业进展:农村住房重建和加固69.66万户,已全部完工,累计完成投资213.47亿元;城镇住房重建2.03万户、维修470.67万平方米,已完工2.07万户,已完成加固474.83万平方米,累计完成投资42.35亿元;教育项目规划554个,已完工545个,累计完成投资36.47亿元;医疗卫生项目规划232个,已完工231个,累计完成投资15.27亿元;基础设施项目规划3568个,已全部完工,累计完成投资145.87亿元;防灾减灾项目规划503个,已完工492个,累计完成投资23.7亿元;生态修复和环境整治项目规划417个,已完工416个,累计完成投资9.47亿元。

(二)资金筹集、分配、管理和使用情况

全省地震灾后恢复重建落实各类补助性资金392.86亿元,其中:中央财政地震恢复重建基金256.63亿元,中央补助农村整村重建基础设施建设4亿元,特殊党费10亿元,深圳对口援建30亿元,世行紧急援助贷款13.7亿元,省级财政30.53亿元(含省级预算资金、地方债券等),红十字会、慈善总会等其他社会各界捐助48亿元。截至2011年9月底,省级财政和红十字会实际到位灾后恢复重建资金350.66亿元,其中中央财政下达地方包干资金256.63亿元,中央其他补助资金4亿元,地方财政安排资金21.2亿元,深圳市对口援建资金22.24亿元,特殊党费10亿元,红十字会捐赠资金6.79亿元,世行优惠紧急贷款3.68亿元,其他资金

[①] 参见《甘肃省审计厅关于甘肃省汶川地震灾后恢复重建跟踪审计结果公告》,载北大法宝V6官网,法宝引证码:CLI.14.4116262。

26.12亿元;已支付资金346.7亿元,其中中央财政下达地方包干资金256.63亿元,中央其他补助资金4亿元,地方财政安排资金17.9亿元,深圳市对口援建资金22.24亿元,特殊党费10亿元,红十字会捐赠资金6.13亿元,世行优惠紧急贷款3.68亿元,其他资金26.12亿元。目前,结存3.96亿元。

二、灾后恢复重建跟踪审计情况及评价意见

2010年11月,省审计厅派出审计组,对陇南、甘南两市州及文县、武都区等8县区灾后恢复重建项目竣工决算情况进行了摸底调查,为竣工决算审计工作奠定了基础。2011年1月25日、4月15日,省审计厅先后两次在陇南市召开了灾后恢复重建审计督查会议,对灾后恢复重建项目竣工决算审计进行了安排部署;同时制定下发了《甘肃省审计厅关于切实搞好灾后恢复重建项目竣工决算审计工作的通知》,对全省灾后恢复重建项目竣工决算审计工作及时进行指导、检查和督促。2011年7月13日全省领导干部大会结束后,省审计厅认真贯彻落实省委、省政府主要领导对灾后恢复重建工作的要求,于8月17日在成县召开了全省灾后恢复重建项目竣工决算审计督查会,召集8个受灾市州审计局长、8个重灾县区政府分管领导和审计局长,总结分析当前存在的问题,再次对灾后恢复重建项目竣工决算审计工作进行了检查督促和安排部署。为了进一步加快竣工决算审计工作进度,省审计厅党组决定从兰州、白银、张掖、定西、庆阳、甘南6个市州审计局抽调70多名业务骨干组成6个审计组,从8月25日起,集中一个月时间,对口帮助武都区、成县、康县、文县、西和县、舟曲县等重灾县区开展竣工决算审计。2011年9月2日和9月4日,刘伟平省长和泽巴足副省长分别就搞好灾后重建项目竣工决算审计做出批示,按照批示要求,省审计厅又从厅机关各处室和省直有关单位抽调73名业务人员组成12个审计组,进驻陇南、天水灾区帮助、指导灾后恢复重建项目竣工决算审计。9月底,省审计厅对全省灾后恢复重建项目竣工决算审计情况向省政府作了专题汇报,2011年10月15日,省政府下发了《关于进一步加强全省灾后恢复重建项目竣工决算审计工作的通知》(甘政发〔2011〕125号),根据通知要求,省审计厅对灾后恢复重建项目竣工决算审计情况实行10日1报制度,定期向审计署、省委、省政府和相关部门通报审计进展情况。2011年11月7日,省审计厅召开了中央在甘单位和省直部门灾后重建项目竣工决算审计督查会,对中央在甘单位和省直部门灾后重建项目竣工决算审计进行了部署和督促。

2010年11月至2011年10月底,全省各级审计机关共派出1103名审计人员(含外聘审计人员425人),组成1856个审计组,开展了灾后恢复重建项目跟踪审计和已完工项目竣工决算审计,累计现场审计工作量77778人·天(含外聘人员现场审计工作量15737人·天)。跟踪审计的4487个项目规划总投资119.58亿元,截至10月底已完成投资100.92亿元。对审计发现的问题,审计机关已及时通报相关单位并提出了整改建议,各地方政府部门和项目参建单位高度重视,认真整改。2011年,全省各级审计机关共提出审计建议1365条,有1296条被采纳,促进被审计单位建立健全规章制度143项。

截至2012年1月15日,全省地震灾后恢复重建具备竣工决算审计条件的项目9601个,已审计8620个、正在审计933个,已审计和正在审计项目数占具备竣工决算审计条件项目数的99.5%,共核减工程价款48795.42万元。

从审计和审计调查情况看,各级党委、政府和相关部门高度重视灾后恢复重建工作,严格按照省委、省政府要求,切实加强组织领导,采取多种措施,扎实推进灾后恢复重建工作。在各级各部门的共同努力下,灾后恢复重建进展顺利,项目管理较为规范,资金管理使用较为严格,总体进展情况良好,没有发现重大违纪违规问题,但在项目建设、资金管理方面还存在一些问题。对于审计查出的问题,各有关政府和部门已积极采取措施,及时进行了整改。

三、审计发现的主要问题及整改情况

(一)灾后恢复重建资金管理使用方面存在的问题

1. 个别项目重建资金管理存在漏洞。个别单位存在重建资金未专户统一核算的问题,如甘南州碌曲县教育局2303万元灾后重建资金未在灾后重建资金专户统一核算。审计指出该问题后,碌曲县教育局已将2303万元灾后重建资金纳入灾后重建资金专户统一管理。

2. 违规安排使用重建资金1061.9万元。审计发现,平凉市平凉一中本部将教学楼、宿舍楼重建维修资金1000万元出借给平凉一中二部分校用于偿还以前年度建设项目欠款;陇南市徽县银杏乡政府将灾后重建牲畜圈舍维修改造补助款60万元用于补助该乡黑土豆种植户;陇南市两当县国土资源局挤占灾后重建基金1.9万元用于车辆维修、保险等费用。审计指出上述问题后,各单位已将违规使用资金归还原资金渠道。

(二)灾后重建项目建设管理中存在的问题

1. 个别项目前期组织准备不充分,工程建设管理不严格。2010年11月至2011年10月,全省灾区各级审计机关审计和审计调查项目4487个,其中46个项目未严格履行基本建设程序;111个项目招投标不规范,存在应招投标而未招投标的情况;59个项目工程质量存在薄弱环节,存在监理资料记录简单、监理人员不到位、监理专业水平不高等情况。审计指出上述问题后,相关市、县政府和建设主管部门督促灾后恢复重建项目参建各方严格落实工程质量责任制,确保重建项目工程质量。

2. 施工单位漏缴税款14.19万元。审计发现,陇南市两当县体育场建设单位县文体局将施工单位武都区市政建筑安装公司购买的材料款发票297.51万元直接列入该项目建安投资,致使武都区市政建筑安装公司漏缴税款14.19万元。审计指出该问题后,两当县文体局已督促施工单位限期缴纳税款。

案例分析:《审计法(2021)》规定,审计机关对正在进行的违反国家规定的财政收支、财务收支行为,有权予以制止;制止无效的,经县级以上审计机关(含省级以上审计机关的派出机构)负责人批准,通知财政部门和有关主管部门暂停拨付与违反国家规定的财政收支、财务收支行为直接有关的款项,已经拨付的,暂停使用。本案中,审计机关对被审计单位灾后恢复重建资金管理使用方面存在的问题,以及违规安排使用重建资金的现象进行了制止,被审计单位将违规使用资金归还原资金渠道。

第三十九条 【规范性文件纠正建议权】

审计机关认为被审计单位所执行的上级主管机关、单位有关财政收支、财务收支的规定与法律、行政法规相抵触的,应当建议有关主管机关、单位纠正;有关主管机关、单位不予纠正的,审计机关应当提请有权处理的机关、单位依法处理。

【立法目的】

本条是对审计机关建议权的规定。

【条文解读】

本条将建议权规定为审计机关法定权力之一,是对《审计法(2006)》

第 35 条内容的确认,并进行了进一步的完善。审计建议权是审计机关要求被审计对象的上级主管机关、单位纠正其制定的有关财政收支、财务收支的规定。

审计建议权并非一种普适性的规范性文件审查权,具有附带性,它仅仅适用于审计执法中,且仅仅针对被审计单位所执行的上级主管机关、单位有关财政收支、财务收支的规定与法律、行政法规相抵触的情形。

只要审计机关"认为"存在此种情形,即可启动和行使审计建议权。我国的审计建议权是与提请协助权结合在一起的,有关主管机关、单位负有协助义务,有关主管机关、单位不予纠正的,审计机关应当提请有权处理的机关、单位依法处理。可见,我国审计建议权具有强制性,具有很强的矫正和干预机能。

【理论分析】

法律抵触理论认为,法律抵触是基于法的效力等级而发生的冲突。法律抵触是指等级效力较低的法与等级效力较高的法相对立或矛盾,或处于同一效力等级的法律之间产生相互对立或矛盾的情况。根据我国宪法和法律的规定,法的渊源主要包括宪法、法律、行政法规、部门规章、地方性法规和地方规章,一切法律、法规、规章都不得与宪法、上位法相抵触。法律抵触一般可以分为三类,即立法指导思想的抵触、立法原则的抵触和法律权利义务上的抵触。每一部法律都调整着特定的法律关系,都有其特定的宗旨和目的,由于不同时期历史条件和发展水平的不同,不同时期制定的法律可能在纵向上发生抵触和矛盾。特定法律条文之间也可能存在规定的权利义务的内容相抵触的情况。不同的法律调整的社会关系的性质不同,因而其保护和规制的主体也就不同,在众多法律之中,很难百分之百确保各部法律对其各自调整的主体所规定的权利义务内容完全一致,因此,就会产生这类具体的内容条款性的抵触。因此,党的十八届四中全会明确要求加强备案审查制度和能力建设,把所有规范性文件纳入备案审查范围。审计建议权正是规范性文件的事后审查监督机制,通过审计机关具体的审计监督执法发现特定领域内规范性文件存在的法律抵触,提出具体的纠正建议,并进一步监督和处理。

审计机关的建议权是审计法一项非常重要的权力,也是行政法上需要深入研究的对象。审计机关的建议权应当从整个审计法的角度去观察,审计机关的建议权实际上包括了两个方面的内容。

第一,处分建议权。这是审计机关建议被审计单位给予有关责任人员行政处分或者纪律处分的权力。如果有关责任人员是行政机关工作人员,则可以建议给予行政处分,如果是非行政机关工作人员,则可以建议按有关规定给予其他纪律处分。建议被审计单位给予有关责任人员行政处分或者纪律处分的权力的适用条件是《审计法(2021)》第 48 条所规定的法定情形①,不应当通过扩张解释,以至于扩大适用范围,使得审计机关的权力实际上于法无据。我国《审计法(2021)》规定了被审计单位有协力义务,并且"有关机关、单位应当将结果书面通知审计机关"。处分建议权可以说是一项有中国特色的审计监督制度,在我国的现实体制中具有极大的规制机能。

第二,规范纠正建议权。这是指审计机关就被审计对象执行的违法规定建议有关主管部门进行纠正的权力。有关主管部门主要是指国务院各部门包括部、委员会、直属单位,县级以上地方各级人民政府及其所属各工作部门。依据我国法律,这些主管部门大多享有行政立法权,但其发布和制定的规章、命令、指示、决定以及各种规范性文件都不得与法律、行政法规相抵触。审计机关认为被审计对象所执行的上级主管部门有关财政收支、财务收支的规定与法律、行政法规相抵触时,应当建议有关主管部门纠正,有关主管部门不予纠正的,审计机关有权提请有权处理的机关依法处理。所谓有权处理的机关是指国务院、县级以上地方各级人民代表大会及其常务委员会和县级以上地方各级人民政府。"应当建议"而不是"有权建议",表明该项权力是审计机关的法定义务和责任。

从法理上看,规范纠正建议权实际上是以审计机关的规范性文件审查权为基础的。我国审计机关享有规范性文件审查权是我国审计法的一大特色,也是我国审计机关享有的一个颇具特色的权力。1995 年施行的《中华人民共和国审计法》开始赋予我国审计机关规范性文件审查权,经过 2006 年和本次(2021 年)修法进一步完善,已成为我国审计机关的一项法定权限。

审计法规定的规范性文件审查权甚至大于我国行政诉讼法上的规范

---

① 被审计单位违反本法规定,转移、隐匿、篡改、毁弃财务、会计资料以及与财政收支、财务收支有关的业务、管理等资料,或者转移、隐匿、故意毁损所持有的违反国家规定取得的资产。

性文件附带审查权,我们比较一下《中华人民共和国行政诉讼法》(以下简称《行政诉讼法》)第 53 条的规定①,就不难得出结论。行政诉讼法上的人民法院规范性文件附带审查权的特征是②:第一,主体。由公民、法人或者其他组织提起,不能由行政机关依职权提起。第二,对象具有附带性。仅限于在对行政行为提起诉讼时才可以一并请求对该行政行为所依据的国务院部门和地方人民政府及其部门制定的规范性文件进行审查。第三,范围。仅限于国务院部门和地方人民政府及其部门制定的规范性文件不合法。第四,效果。最终由人民法院决定是否适用该规范性文件。③

审计法上的规范性文件审查权的特点是:第一,主体。由审计机关依职权主动提起。第二,对象不必具有附带性。审计机关的规范性文件审查不必局限于具体的审计行政行为,只要认为被审计单位所执行的上级主管机关、单位有关财政收支、财务收支的规定与法律、行政法规相抵触即可提起。因此,笔者认为,正因为不具有"附带性",其在名称上应当称为**"规范性文件审查权"**。第三,效力的强制性。有关主管机关、单位不予纠正的,审计机关应当提请有权处理的机关、单位依法处理。第四,范围。鉴于审计机关的职责,该项权力仅可适用于"有关财政收支、财务收支的规定"。

但是审计法上的规范性文件审查权的实际效果并不理想,很少能看到各级审计机关使用该项权力的案例或实践。究其原因,余军等在研究行政规范性文件司法审查权的实效性时指出:第一,由我国法院系统"政策实施型"制度逻辑、过度科层化的权力组织结构和司法权的行政化等因素所决定的法官行为逻辑,导致了法院对行政规范性文件实施司法审查的能力存在不足;第二,这项权力本身面临的正当性、合法性疑问,则加剧了法官行使这一权力的消极程度。这种情况实际上在

---

① 《行政诉讼法》第 53 条:"公民、法人或者其他组织认为行政行为所依据的国务院部门和地方人民政府及其部门制定的规范性文件不合法,在对行政行为提起诉讼时,可以一并请求对该规范性文件进行审查。前款规定的规范性文件不含规章。"

② 有关行政规范性文件审查的法解释学研究,参见应松年主编:《行政法与行政诉讼法学》,法律出版社 2009 年版,第 513 页;胡建淼主编:《行政诉讼法修改研究》,浙江大学出版社 2007 年版,第 271 页;章剑生:《现代行政法专题》,清华大学出版社 2014 年版,第 283 页;叶必丰:《行政规范法律地位的制度论证》,载《中国法学》2003 年第 5 期。

③ 《行政诉讼法》第 64 条:"人民法院在审理行政案件中,经审查认为本法第 53 条规定的规范性文件不合法的,不作为认定行政行为合法的依据,并向制定机关提出处理建议。"

审计法领域表现得更为明显,在法律层面上对行政规范性文件审查标准的明确,则应希冀于未来制定的行政程序法典中对行政规范性文件合法性要件的设置。① 当然,审计立法体系的完善,也会有助于问题的部分解决。

【案例与实践】

地方政府经济决策审计难题②

对地方政府审计决策进行监督审计是审计机关的法定职责,新时代加大了重大政策措施贯彻落实情况跟踪审计的力度,重大政策措施贯彻落实情况跟踪审计不断被赋予新的内涵与使命。2018年5月,中央审计委员会第一次会议提出,加大对党中央重大政策措施贯彻落实情况跟踪审计力度,加大对经济社会运行中各类风险隐患揭示力度,加大对重点民生资金和项目审计力度。"三个加大"中,党中央重大政策措施贯彻落实情况跟踪审计居首要地位,具有统领作用,正成为审计机关在新时代实现新作为的关键抓手。但实践中,重大政策措施贯彻落实情况跟踪审计需要被审计对象提供更多的资料和信息,需要检查、调查、核实的有关情况也更广,存在很大的难度。

我们对安徽省潜山县审计部门关于当前被审计部门配合程度情况进行实证研究,经过数据的收集与整理,我们发现有30%的被审计单位都或多或少地存在一些不配合的情况。数据显示,潜山县被审计部门不配合的情况所占的比例:有47%的单位隐藏账目情况比较严重,22%的单位推诿情况则比较严重,14%的单位出现人为干预,还有9%的单位刻意阻挠,另外还有8%的单位采取其他方式不配合审计工作的开展。在这些数据构成中,一半以上的单位都以隐藏账目作为不配合的手段。

案例点评:审计难并且屡审屡犯,是我国审计监督长期存在的现象。全国人大常委会分组审议审计整改报告时就提出要加强源头治理,避免

---

① 参见余军、张文:《行政规范性文件司法审查权的实效性考察》,载《法学研究》2016年第2期。

② 付鹏:《地方政府经济决策审计问题探讨——以潜山县为例》,江西财经大学2016年硕士论文。

屡审屡犯。① 审计建议权是有力的制度工具,处分建议权和违法规定纠正建议权分别从人事与干部管理权限,以及审计机关规范性文件制定权限的角度进行规范,实践中起到了非常好的作用。

第四十条 【审计结果披露权】

审计机关可以向政府有关部门通报或者向社会公布审计结果。

审计机关通报或者公布审计结果,应当保守国家秘密、工作秘密、商业秘密、个人隐私和个人信息,遵守法律、行政法规和国务院的有关规定。

【立法目的】

本条是对审计机关审计结果披露权的规定。

【条文解读】

审计结果披露权是审计机关的法定权力,本条规定的审计机关审计结果披露权包括两个渠道:第一,向政府有关部门通报审计结果(通报)。第二,向社会公布审计结果(公告)。这样做,一方面可以整合各种行政权力配合审计监督,另一方面可以利用社会力量配合审计监督,为社会(各种社会力量或体制外的因素)制约权力与权力(审计监督权)制约权力两种机制形成合力,提供一个具体的连接点。

审计机关无论是采取通报方式或者公布方式,都当遵循本法第 16 条关于审计人员对执行职务中知悉的国家秘密、工作秘密、商业秘密、个人隐私和个人信息负有保密义务的规定。但本条第 2 款的规定拓宽了范围,审计机关在保密义务以外,还应当"遵守**法律**、**行政法规**和国务院的有关规定",这种敞口性质的规定由于在内容和时间上的不确定性,大大加强了对审计信息公布权的规制。

【理论分析】

本条规定的审计机关信息公布权在性质上是一种非强制性权力,依据本条第 1 款的表述,法律授权审计机关"可以"行使该项权力,也可以酌

---

① 参见《全国人大常委会分组审议整改报告 加强源头治理 避免屡审屡犯》,载中国人大网(网址:http://www.npc.gov.cn/npc/c30834/202012/a7acc6752f194ce9adc54921aabb7c72.shtml),访问日期:2022 年 5 月 2 日。

情行使或不行使,实际上降低了审计信息公布权应有的规制效力。对比"审计署稿"第49条的表述①,可以看出,从强制性信息公布到授权性信息公布,明显是一种退步。此外,审计信息公布权的运行程序和时限规则也应当进一步明确,《审计机关通报和公布审计结果的规定》(审法发〔1996〕362号)和《审计机关公布审计结果准则》(2001年8月1日审计署令第3号)②曾规定,审计机关通报审计结果应当采取书面形式。审计结果向社会公众公开可以采取下列形式:(1)通过电台、电视台播放;(2)通过报纸、刊物等出版物发表;(3)举办新闻发布会;(4)发布公报、公告;(5)其他形式。但《国家审计准则》第153条仅仅规定了"编制审计综合报告"的方式③,上述规定是值得吸收并结合大数据时代的变化进一步丰富和完善的。

审计监督权本质上是一种信息规制工具,"国家审计能够在促进政府透明度提升方面发挥积极的治理效应。"④法治政府和责任政府的前提是政府的公开度不断提高。透明度原则也是《美国政府审计准则》三大基本原则之一。审计信息披露具有事前预防、公开透明等制度优势,通过信息披露机制实现监督是审计机关履行监督职能的最为重要的方式之一。《审计法(2021)》第4条、第19条、第40条、第52条共同构成了我国审计信息披露权的规制体系:第4条和第19条是我国的审计信息报告制度,第40条是审计信息通报和公告制度,第52条是审计整改结果(信息)通报和公告制度。

审计信息披露制度是中国审计监督制度中一道特色的风景,实际上还没有哪个国家的审计信息披露的类型和数量能超过中国,研究不同类型审计信息披露权行使的基本特征,对于寻找我国审计信息披露制度的完善之道具有重要意义。应当结合《审计法(2021)》《审计法实施条例》《国家审计准则》等审计法律法规,对我国审计信息披露制度进行体系化构造,形成我国多层次的强制性审计信息披露制度。

---

① 审计机关应当向社会公布审计结果,但涉及国家秘密等法律、法规规定不予公布的内容除外。

② 现均已失效。

③ 审计机关统一组织审计项目的,可以根据需要汇总审计情况和结果,编制审计综合报告。必要时,审计综合报告应当征求有关主管机关的意见。审计综合报告按照审计机关规定的程序审定后,向本级政府和上一级审计机关报送,或者向有关部门通报。

④ 朱荣:《国家审计提升政府透明度的实证研究——来自省级面板数据的经验证据》,载《审计与经济研究》2014年第3期。

我国审计机关的审计信息披露权实际上是我国的审计信息披露制度的体现,依据公开程度和适用范围可以分为三个层次:

1. 审计通报制度

有关审计通报制度的内容散见于《审计法(2021)》《审计法实施条例》《国家审计准则》等审计法律法规之中,其基本形式包括:专题报告、审计通报、审计综合报告①和审计组的审计报告(专项审计调查报告)等。

审计通报制度的特点是:第一,非公开性,一般是对特定行政机关的内部工作信息交流,向政府有关部门通报审计结果,信息的内容属于第一手信息,以不公开为原则、公开为例外,具有"原汁原味"特点,仅限于特定的阅读对象知晓。第二,非可诉性,不对具体行政相对人的利益产生直接的影响。审计组的审计报告(专项审计调查报告)不具有公开性。尽管它们的基本要素与审计机关的审计报告的要素相同,但由于它们只是审计机关完成审计报告的基础环节,属于内部行政行为,不影响当事人的具体权利和义务,因此,它们不具有可诉性。第三,非强制性,其信息披露的内容、形式和程序性规范均没有强制性要求。

2. 审计报告制度

我国审计报告的基本形式为审计报告(专项审计调查报告),但从信息流动的对象来看又可以分为:

第一,审计机关依照法律法规的规定,每年汇总对本级预算执行情况和其他财政收支情况的审计报告,形成审计结果报告,报送本级政府和上一级审计机关。

第二,审计机关依照法律法规的规定,代本级政府起草本级预算执行情况和其他财政收支情况的审计工作报告(稿),经本级政府行政首长审定后,受本级政府委托向本级人民代表大会常务委员会报告。

第三,审计机关在检查被审计单位整改情况以后,汇总审计整改情

---

① 根据《国家审计准则》第 151 条的规定,审计机关在审计中发现:(1)涉嫌重大违法犯罪的问题;(2)与国家财政收支、财务收支有关政策及其执行中存在的重大问题;(3)关系国家经济安全的重大问题;(4)关系国家信息安全的重大问题;(5)影响人民群众经济利益的重大问题;(6)其他重大事项。可以采用专题报告、审计信息等方式向本级政府、上一级审计机关报告。专题报告应当主题突出、事实清楚、定性准确、建议适当。审计信息应当事实清楚、定性准确、内容精炼、格式规范、反映及时。采取跟踪审计方式实施审计的,审计组在跟踪审计过程中发现的问题,应当以审计机关的名义及时向被审计单位通报,并要求其整改。审计机关统一组织审计项目的,可以根据需要汇总审计情况和结果(必要时应当征求有关主管机关的意见),编制审计综合报告。

况,向本级政府报送关于审计工作报告中指出问题的整改情况的报告。

第四,中央审计委员会对审计信息披露制度的影响。2018年3月,中国共产党中央委员会根据《深化党和国家机构改革方案》组建中国共产党中央审计委员会,作为中共中央对审计决策议事协调机构。中央审计委员会成立是我国审计制度发展史上的一件大事,其影响深远而且全方位,可以预见其对审计信息披露制度产生的影响,必然产生一种新的审计信息披露制度——对审计委员会的审计报告。因为各级审计委员会建立后,必须了解情况,加强领导,对审计信息的需求是毫无疑问的。这种信息披露渠道只能是报告而不可能是公告形式。对审计委员会的审计报告是我国独有的审计信息披露制度,体现审计信息披露的中国特色。

第五,经济责任审计结果报告。在我国向政府进行的审计信息披露制度中,还有一种中国独有的披露制度——经济责任审计信息披露。"现有文献中,当前学界对政府审计公告相关问题虽有研究,但对公告的依据、范围、内容和程序等基本问题还缺乏深入、系统的探讨。"①经济责任审计制度具有独特的制度秉性,我国经济责任审计结果报告等经济责任审计结论性文书报送本级党委、政府主要负责同志;提交委托审计的组织部门;抄送领导小组(联席会议)有关成员单位;必要时,可以将涉及其他有关主管部门的情况抄送该部门。经济责任审计信息披露机制也与一般的审计信息披露制度存在很大的差异。经济责任审计结果是否有必要向社会公开,其公开存在怎样的难点和问题,都是值得探究的问题。

审计报告制度的特点是:一是公开性,一般是对特定国家机关的正式信息报告,信息的内容属于第二手信息,具有"初加工"特点,仅限于更广大范围特定的阅读对象知晓。二是非可诉性,审计报告尽管比审计通报的法律地位要高,一般通过审计法等法律规范予以规定,但同样不对具体行政相对人的利益产生直接的影响。② 三是一定的强制性,尽管其信息披露的内容、形式没有强制性要求,但具有一定的程序性规范和时间要求。

3. 审计公告制度

审计公告是指审计机关依法将审计结果和审计调查结果向社会公布的行为和结果。③ 审计公告制度由审计结果公布、审计结果公布豁免、审

---

① 刘更新、李明:《经济责任审计结果公告制度研究》,载《中南财经政法大学学报》2013第5期。
② 经济责任审计报告按照党管干部的原则,对特定的干部使用产生影响。
③ 即本条所规定的向社会公布审计结果。

计结果公布程序等一系列制度构成。审计公告制度的特点是:第一,公开性,一般是对非特定社会公众履行信息披露义务,信息的内容属于第二手信息,具有"深加工"特点。第二,非可诉性,审计报告尽管比审计通报的法律地位要高,一般通过审计法等法律规范予以规定,但同样不对具体行政相对人的利益产生直接的影响。第三,强制性,一般各国对审计公告的信息披露的内容、形式都有强制性要求,也有程序性规范和时间要求。

从世界各国立法的基本规律和审计公告制度本身的性质来看,审计通报和审计报告较为少见,更加依赖于审计公告制度。但在我国,审计监督对社会关系的法律调整作用更多地依赖于审计通报和报告制度。社会公众对审计公告的关注程度并不高,利用审计公告来维护自己利益的案例并不多见。今后,应当将审计结果公告界定为审计机关的强制性披露义务。《审计署2003至2007年审计工作发展规划》提出,到2007年力争做到所有审计事项和专项审计调查项目的结果,除涉及国家秘密、商业秘密及其他不宜对外披露的内容外,全部对社会公告。这表明,虽然审计公告制度已在我国逐步确立起来,今后,我国的审计公告制度仍应朝着强制性制度规范发展,将审计公告制度列为审计机关的强制性法定义务。基本的立场应当是公告是原则、不公告是例外。依照程序法治的基本要求,信息公开应当尽可能减少仅向特定人公开,遵循有关法规和国际惯例,除少数涉及国家安全和商业机密等内容外,审计结果应逐步做到全部依法向社会公告,向内容完整、程序科学的方向发展,确保审计公告制度真正发挥效用。"统筹推进审计结果公开,把审计结果和信息公开作为社会公众了解政府履行职责情况的重要途径,推动审计结果公告从最初的个案披露发展到法制化、制度化和常态化。"①

【案例与实践】

审计署公布2015年稳增长等政策落实审计结果②

2016年2月24日,审计署发布2015年12月稳增长等政策措施贯彻

---

① 刘家义:《有效履行审计监督职责》,载《人民日报》2010年12月15日,第13版。
② 参见赵婧:《经济参考报:审计署公布去年稳增长等政策落实审计结果 检查5510个项目查出问题3260个》,载中华人民共和国审计署网(网址:https://www.audit.gov.cn/n4/n1542/c106439/content.html),访问日期:2022年5月3日。

落实跟踪审计结果公告。公告显示,2015年,审计署检查5510个项目,查出问题3260个。审计工作在促进重大项目加快建设和财政资金统筹盘活方面取得明显效果,其中促进新开工、完工项目9408个,促进收回结转结余资金1144.25亿元。各地对2138人进行了追责问责。

审计结果公告显示,各级审计机关在跟踪审计中检查各类项目共计7.28万个,累计抽查相关单位10.58万个,其中审计署直接派出的审计组检查项目5510个,抽查单位5286个,查出问题3260个。

2015年以来,稳增长形势非常紧迫,国务院将稳增长等政策落实审计写入促进审计完善的文件中,旨在了解国务院确定的政策在各个地方和部门的执行情况。在国务院的部署下,审计系统于2015年全面启动了稳增长、促改革、调结构、惠民生、防风险政策措施贯彻落实情况跟踪审计,重点检查稳增长政策措施落实情况,对涉及面广、资金量大、落实难度大的水利、铁路、城市基础设施、棚户区改造等方面进行全过程跟踪审计,保障政策落地生根。

盘活财政存量资金是2015年中央政府高度重视的一项工作,通过审计促进财政资金统筹盘活也取得了明显效果。截至2015年末,促进相关部门和地区加快下达财政资金5288.22亿元,落实配套资金551.36亿元,促进收回结转结余资金1144.25亿元,整合和统筹使用专项资金732.1亿元。

针对跟踪审计中发现的不作为、慢作为、乱作为等问题,各地对2138人进行了追责问责,其中有549人受到党内严重警告、行政撤职等党纪、政纪处分,有1157人被诫勉谈话、约谈,有195人被通报批评,有67人被停职检查或作出书面检查。上述人员中有90人涉嫌违纪违法,审计机关已依法移送纪检监察机关或司法机关处理。

2015年,1个月公布1次的政策落实审计无疑对促进重大项目加快建设落地起到显著作用。对审计报告持续反映的铁路、水利、保障性住房等重大项目前期审批环节多、时间长,部分项目进展缓慢,以及虚报开工及完工量,已建成项目闲置等问题,相关部门和地区积极规范审批流程,加快项目建设,强化项目管理,促进项目尽快建成并投入使用。截至2015年末,已促进新开工、完工项目9408个,推动9454个项目加快了审批或实施进度。

案例点评:向社会公布审计结果是我国审计公告制度的重要内容,也是审计机关运用审计结果披露权的重要手段。审计署官网显示,审计公告的内容可以适用于城镇保障房跟踪审计、灾后恢复重建审计、长江经济带生态环境保护审计、政策跟踪审计、典型案例处理结果、中央部门预算执行整改结果等审计监督的全部领域,显示出审计信息披露制度强大的规制效果。

第四十一条 【提请协助权】

审计机关履行审计监督职责,可以提请公安、财政、自然资源、生态环境、海关、税务、市场监督管理等机关予以协助。有关机关应当依法予以配合。

【立法目的】

本条是对审计机关提请协助权的规定。

【条文解读】

本条从审计法的角度,对审计机关履行审计监督职责过程中涉及的有关国家机关课以法定义务,提出请求的审计机关与被请求机关之间并非协商关系,有关机关应当依法予以配合。对审计机关履行审计监督职责提请协助的对象相当广泛,包括公安、财政、自然资源、生态环境、海关、税务、市场监督管理等机关。① 审计机关提请协助权的适用条件是职责上的相关性,限于履行具体的审计监督职责,并与有关机关的职责密切相关。

【理论分析】

审计机关提请协助权的性质

从性质上看,审计机关提请协助权与审计机关的其他权力存在不同

---

① 对比之下,国家监察委员会于 2021 年 9 月 20 日公布施行的《中华人民共和国监察法实施条例》第 9 条的规定更为科学,监察机关开展监察工作,可以依法提请组织人事、公安、国家安全、审计、统计、市场监管、金融监管、财政、税务、自然资源、银行、证券、保险等有关部门、单位予以协助配合。有关部门、单位应当根据监察机关的要求,依法协助采取有关措施、共享相关信息、提供相关资料和专业技术支持,配合开展监察工作。其第 1 款所罗列的负有协助义务的有关国家机关范围更为科学、全面。第 2 款对负有协助义务的有关国家机关履行协助义务的要求也更为具体、具有可操作性。

之处,其本身并非是审计机关履行的具体的审计监督职责,而是为审计机关履行审计监督职责提供保障,属于第二性的权力。"有关机关应当依法予以配合"是《审计法(2021)》新增的内容,加强了对审计机关履行审计监督职责过程中,对所涉国家机关的约束。

行政协助(也称为"公务协助""职务协助")是指行政机关①以及行政机关依法委托的组织,因行使职权需要,向无隶属关系的行政机关提出协助请求,被请求机关依法行使职权,提供相关协助的行为。行政协助事实上是行政机关管辖权的变通扩张,由审计法创设的有关国家机关的行政协助义务使得审计机关即使是在对某一事务无管辖权时,也可以通过请求有管辖权的行政主体予以协助而达到了某种意义上类似于"长臂管辖"的效果。此举无疑变相扩张了我国审计监督权的适用范围,提高了审计监督的威力。

行政协助固然使各行政机关的行为相互协调,体现了行政整体性、统一性的要求,提高了行政一体化水平和治理能力,但加剧了行政权与行政相对人之间权力义务的不对称,也给行政法治带来了新的课题。为了实现新的均衡,并限制公权力通过复合与交错实现的变量与扩张,"纵观世界各国,凡是行政法制较为发达的国家,一般都规定了较为系统的职务协助或者与之相关的制度"②。我国目前还没有对国家机关的协助义务进行统一立法,理论界的关注也不够充分。各个部门法分别创设相关国家机关行政协助义务的做法屡见不鲜③,行政协助制无疑是国家行政权裂变式扩张的表现,各个部门法首先应当同步设置相应的规制机制。审计法在赋予审计机关提请协助权的同时,就应当进一步细化相关法律规定,明确审计可以请求其他行政机关协助④,以及被请求行政机关履行协助义务⑤的适用条件和程序。这是审计法的任务,更进一步来说,也是今后整个统一行政程序法所面临的任务。目前,一些地方立法已经注意到了行

---

① 包括法律、法规授权的具有管理公共事务职能的组织。
② 戚太雷:《简析行政法上的职务协助程序》,载《湖北行政学院学报》2004 年第 6 期。
③ 参见前引《中华人民共和国监察法实施条例》第 9 条。
④ 行政机关可以请求其他行政机关协助的条件一般是:(1)独自行使职权难以达到行政目的的;(2)行政机关不能自行调查执行公务需要的事实资料的;(3)执行公务所必需的文书、资料、信息为其他行政机关所掌握,行政机关自行收集难以获得的;(4)其他可以请求行政协助的情形。
⑤ 被请求行政机关履行协助义务一般取决于:(1)不违背法律规定和法定职责;(2)体现合法合理、效率和公共利益的行政法目标;(3)符合正当法律程序和法律救济规则。

政协助中存在的问题,通过立法做出了探索①,值得进一步关注。

【案例与实践】

中煤科技集团公司原总经理陈伟
涉嫌违规协助外部企业办理保理业务案②

2019年5月,中煤科技集团有限公司原董事长陈伟涉嫌受贿罪、单位受贿罪一案,由重庆市监察委员会派出万盛经济技术开发区监察室调查终结后,移送重庆市綦江区人民检察院审查起诉。重庆市綦江区人民检察院向重庆市綦江区人民法院提起公诉。

该案在进入司法程序之前,审计机关在对中煤科技集团有限公司审计时发现:2009年至2013年,经陈伟批准同意,中煤科技集团有限公司为一家外部企业出具实际不存在的应收账款确认函,帮助其办理银行保理业务。由于该公司是根据国务院关于深化科技体制改革精神和国家科委、原煤炭部党组为响应深化改革的要求,加快转换机制的步伐而成立的国有企业,隶属国资委管理。因此,审计机关在完成审计程序后,2017年4月,审计署将问题线索移送国资委调查。2019年12月,陈伟以单位受贿罪、受贿罪被判处有期徒刑11年,并处罚金200万元,追缴违法所得1400万元。

案例点评:根据《审计法(2021)》的规定,审计机关依法审计后,提出审计机关的审计报告。对违反国家规定的财政收支、财务收支行为,依法应当给予处理、处罚的,属于审计署职权范围内的,可以作出审计决定。不属于审计署职责范围内的,移送有关主管机关、单位处理、处罚。审计机关应当将审计机关的审计报告送达被审计单位和有关主管机关、单位。审计决定自送达之日起生效。

由于经济案件一般具有复杂性的特点,审计机关依据国家机关分工,仅对属于自己职责范围内的情况进行调查。全面清查并形成完整的证据链条,还需要相关机关予以配合。因此,《审计法(2021)》规定,审计

---

① 例如,《厦门市人民政府办公厅关于印发行政协助管理办法的通知》(厦府办〔2020〕31号)。

② 《中煤科技集团有限公司原董事长陈伟涉嫌受贿被提起公诉》,载界面新闻网(网址:https://www.jiemian.com/article/3105183.html),访问日期:2022年5月3日。

机关可以提请有关机关(本案为国资委)协助,有关国家机关应当依法予以配合。本案中,审计机关依法行使移送权和提请协助权,国资委积极协助,遂使案件事实及时、全面得以查明,为司法机关进一步阐明案件事实并提起公诉提供了良好的基础。

我国审计机关权限演变的规律

《审计法(2021)》第四章是关于我国审计机关权限的规定,系统梳理和分析本次《审计法(2021)》关于审计机关权限的有关内容,可以看出几点变化:

第一,审计机关的权限依然在扩张,权力谱系在《审计法(2006)》的基础上增加了审计整改监督权。

第二,《审计法(2006)》的各项既有权力得以扩展,又在权力适用的对象、范围和内容上都有扩增。

第三,强化了审计行政相对人的协力义务和与审计监督履职有关的各种国家机关的协助义务的规定。无论是审计法创设的相对人的协力义务,还是有关国家机关的协助义务,其内容均相当广泛、形式多样。权利和义务本身是对立统一关系,立法增加行政相对人协力义务,就是间接扩大了执法机关的权力。

自1982年《宪法》规定审计监督权并确立现行审计监督制度以来,我国的审计法治建设经过了三次质的飞跃。第一次质的飞跃是1982年《宪法》确立现行审计监督体制后,以宪法性审计法律规范为基础的一系列审计立法[1],直至1995年1月1日施行《审计法》。第二次质的飞跃是2006年2月28日第十届全国人民代表大会常务委员会第20次会议《关于修改〈中华人民共和国审计法〉的决定》,对《审计法》进行第一次修正,涉及三十多个条款,将《审计法》颁布施行11年来我国审计法治的发展成果以法律形式确定下来。《审计法(2021)》是第三次飞跃,将新时代以来中国特色审计事业获得的重大发展进一步提炼为正式审计法律制度。早在1997年10月21日《中华人民共和国审计法实施条例》发布时,有学者综合分析了我国《审计法(2006)》和《审计法实施条例》的有关内容后,就曾

---

[1] 1983年8月出台《国务院批转审计署关于开展审计工作几个问题的请示的通知》,1985年8月出台《国务院关于审计工作的暂行规定》,1988年11月出台《中华人民共和国审计条例》。

指出:"审计机关的权限不仅增多了,而且加强了。"①事实上,"行政国家"要求审计机关扩权,部门立法存在扩权冲动是一个普遍的现象,在我国审计法治发展的三次质的飞跃中,审计机关的权限一直在同步扩大。审计机关的扩权一方面表现为扩大审计机关的权限,另一方面是更多更广泛地增加有关国家机关的协力义务。我国的审计监督权不断扩权背后的法理在于:一是全面加强党的领导和"行政国家"使然;二是审计监督实践的需要;三是大数据时代的新情势变迁。对于审计机关自身而言,权利和义务同样是对立统一关系,扩权意味着义务的同步增加。《审计法(2021)》在每一处扩权的地方都细心地加强了对审计监督权力的防范和规制,但是审计机关的自由裁量权依然很大,需要在后续各个层次的配套立法中予以考量。

---

① 魏礼江、王世成:《正确理解审计机关的权限(四)》,载《中国审计》1999年第1期。

第五章　审计程序

第四十二条　【审计送达】

审计机关根据经批准的审计项目计划确定的审计事项组成审计组,并应当在实施审计三日前,向被审计单位送达审计通知书;遇有特殊情况,经县级以上人民政府审计机关负责人批准,可以直接持审计通知书实施审计。

被审计单位应当配合审计机关的工作,并提供必要的工作条件。

审计机关应当提高审计工作效率。

【立法目的】

本条是对审计计划与组织以及审计送达制度的程序性规定。

【条文解读】

依据本条规定,审计组由审计机关依法设立。我国各级审计机关均有权依法设立审计组。审计组代表审计机关具体负责审计执法,如此设置是提高审计质量和监督效果关键性的第一环节。我国《审计法》规定,审计组由审计组组长和其他成员组成并实行组长负责制,审计组组长由审计机关确定。遵循国际通行做法,《审计法实施条例》和《国家审计准则》对审计组人员的资质、构成和职业规范提出了具体的要求。

审计组开展审计工作的依据是审计项目计划,即各级审计机关为履行审计职责而对计划期内的审计项目和专项审计调查项目做出的统一安排。《国家审计准则》对审计项目计划①的制定依据进行了具体规定,审计项目具体规划审计机关一定时间内的工作内容,可以是年度审计计划或中长期的项目计划。审计组要切实履行审计项目计划,才会在审计机关工作的整体布局上实现全面覆盖。审计项目计划由一系列审计事项构成,通常包括固定资产管理情况、专项资金收入情况、内部控制情况以及专项资金和审计项目中的特殊审计事项等。②

本条第1款对审计送达作出的程序性规定包括三个方面的内容:第一,审计机关是具体实施审计的法定主体、审计机关负有成立审计组的法定义务、成立审计组的具体法律依据和专业依据;第二,设置了审计组实施审计的时限性规定:审计组在实施审计三日前,向被审计单位送达审计通知书(书面形式为法定要件);第三,审计组实施审计时限性规定的除外情形:遇有特殊情况,经本级人民政府批准,审计机关可以直接持审计通知书实施审计(同样书面形式为法定要件)。

本条第2款是审计组实施审计时被审计对象的协助义务:被审计对象负有配合审计机关工作的义务。审计机关履行提前告知义务的同时也代表了被审计机关在接受审计机关的审计之时,需要积极履行配合义务,禁止做出妨碍审计机关工作的行为。在审计组进行审计工作的过程中需要被审计单位提供支持,审计组有权检查被审计单位的会计凭证、会计账簿、财务报告和运用电子计算机管理财政收支、财务收支电子数据的系统,以及其他与财政收支、财务收支有关的资料和资产,被审计单位不得拒绝,并且审计机关在进行审计时,有权就审计事项的相关问题向有关单位及个人进行调查,有关单位及个人需要如实反映并协助审计机关的工作,不得藏匿、转移相关财务资料。

本条第3款是对审计机关实施审计时的要求:审计机关应当提高审计工作效率。从内容上看,本条仅仅是宣示性条款,可操作性不强。笔者认为应当表述为:审计组应当提高审计工作效率,无论是从逻辑还是从语义的角度,均更为恰当。

---

① 审计项目计划是审计机关对审计项目的年度工作安排。审计项目计划可以提高审计工作效率,合理配置审计资源。当前,审计项目计划制定是否科学决定着后续审计是否按照计划实施。也有部分审计机关虽然编制了审计项目计划,但没有得到开展实施,这也需要根据实际情况予以调整。

② 如医保审计中的审计事项包括医疗服务收费情况、药品加价情况,农业综合开发资金审计项目中就包括资金配套情况、招标投标情况等具体事项。

【理论分析】

本条既涉及审计计划与组织方面的程序性规定,也涉及审计程序法中审计送达制度的具体内容,以下从两个方面进行理论分析。

(一)审计法律程序

自本条开始的第五章属于审计程序制度,审计法上的审计程序制度既是审计监督具体业务制度,也是审计法律程序。"一切法律均处于一定的时间结构之中"①,审计法律程序是审计机关和审计人员开展审计监督的环节、步骤和方法在时间和空间上合目的性的法定顺序。我国《审计法》所规定国家审计程序一般包括准备、实施、报告和整改四个主要阶段,这是本法第四章"审计机关权限"中审计计划权的具体体现。

审计法律程序关涉到审计工作在具体实施过程中的合法性和效率性,我国审计法治发展过程中历来重视审计程序法的建设,《中华人民共和国审计法》《中华人民共和国审计法实施条例》《中华人民共和国国家审计准则》中的有关内容是我国关于审计程序的最重要的规定。此外,各级审计机关的很多审计规范性文件也对审计程序进行了具体规定,如《中共中央办公厅、国务院办公厅关于印发〈党政主要领导干部和国有企业领导人员经济责任审计的规定〉的通知》(已失效)、《审计机关封存资料资产规定》,以及各地审计机关的审计立法等,均有大量关于审计法律程序的内容。在我国审计立法的历次修订中均设专章对审计程序法的有关内容进行详细规定。

正当法律程序原则在行政法领域要求做到程序的中立、程序的参与及程序的公开,这可以有效防止行政权力滥用,保证行政实体公正的实现,保障行政相对人的合法权益,提高我国审计法治水平。审计法律程序的基本精神是正当法律程序在审计法领域的自然延伸和必然要求,对于保障审计监督的结果公正、保证审计工作质量、提高审计工作效率、维护审计法律关系各方面的权益以及更好地实现审计职能具有重要的价值。必须将正当法律程序的一系列内在价值,如民主、平等、中立、公开、可救济性等实现于审计工作之始终。正当审计程序是我国审计程序规范化的一个衡量标准,贯穿在我国国家审计程序的全部阶段。中共中央办公厅、国务院办公厅在《关于实行审计全覆盖的实施意见》中也提出,要"明确

---

① 舒国滢:《法哲学沉思录》,广西师范大学出版社2021年版,第231页。

各项审计应遵循的具体标准和程序,提高审计的规范性"。我国的审计程序属于行政法范畴,审计法律程序与行政法律程序存在密切的相关性,审计法律程序从各方面体现出行政程序的特点。同时由于审计权的监督属性以及国家机关在《宪法》中的特殊地位,导致审计法律程序与一般的行政法律程序还存在较大的不同,有着自己的特点。

审计项目计划的制定与组织实施,是审计法律程序的第一步,因此,本法将其列为我国审计法律程序第 1 条,在逻辑上对应于本法第四章"审计机关权限"中的第一项权力——审计计划权,足见其重要程度。自 1982 年《宪法》确立审计监督权以来,从程序法治监督不断完善审计监督权就一直是我国审计法治建设的目标。《审计法》是审计领域的基础法律,自 1994 年首次立法以来,在 2006 年第一次修正时,就对审计计划与组织的程序性规定进行了具体规定。新时代全面依法治国对此提出了更高的要求,2019 年 1 月 13 日召开的全国审计工作会议对"两统筹"做出部署,要求加强审计项目和审计组织方式统筹。2019 年 3 月,审计署出台《审计署关于做好审计项目审计组织方式"两统筹"有关工作的通知》,要求利用预算执行审计、政策落实跟踪审计、经济责任审计三大平台统筹相关审计工作,明确了"两统筹"有关工作的具体措施,各地随后分别出台了相关实施意见。这在一定程度上优化了审计资源配置,提升了审计效能,减轻了被审单位的负担,减少了重复审计,增强了审计全覆盖的质量。本次修法是第二次修正,将审计计划与组织法律程序作为重要内容加以规定。

程序法治的重要内容是规范自由裁量权,从程序法的角度规范行政机关的自由裁量权,必须倾注大量的精力。各地都在积极贯彻落实国务院《全面推进依法行政实施纲要》(国发〔2004〕10 号)和《国务院办公厅关于推行行政执法责任制的若干意见》(国办发〔2005〕37 号)。2009 年 4 月出台的《广州市规范行政执法自由裁量权规定》和 2014 年 9 月出台的《成都市规范行政执法自由裁量权实施办法》等均对行政执法的依据、标准、程序和公开制度进行了具体规定,力图对行政执法自由裁量权的标准、条件、种类、幅度、方式、时限等方面进行合理细化和量化。审计立法应当顺应我国程序法治建设的立法趋势,实现高质量立法。

(二)审计送达法律制度

法律文书的送达是特定部门遵循法定的程序和方式进行的职权行为,是法律文书生效的前提,为当事人预设法律后果。我国诉讼法规定了多种形式的送达,突出的是《中华人民共和国民事诉讼法》(以下简称《民事诉讼法》)第七章第二节共规定了7种送达方式:直接送达、留置送达、电子方式送达、委托送达、邮寄送达、转交送达和公告送达。行政法律文书的送达基本依据《民事诉讼法》进行,如《行政处罚法》第61条、《行政强制法》第38条、《行政复议法》第40条、《行政诉讼法》第101条都有适用《民事诉讼法》相应规定的具体要求。《审计法》上的送达亦应当循此规定①,鉴于审计送达的特殊性,《审计法》一直着力于审计送达制度的构建,对比《审计法(2006)》第38条和"审计署稿"第41条的规定,本次修法关于审计送达的有关内容吸收了两者的优点且更为详细。

审计送达制度是审计程序法治的重要内容之一,最高人民法院在(2017)最高法行申5817号行政裁定中曾经指出,行政行为形成后的"告知送达",是一种重要的行政程序。一方面,是为了使当事人知悉行政行为的内容;另一方面,亦为行政行为的生效要件,书面的行政行为自送达相对人及已知的利害关系人时才对其发生效力。未予告知送达的行政行为属于无效的行政行为。诉讼文书和法律文书一经送达即发生一定的法律后果。审计送达是为了使被审计对象知悉审计执法行为的内容,审计送达具有自己的特点:

1. 审计送达的主体由《审计法》予以规定,送达的主体是审计机关。
2. 接受送达的是被审计对象。
3. 审计送达的文书为审计通知书。
4. 审计送达的效果是启动审计执法程序并成为审计执法行为的生效要件。
5. 审计送达必须按照法定程序和方式进行。无论是审计送达的一般情形,还是除外情形,如不符合法定程序和方式,均不能产生法律效力,不能达到预期的法律后果。

《审计法》规定的审计送达方式之间存在顺位适用关系,以一般情形为原则,以"特殊情况"为例外。为减少"法律空白",应注意限制我国立法中常见的借"特殊情况"等来"开口子"突破法律程序性规定的做法。

---

① 审计文书的送达方式可采用直接送达、邮寄送达或以其他方式送达。直接送达中,被审计单位在送达回证上注明的签收日期或见证人证明的收件日期为送达日期;邮寄送达以邮政回执上注明的签收日期为送达日期;其他方式送达的,以签收或收件日期为送达日期。审计文书的各项格式由审计署规定。在送达审计通知书的同时,还应该告知被审计单位审计组的审计纪律要求。

减少"法律空白"的最佳做法是在法律创制阶段就进行努力,尽量避免问题遗留到《审计法》适用过程中去解决。法律创制阶段重要的努力之一就是减少"特殊情况",但鉴于法律规范本身的抽象性,难以体现复杂多样的具体社会关系,可以退而求其次,对"特殊情况"进行罗列并提供行为参照以指导实务部门。在这方面,我国的经济责任审计立法已经先行一步,2019年7月,中共中央办公厅、国务院办公厅印发的新修订《党政主要领导干部和国有企事业单位主要领导人员经济责任审计规定》中,引人注意的变化有:第一,规范审计通知书送达程序。删除了"遇有特殊情况,经本级政府批准,审计机关可以直接持审计通知书实施经济责任审计"。第二,进一步细化了审计公示要求。第24条进一步细化明确"审计组应当在被审计单位公示审计项目名称、审计纪律要求和举报电话等内容"。第三,根据经济责任审计的特殊要求,还设置了特别的审计送达形式,第23条明确审计通知书须"抄送同级纪检监察机关、组织部门等有关单位"。

审计立法应当进一步释明"遇有特殊情况"的含义。在大数据时代应当拓宽对送达法定形式的理解,《最高人民法院关于适用〈中华人民共和国民事诉讼法〉的解释(2015)》(已被修改)扩展了《民事诉讼法》列举的电子送达方式,增加了移动通信的送达方式;《最高人民法院关于进一步推进案件繁简分流优化司法资源配置的若干意见》(法发〔2016〕21号)更是把微信明确为新的电子送达渠道,这在审计送达中同样应当适用。

【案例与实践】

自贡市中级人民法院送达全省
首例被执行人审计调查决定书①

2017年5月,自贡市中级人民法院成功送达了一份工程合同纠纷执行案件被执行人的审计调查决定书。四川新闻网记者从自贡市中级人民法院获悉,本次审计调查系《最高人民法院关于民事执行中财产调查若干问题的规定》实施以来,四川省首例被执行人审计调查。

自贡市中级人民法院(以下简称"市中院")在受理傅某与泸定县某

---

① 参见徐昭磊:《自贡市中级人民法院送达全省首例被执行人审计调查决定书》,载四川新闻网(网址:http://scnews.newssc.org/system/20170519/000780952.html),访问日期:2022年5月3日。

局、自贡市某建筑工程公司建设工程合同纠纷执行案件后,于2017年3月2日在泸定县农村信用社查询到泸定县某局对公账户中有可供执行的存款,遂裁定于该账户中扣划834316.17元。

2017年3月27日,泸定县某局以被执行款项为该县某工程专项资金为由向市中院提起执行异议。自贡市中级人民法院接到执行异议书后,迅速对该执行异议进行立案审查,并依法暂停向申请执行人兑付执行到位款项。案件执行期间,申请执行人傅某多次向市中院反映,由于未领取到建设工程合同款项,致使其资金周转困难,参与工程建设的民工工资无力发放,民工情绪较为激动。

2017年5月2日,申请执行人傅某以被执行人泸定县某局有拒绝报告、虚假报告财产为由,向自贡市中级人民法院执行局提出书面申请,请求对被执行人泸定县某局的财务状况进行审计调查。法院审查后认为,申请执行人的请求符合法律规定。为有效查明被执行人财产情况,准确区分异议财产性质,根据《最高人民法院关于民事执行中财产调查若干问题的规定》的相关规定,自贡市中级人民法院立即启动对被执行人泸定县某局的审计。

自贡市中级人民法院灵活运用执行措施,准确把握被执行人审计标准,于2017年5月10日,派两名执行局执行人员专程前往泸定县某局向该局送达了审计调查决定书,率先在全省实施执行案件审计调查工作。

第四十三条 【审计调查】

审计人员通过审查财务、会计资料,查阅与审计事项有关的文件、资料,检查现金、实物、有价证券和信息系统,向有关单位和个人调查等方式进行审计,并取得证明材料。

向有关单位和个人进行调查时,审计人员应当不少于二人,并出示其工作证件和审计通知书副本。

【立法目的】

本条是对审计人员在审计执法过程中行使审计检查权、审计调查权的程序性规定。

【条文解读】

本条在第四章就审计人员在执法过程享有的权力进行明确规定的基

础上，从程序法的角度就审计人员的具体执法方式和程序进行规定。审计人员可以依法通过"审查""查阅""检查""调查"等方式进行审计，并取得证明材料。审计人员可以审查财务、会计资料，查阅有关文件、资料，还可以检查审计人员相关实物和信息系统，并调查有关个人和单位。本次修法不仅将"会计账簿"扩展为"会计资料"，还回应大数据时代的需求增加了对信息系统的检查程序，扩大了审计人员调查权等的适用范围以及审计证据的采集范围。

本条第 2 款规定审计人员在开展审计活动时，要主动出示工作证件和审计通知书副本的法定程序性要件。第 2 款中的"调查"应当做广义的理解，包括了第一款的"审查""查阅""检查""调查"等各种具体方式。

【理论分析】

行政调查是行政机关为实现一定行政目的，在启动行政程序之后、作出行政决定之前，依职权进行的收集资料、调取证据、查明事实的活动。行政法基本理论认为，所有行政职权行为的做出都应当以经过合法调查、确认的事实和资料为判断依据。行政行为的做出依赖行政调查，但行政调查由于涉及行政活动多个方面，并且调查手段复杂多样，必然会涉及当事人的利益。学界对此进行过很多探讨，其中，第一种观点认为行政调查是以影响和改变事实状态为目的、仅仅涉及程序权利和义务，而不直接影响相对人的实体权利与义务的行政事实行为。我国传统行政法学界多采纳此观点。第二种观点主要是其他一些大陆法系的国家所认同的，他们认为行政调查通过产生行政程序法律关系进而间接影响行政实体法律关系，是决定行政行为做出的先行程序之一。第三种观点不认为行政调查是一个独立的行政行为，而是行政主体某一行政行为的中间阶段，较强调其性质的从属性。第四种观点以日本为代表，认为行政调查是行政即时强制的一部分。行政调查之所以如此重要，是因为与其密切相关的行政证据，调查的合法性、合理性保证了证据的无懈可击。

笔者认为，行政调查本身属于行政程序法律关系，但作为先行行政法律程序必然间接影响行政实体法律关系。行政调查既具有从属性，是行政实体法律关系发生的前提，也具有独立性和完整性，它是一个完整的行政过程并且是决定行政行为做出的依据之一。正因为行政调查具有独立性和完整性，我国《行政处罚法》第 55 条第 1 款规定，执法人员在调查或者进行检查时,应当主动向当事人或者有关人员出示执法证件。当事人或者有关人员有权要求执法人员出示执法证件。执法人员不出示执法证件的,当事人或者有关人员有权拒绝接受调查或者检查。

我国的审计调查是行政调查的一种,是行政权力实现的基础。审计调查过程中的程序性规定是审计调查合法性的判断依据,也是整个审计执法发生法律效力的要件,决定审计实体法律关系的发生。

【案例与实践】

具体案例参见本书《审计法(2021)》第 37 条的【案例与实践】——江苏省审计厅关于亚洲开发银行贷款江苏盐城湿地保护项目审计。

案例分析: "审计署稿"第 42 条中,审计人员实施审计,可以审查会计凭证、会计账簿、财务会计报告,查阅与审计事项有关的文件、资料,检查现金、实物、有价证券和信息系统,向有关单位和个人调查等,并取得证明材料。在本案例的审计实践中,审计人员审查了亚洲开发银行贷款江苏盐城湿地保护项目 2017 年 12 月 31 日的资金平衡表,以及截至该日同年度的项目进度表、贷款协定执行情况表和专用账户报表等特定目的财务报表及财务报表附注,这些证明材料反映了亚洲开发银行贷款江苏盐城湿地保护项目 2017 年 12 月 31 日的财务状况及截至该日同年度的财务收支、项目执行和专用账户收支情况。

第四十四条 【审计组审计报告】

审计组对审计事项实施审计后,应当向审计机关提出审计组的审计报告。审计组的审计报告报送审计机关前,应当征求被审计单位的意见。被审计单位应当自接到审计组的审计报告之日起十日内,将其书面意见送交审计组。审计组应当将被审计单位的书面意见一并报送审计机关。

【立法目的】

本条是关于审计组的审计报告的程序性规定。

【条文解读】

首先,本条规定审计组对审计事项实施审计后,应当向审计机关提出审计组的审计报告。① 在 2006 年修改《审计法》时,我国确立了"双审计报告制",将审计报告由原来纯粹的"内部文告"变化为具有正式信息规制机制特点的"社会公告",实现了我国审计信息披露机制与国际惯例在形式上的接轨,具有合理性。审计组的审计报告不同于审计机关的报告,两者在法律地位和法律效力上存在明显的差异,但审计组的审计报告是形成审计机关报告的基础。依据我国《审计法》,审计组具体负责审计执法,审计组编制审计报告的流程如下:一是整理、分析和复核审计工作底稿,根据审计目标范围、内容和要求,审核审计取证是否完整、充分,如有遗漏事项,应责成有关审计人员进一步核准、取证。二是汇总审计资料,对审计事项形成整体的结论。汇总审计发现的问题并明确问题的主要事实,形成审计组对问题的初步定性和处理意见。三是根据不同审计问题的重要性水平对审计结果进行评价。四是与被审计单位交换意见。对于被审计单位提供的合理解释,审计组予以记录并在相应审计工作底稿中加以标注。五是对审计方案执行情况进行检查,对审计中重大事项的处理方法进行分析和核准,同时总结审计过程的经验和教训。六是形成审计报告征求意见稿。在全面汇总审计成果、初步作出审计结论并确定审计工作程序合法有效后,审计人员围绕既定审计目标的完成情况,撰写审计报告。

  其次,审计组的审计报告报送审计机关前,应当征求被审计单位的意见。这是我国审计执法的特别规定,也是审计执法公平公正、保证审计监督质量的具体体现。《党政主要领导干部和国有企事业单位主要领导人员经济责任审计规定》还就经济责任审计时扩大意见听取范围进行了专门性规定,其第 25 条增加:"对地方党委和政府主要领导干部的审计,还应当听取同级人大常委会、政协主要负责同志的意见。""及时了解与被审计领导干部履行经济责任有关的考察考核、群众反映、巡视巡察反馈、组织约谈、函询调查、案件查处结果等情况。"被审计单位应当自接到审计报告征求意见稿之日起 10 日内提出书面意见,送交审计组或审计机关。如 10 日内被审计单位没有提出书面意见的,视同无异议,审计组应当说明

---

  ① 2019 年 7 月,中共中央办公厅、国务院办公厅印发的新修订《党政主要领导干部和国有企事业单位主要领导人员经济责任审计规定》第 30 条规定,审计组实施审计后,应当向派出审计组的审计委员会办公室、审计机关提交审计报告。审计报告一般包括被审计领导干部任职期间履行经济责任情况的总体评价、主要业绩、审计发现的主要问题和责任认定、审计建议等内容。

原因并报送审计机关。审计组应对被审计单位提交的关于审计报告的书面意见进行审定。如果确实存在审计查证不实或定性不良的问题,审计组应对审计报告进行修改。但是征求被审计单位的审计报告原件应予保留。

最后,审计组对审计事项实施审计后,应当及时向审计机关提交审计报告。审计组应当将审计报告、被审计单位对审计报告的书面意见以及审计组对其采纳的书面意见,一并报送审计机关。

【理论分析】

审计机关的审计报告是指派出审计组的审计机关在审定审计组提出的审计报告后出具的审计报告。如遇特殊情况,例如专项审计调查报告,审计机关可不向被审计单位出具审计报告。依据《国家审计准则》第123条的规定,"审计报告的内容主要包括:(一)审计依据,即实施审计所依据的法律法规规定;(二)实施审计的基本情况,一般包括审计范围、内容、方式和实施的起止时间;(三)被审计单位基本情况;(四)审计评价意见,即根据不同的审计目标,以适当、充分的审计证据为基础发表的评价意见;(五)以往审计决定执行情况和审计建议采纳情况;(六)审计发现的被审计单位违反国家规定的财政收支、财务收支行为和其他重要问题的事实、定性、处理处罚意见以及依据的法律法规和标准;(七)审计发现的移送处理事项的事实和移送处理意见,但是涉嫌犯罪等不宜让被审计单位知悉的事项除外;(八)针对审计发现的问题,根据需要提出的改进建议。审计期间被审计单位对审计发现的问题已经整改的,审计报告还应当包括有关整改情况。经济责任审计报告还应当包括被审计人员履行经济责任的基本情况,以及被审计人员对审计发现问题承担的责任。核查社会审计机构相关审计报告发现的问题,应当在审计报告中一并反映"。

可见,我国审计组的审计报告具有以下特点:

第一,非公开性。审计组的审计报告既不向特定对象报送或报告,也不在任何媒体上予以披露。因此,其与审计机关的"两个报告"相比不具有任何意义上的公开性,"审计组的审计报告报送审计机关前,应当征求被审计单位的意见"也仅仅属于内部非公开程序。

第二,综合性。审计组的审计报告在内容上不仅包括了审计执法依据、内容、审计监督事项、审计结论及其依据等,在委托社会审计机构审计的情况下,还应包括核查社会审计机构相关审计报告发现的问题。

第三,非可诉性。审计组的审计报告并非审计监督执法的最终环节,本身也不具有对外效力,不具有可诉性。审计组的审计报告与审计机关的审计报告(包括经济责任审计报告)之间还存在一定的差异,但它是后者的前置程序,决定后者的基本内容和当事人基本权利义务,无论是对审计监督执法的质量、审计治理的效果,还是对当事人的权利义务都有极大的影响。

【案例与实践】

关于彭阳县审计组反馈意见采纳情况的报告[①]

县审计局:

根据《彭阳县审计局审计报告》(彭审报发〔2019〕9号)文件精神,贵局派出审计组于2018年11月5日至2018年12月7日,对我局现任局长任职期间贯彻落实自治区、市、县有关经济政策情况及财政收支以及有关经济活动的真实、合法和效益为基础进行了审计。重点审计了我局2017年1月至2018年8月的经济业务活动,延伸审计了县图书馆等3个所属单位,并向我单位反馈了审计意见。现将县审计组审计反馈意见采纳情况报告如下:

一、高度重视,诚恳接受

我局高度重视,以县审计组审计整改工作为契机,通过审计反馈和自查方式,寻找短板和不足,坚持立行立改和限期整改,确保工作落实到位,进一步提高工作效率。县审计组审计期间,我局积极对接,全力配合,明确分管领导、业务人员和指定联络员,建立专班,与审计组密切配合,全力支持,及时提供相关资料。对审计组反馈意见,诚恳接受,认真学习,准确研判,全面剖析,深度查找,源头治理。

二、全面整改,逐一落实

我局召开党组会议,认真学习审计报告,坚持学深学透、学懂弄通,借鉴经验,吸取教训,深刻反思,及时纠错。针对审计组反馈的7个问题,照单全收,逐项列出整改清单,明确责任领导、责任人和整改时

[①] 参见《关于县审计组反馈意见采纳情况的报告》,载彭阳县人民政府网(网址:http://www.pengyang.gov.cn/xxgk_13872/zfxxgkml/sjgg/201911/t20191122_1858062.html),访问日期:2022年6月8日。

限,坚持能立即整改到位的立行立改,立即整改不到位的限期整改,确保事事有回音、件件有着落、个个有整改,并改彻底、改到位,不留疑点,不落死角。

三、建章立制,确保实效

对县审计组提出的5条建议,我局全部采纳,梳理归类。对上级意见贯彻不到位、学习不透彻的,例如《招投标法》《会计法》等相关法律法规,我们将列入干部职工理论学习范畴,深入学习,原原本本地学,逐条逐项地学,深入持久地学,坚持学懂弄通做实,并坚决按照反馈意见贯彻落实;属于业务知识方面不精通的,例如工程项目建设管理、固定资产管理等工作,我们将督促干部职工通过自学、集体学、研讨学等方式进行学习并建立相关学习制度,努力提升干部职工理论素养,进一步增强干部工作能力;能够在单位内部形成规章制度的,例如工作进展缓慢、项目推进力度不够等问题,我们列入今后干部职工工作条例,将其制度化、规范化,并长期坚持,以此规范工作,形成制度保障。

彭阳县文化旅游广电局
2019年7月19日

案例点评:彭阳县审计局派出审计组于2018年11月5日至2018年12月7日对该县文化旅游广电局时任局长任职期间有关经济政策情况及财政收支以及有关经济活动的真实、合法和效益情况进行了审计。审计组依法向县文化旅游广电局反馈了审计意见,县文化旅游广电局将县审计组审计反馈意见采纳情况进行了报告。县文化旅游广电局的反馈意见报告可以向审计组或审计机关提出,现实中一般向后者提出居多。县文化旅游广电局的反馈意见对县审计局最终形成合理的审计报告起到了良好的作用。

第四十五条 【审计机关审计报告】

审计机关按照审计署规定的程序对审计组的审计报告进行审议,并对被审计单位对审计组的审计报告提出的意见一并研究后,出具审计机关的审计报告。对违反国家规定的财政收支、财务收支行为,依法应当给予处理、处罚的,审计机关在法定职权范围内作出审计决定;需要移送有关主管机关、单位处理、处罚的,审计机关应当依法移送。

审计机关应当将审计机关的审计报告和审计决定送达被审计单位和有关主管机关、单位,并报上一级审计机关。审计决定自送达之日起生效。

【立法目的】

本条是关于审计机关的审计报告的程序性规定。

【条文解读】

本条第 1 款规定,审计机关按照审计署规定的程序对审计组的审计报告进行审议,并对被审计单位对审计组的审计报告提出的意见一并研究后,提出审计机关的审计报告。《审计法实施条例(1997)》第 41 条、《党政主要领导干部和国有企事业单位主要领导人员经济责任审计规定》第 44 条,对审计报告的审理、复核和处理进行了详细规定。① 因此,从立法技术上讲,本条可以进行两处具体的改进,"按照审计署规定的程序"改为"依法"或"依法定程序",本款后半段②可以全部删除,并在本款前半段尾部增加"并依法进行处理处罚",从而与作为下位法的《审计法实施条例》相衔接。

本条第 2 款规定了审计机关送达审计报告和审计决定的法定义务,以及审计决定生效的法定时间。依据《党政主要领导干部和国有企事业单位主要领导人员经济责任审计规定》第 34 条规定,经济责任审计报告、经济责任审计结果报告等审计结论性文书按照规定程序报同级审计委员会,按照干部管理权限送组织部门。这些规定既是对被审计对象的

---

① 《中华人民共和国审计法实施条例(1997)》第 41 条规定:(一)对没有违反国家规定的财政收支、财务收支行为的,应当对审计事项作出评价,出具审计意见书;对有违反国家规定的财政收支、财务收支行为,情节显著轻微的,应当予以指明并责令自行纠正,对审计事项作出评价,出具审计意见书。(二)对有违反国家规定的财政收支、财务收支行为,需要依法给予处理、处罚的,除应当对审计事项作出评价,出具审计意见书外,还应当对违反国家规定的财政收支、财务收支行为,在法定职权范围内作出处理、处罚的审计决定。(三)对违反国家规定的财政收支、财务收支行为,审计机关认为应当由有关主管机关处理、处罚的,应当作出审计建议书,向有关主管机关提出处理、处罚意见。

《党政主要领导干部和国有企事业单位主要领导人员经济责任审计规定》第 44 条第 1 款规定:"各级党委和政府应当建立健全经济责任审计情况通报、责任追究、整改落实、结果公告等结果运用制度,将经济责任审计结果以及整改情况作为考核、任免、奖惩被审计领导干部的重要参考。"

② 笔者认为,《审计法(2021)》第 45 条第 1 款后半段可修改为,"对违反国家规定的财政收支、财务收支行为,依法应当给予处理、处罚的,在法定职权范围内作出审计决定;需要移送有关主管机关、单位处理、处罚的,审计机关应当依法移送"。

行为规范,也是对审计机关审计自由裁量权的规制。凡没有送达审计报告和审计决定的审计执法,均不具有法律效力。立法还应当进一步从程序上规定审计报告的具体完成时限,避免漫长的审计执法带来的法律成本和对当事人权利的侵害,提高审计监督效果。

【理论分析】

审计机关的审计报告是审计监督执法的重要环节,它标志着审计判断阶段的结束和审计监督执法执行阶段、社会舆论和社会公众监督阶段的开始,审计监督执行阶段一系列的重要的文本包括审计意见书、审计决定书、审计建议书和协助执行审计决定通知书,以及经济责任审计中的经济责任审计报告、经济责任审计结果报告等审计结论性文书等,均以审计报告为依据和标准,如果没有审计机关的审计报告,审计监督的后续阶段就无从谈起,并容易陷入违法行政的被动局面。我国审计机关的审计报告具有以下特点:

第一,公开性。审计机关的审计报告必须依法向特定对象报告,并在媒体上予以披露,对于各国社会公众而言,可得性是审计报告必须具备的基本法律特征。

第二,综合性。审计机关的审计报告是在审计组的审计报告的基础上,"按照审计署规定的程序①对审计组的审计报告进行审议,并对被审计单位对审计组的审计报告提出的意见一并研究后"提出的,内容更为丰富和合理。

第三,强制性。审计机关的审计报告(包括经济责任审计报告)是审计监督执法的重要环节,对外具有法律效力,对审计监督执法的质量、审计治理的效果,以及当事人的权利义务都有极大的影响。

第四,可诉性。最高人民法院有判例指出:行政机关对相对人的"重要程序性权利"应给予有效保障,行政行为对公民、法人或者其他组织的权利、义务可能产生不利影响的,行政机关应当对其重要程序性权利给予有效的保障,比如告知和听取意见,以及对其所提出的事实、理由和证据依法做出认定和处理。行政行为存在对当事人依法享有的重要程序性权利产生实质损害情形的,法院应当依照《行政诉讼法》第 70 条第(三)项

---

① 实际上,此处立法的严谨表达应该是"按照法定程序",相比"按照审计署规定的程序"的表达,更为科学。

之规定判决撤销。

【立法与实践】

审计全覆盖中的知识产权审计

长期以来,由于种种原因,对国有资产和国有资源的审计监督主要是针对厂房、机器、设备等有形资产开展,而没有对知识产权资产予以足够的重视。随着知识经济时代的到来,被审计对象的知识产权的占有数量越来越多,特别是一些科研院所和大型国有企业。"根据一项由美国智力资产法律联合会进行的调查,25 年前一个典型的公司有大约 80%的资产都是有形资产(建筑、设备和其他)而有 20%的无形资产。到 1997 年有形和无形资产的相对值基本上反过来了,所以一个典型的公司有接近于四分之三的资产都是无形资产。"[①]尽管目前开展这方面审计监督的案例还很少见,但不难遇见,在国际知识产权保护和冲突更为激烈的背景下,新时代审计全覆盖的目标必然要求对被审计对象的知识产权资产状况进行审计监督。

知识产权审计的内容之一是要回答被审计对象知识产权的存量、属性与保值增值。被审计对象知识产权的存量审计的主要内容是观察被审计对象知识产权的权属与来源;被审计对象知识产权的权属审计是观察被审计对象对其知识产权资产是否赋予了合适的法律状态,包括是否采取保密等其他措施;如何提出申请或继续维持专利;是否有些知识产权由于疏忽而过期,是否还来得及采取补救措施、恢复其法律状态。被审计对象知识产权的保值增值审计是如何挖掘被审计对象现有知识产权资产的潜在价值。在经济责任审计中也应当包括这些方面的内容。

知识产权审计中如果发现违法案件线索,审计机关可以按照国务院于 2020 年 8 月 7 日发布的《行政执法机关移送涉嫌犯罪案件的规定》送达审计意见书、审计决定书、审计建议书和协助执行审计决定通知书,如果是经济责任审计则送达经济责任审计报告、经济责任审计结果报告等审计结论性文书。依据该规定,知识产权领域的违法案件,审计机关根据调查收集的证据和查明的案件事实,认为存在犯罪的合理嫌疑,需要公安机关采取措施进一步获取证据以判断是否达到刑事案件立案追诉标准

---

① 祁捷:《谈知识产权审计》,载《合作经济与科技》2008 年第 2 期。

的,应当向公安机关移送。

第四十六条 【审计决定的变更与撤销】

上级审计机关认为下级审计机关作出的审计决定违反国家有关规定的,可以责成下级审计机关予以变更或者撤销,必要时也可以直接作出变更或者撤销的决定。

【立法目的】

本条是关于上级审计机关对下级审计机关作出的审计决定违反国家有关规定进行监督的权力的具体规定。

【条文解读】

本条规定,上级审计机关认为下级审计机关作出的审计决定违反国家有关规定的,可以责成下级审计机关予以变更或者撤销,必要时也可以直接作出变更或者撤销的决定。第一,上级审计机关对下级审计机关的变更或者撤销权力,仅适用于下级审计机关作出的审计决定。第二,下级审计机关作出的审计决定违反国家有关规定。第三,"认为"的措辞说明上级审计机关对下级审计机关作出的审计决定是否违反国家有关规定具有"判断权"。第四,上级审计机关具有"选择权",可以责成下级审计机关予以变更或者撤销,或者直接作出变更或者撤销的决定。

审计决定被撤销后需要重新作出审计决定的,上级审计机关可以责成下级审计机关在规定的期限内重新作出审计决定,也可以直接作出审计决定。

【理论分析】

本条在性质上属于审计监督机关的内部监督程序,在性质上属于行政监督。行政机关对下一级行政机关或者政府对所属工作部门做出的行政行为有"改变或者撤销权"的依据,源于我国《宪法》《地方各级人民代表大会和地方各级人民政府组织法》《行政许可法》《行政诉讼法》《行政复议法》等相关规定。2004年国务院颁布的《全面推进依法行政实施纲要》中明确提出了"创新层级监督新机制,强化上级行政机关对下级行政机关的监督"的要求。2014年《中共中央关于全面推进依法治国若干重大问题的决定》也明确指出了"加强对政府内部权力的制约,是强化对行政权力制约的重点。……完善政府内部层级监督和专门监督,改进上级机关对下级机关的监督,建立常态化监督制度"。上级审计机关对下级审计机关的监督就属于审计机关内部权力的自我制约,属于行政法意义上的内部救济制度。但是,上级审计机关在行使"选择权"时,究竟何种情况下应当责成下级审计机关予以变更或者撤销,何种情况下应当直接作出变更或者撤销的决定,需要今后的立法进一步予以释明。

通说认为,行政机关上下级之间层级监督行为属于行政内部行为,不具有可诉性。但是,近年来,学界亦有观点对此表示质疑。① 依《审计法(2021)》第53条的规定,上级审计机关对下级审计机关作出的审计决定进行的监督不具有可诉性。

【案例与实践】

重庆市圣奇建设(集团)有限公司与黔西县人民政府建设工程施工合同纠纷再审案

中华人民共和国最高人民法院民事裁定书

(2018)最高法民申5190号

再审申请人(一审原告、二审上诉人):重庆市圣奇建设(集团)有限公司。住所地:重庆市云阳县双江镇滨江大道2918号。

法定代表人:张宏勇,该公司总经理。

委托诉讼代理人:朱山,贵州贵达律师事务所律师。

委托诉讼代理人:王开武,贵州贵达律师事务所律师。

被申请人(一审被告、二审上诉人):黔西县人民政府。住所地:贵州省毕节市黔西县行政中心。

法定代表人:杨汉华,该县县长。

一审第三人:黔西县交通运输局。住所地:贵州省毕节市黔西县水西大道74号。

法定代表人:钱茂勃,该局局长。

---

① 参见章剑生:《行政机关上下级之间层级监督行为的可诉性——崔永超诉山东省济南市人民政府不履行法定职责案评析》,载《政治与法律》2017年第12期。

再审申请人重庆市圣奇建设(集团)有限公司(以下简称"圣奇公司")因与被申请人黔西县人民政府(以下简称"黔西县政府")、一审第三人黔西县交通运输局(以下简称"黔西县交通局")建设工程施工合同纠纷一案,不服本院(2017)最高法民终912号民事判决,向本院申请再审。本院依法组成合议庭对本案进行了审查。现已审查终结。

圣奇公司申请再审称:

(一)原判决适用法律错误。原判决未对毕节市审计局出具的《专项审计调查报告》的"合法性、客观性"作出评价,却将其作为案涉工程款结算依据的民事证据使用,系法律适用错误。且本案与《最高人民法院公报》相关案例所确立的裁判规则不一致。

(二)原判决认定的事实缺乏证据证明。1.毕节市审计局不是合同双方约定的工程造价审计单位,原判决认定以毕节市审计局作出的《专项审计调查报告》为案涉工程之结算依据违背了《合同法》意思自治的基本原则。2.《专项审计调查报告》的调查人员没有对公路工程造价进行审核的资质,审计所依据的证据不合法、不客观,审计程序不合法,而应当作为结算证据使用的黔西县审计局出具的《审计报告》的审计结论有坚实的证据支撑。3.原审法院不批准圣奇公司重新鉴定的申请,亦不依职权对案涉工程造价重新委托专业机构鉴定,导致其错误认定本案事实。综上,原判决存在《中华人民共和国民事诉讼法》第200条第1款第(二)项、第(六)项规定的情形,应予再审。

黔西县政府、黔西县交通局未提交书面意见。

本院审查认为,圣奇公司申请再审的事由不成立。主要理由如下:

(一)原判决认定的基本事实不缺乏证据证明

本案中,圣奇公司与黔西县政府签订的《框架协议》第5条明确约定"工程竣工后,根据审计出具的审计决算为最终造价……";圣奇公司与黔西县交通局签订的《工程承包合同》第5条第2款明确约定"工程价款结算支付方式按与政府签订的协议执行";其后的《工程承包补充协议》中,亦手书注明造价以审计为准。因此,按照审计结果确定的价款作为工程价款结算的依据是圣奇公司与黔西县政府、黔西县交通局协商一致的结果,是双方当事人真实意思的表示,该约定合法有效,原判决予以认可并无不当。

圣奇公司申请再审实际上是主张按照黔西县审计局的《审计报告》而不是毕节市审计局《专项审计调查报告》认定的金额来结算案涉工程价款。但根据圣奇公司与黔西县政府及黔西县交通局签订的相关合同及协议,各方仅约定按照审计决算确定的金额作为案涉工程价款决算的依据,并未约定按照黔西县审计局审计结果确定的金额作为案涉工程价款决算的依据。而《中华人民共和国审计法实施条例》第43条第1款赋予了上级审计机关对下级审计机关的审计业务依法进行监督的权力,第2款进一步规定下级审计机关作出的审计决定违反国家有关规定的,上级审计机关可以责成下级审计机关予以变更或者撤销,也可以直接作出变更或者撤销的决定;审计决定被撤销后需要重新作出审计决定的,上级审计机关可以责成下级审计机关在规定的期限内重新作出审计决定,也可以直接作出审计决定。本案中黔西县审计局出具《审计报告》后,其上级审计机关毕节市审计局以《审计报告》结果存在重大失实为由,撤销了该《审计报告》,后作出《专项审计调查报告》。因黔西县审计局的《审计报告》已被撤销,以该《审计报告》作为确定案涉工程价款的依据已无事实基础。在此情况下,原判决以毕节市审计局的《专项审计调查报告》作为确定案涉工程价款的依据,并无不当。

(二)原判决适用法律并无不当

关于圣奇公司提出的毕节市审计局《专项审计调查报告》的调查人员没有对公路工程造价进行审核的资质,审计所依据证据不合法、不客观,审计程序不合法等问题。根据原审查明的事实,毕节市审计局决定进行专项审计后,已将相关书面通知通过快递通知圣奇公司法定代表人但被拒收,专项审计过程中审计调查组进入施工现场,对案涉工程的相关项目进行了抽查,利用全球定位系统(GPS)、现场实测等手段对案涉工程竣工结算进行了复查。圣奇公司并未提供足以推翻上述事实认定的证据,圣奇公司提出毕节市审计局《专项审计调查报告》不能作为工程价款结算依据的主张不能成立。关于圣奇公司提出的应对工程造价重新鉴定的主张,由于圣奇公司与黔西县政府、黔西县交通局约定以审计决算作为工程价款结算的依据,本案中业已存在审计机关作出的审计结论,圣奇公司又未提供充分证据推翻作为定案依据的审计结论,其要求重新鉴定工程价款的主张没有事实和法律依据。且一审法院曾向圣奇公司释明申请司法鉴定,但圣奇公司不同意申请鉴定。至于毕节市审计局《专项审计调查报告》是否有合法依据、是否存在程序违法,不属于民事诉讼应当审理的范围。

圣奇公司申请再审称本案处理结果与有关案例确立的裁判规则不一致,但不同案件的具体案情并不完全相同,本案原判决认定的事实不缺乏证据证明,适用法律亦无不当。

综上,圣奇公司的再审申请不符合《中华人民共和国民事诉讼法》第200条规定的情形。本院依照《中华人民共和国民事诉讼法》第204条第1款之规定,《最高人民法院关于适用〈中华人民共和国民事诉讼法〉的解释》第395条第2款之规定,裁定如下:

驳回重庆市圣奇建设(集团)有限公司的再审申请。

审判长:张能宝

审判员:孙祥壮

审判员:贾劲松

2018年11月29日

书记员:刘君达

【裁判摘要】

本案提出,上级审计机关有权撤销下级审计机关做出的审计结论,重新做出的审计结论可以作为工程结算依据,按照审计结果确定的价款作为工程价款结算的依据是圣奇公司与黔西县政府、黔西县交通局协商一致的结果,是双方当事人真实意思的表示,该约定合法有效,原判决予以认可并无不当。《审计法实施条例》第43条第1款赋予了上级审计机关对下级审计机关的审计业务依法进行监督的权力,第2款进一步规定下级审计机关作出的审计决定违反国家有关规定的,上级审计机关可以责成下级审计机关予以变更或者撤销,也可以直接作出变更或者撤销的决定;审计决定被撤销后需要重新作出审计决定的,上级审计机关可以责成下级审计机关在规定的期限内重新作出审计决定,也可以直接作出审计决定。

本案中黔西县审计局出具《审计报告》后,其上级审计机关毕节市审计局以《审计报告》结果存在重大失实为由,撤销了该《审计报告》,后作出《专项审计调查报告》。因黔西县审计局的《审计报告》已被撤销,以该《审计报告》作为确定案涉工程价款的依据已无事实基础。在此情况下,原判决以毕节市审计局的《专项审计调查报告》作为确定案涉工程价款的依据,并无不当。且圣奇公司并未提供足以推翻上述事实认定的证据,圣奇公司提出毕节市审计局《专项审计调查报告》不能作为工程价款结算依据的主张不能成立。关于圣奇公司提出的应对工程造价重新鉴定的主张,由于圣奇公司与黔西县政府、黔西县交通局约定以审计决算作为工程价款结算的依据,本案中业已存在审计机关作出的审计结论,圣奇公司又未提供充分证据推翻作为定案依据的审计结论,其要求重新鉴定工程价款的主张没有事实和法律依据。且一审法院曾向圣奇公司释明申请司法鉴定,但圣奇公司不同意申请鉴定。至于毕节市审计局《专项审计调查报告》是否有合法依据、是否存在程序违法,不属于民事诉讼应当审理的范围。

我国的审计程序立法

《审计法(2021)》第五章用5个条文对我国审计(法律)程序进行了具体规定,总体上看,《审计法(2021)》关于审计立法的内容相对较少,制度设计偏向于粗线条化,也不够精细。一个国家有关审计(法律)程序的内容并不局限于审计基本法,实际上,审计准则才是审计程序法更具有可操作性的规范体系。因此,世界各国都十分重视审计准则的立法。以《美国政府审计准则》为例,自其1972年首次颁布以来,历经8次修订,最近的一次修订是在2018年。修订后,其更强调审计法律程序在审计法治中的关键作用,增强了政府在政府经济受托责任和提供信息方面的功能。

审计准则规范体系的建设是审计法作为部门法的一个独特现象,除审计法领域之外,其他的部门法领域较为少见。由于审计监督具有很强的"技术法"特征,因此,需要审计准则这样一个具有业界职业行为技术规范特征的规范。审计准则具有"技术法"色彩,它撇开了审计基本法具有的意识形态意蕴,导致各国在审计程序法上可以更多地"互通"和借鉴。同样地,审计准则也使得国家审计、社会审计和内部审计三者之间找到了"对话"甚至"对接"的管道。① 我国的审计程序法律规则集中于《审计法(2021)》第五章,在《审计法实施条例》,特别是在《国家审计准则》中较多涉及,需要进行总体性的深入研究。

加强审计程序法治建设是一条必须探索的基本道路,"现代法律程序所要实现的最低限度的程序正义要求至少应当包括三项:程序中立性、程序参与性和程序公开性"。"程序中立性就是要求决定程序法律结果的法

---

① 事实上,在很长的历史时期内,《美国政府审计准则》对注册会计师准则采取的是自动适用立场,后来出于对政府审计监督公共资源应当更为严格的立场,才进一步对政府审计适用注册会计师准则的立场进行微调,增加了附加说明和同业审核等更为复杂的程序。

律主体应当处于中立地位,对参与程序的任何一方不得存有偏见和歧视。这是法律程序对决定程序法律结果的法律主体的'正当'要求。程序公开性,即法律程序的每一阶段和步骤都应当以当事人和社会公众看得见的方式进行。"①法律中的程序时限性规定是程序中立性、程序参与性和程序公开性的基本保障,《审计法》所规定的各种审计监督权力的运行必须有合理的期限,符合时间成本和效率原则的要求,不得无故拖延或没有终结。从现有关于审计机关权力谱系的内容来看,关于权力运行时限性的规定十分稀少,这对于审计机关权力的运行效果、自由裁量权的规制和当事人的权利保障都十分不利。

---

① 周佑勇:《行政法的正当程序原则》,载《中国社会科学》2004 年第 4 期。

第六章　法律责任

第四十七条　【拒不配合审计的法律责任】

被审计单位违反本法规定,拒绝、拖延提供与审计事项有关的资料的,或者提供的资料不真实、不完整的,或者拒绝、阻碍检查、调查、核实有关情况的,由审计机关责令改正,可以通报批评,给予警告;拒不改正的,依法追究法律责任。

【立法目的】

本条是关于被审计单位不配合提供审计资料或拒绝、阻碍审计检查、调查、核实有关情况法律责任的规定。

【条文解读】

本条为确定性责任条款,规定了被审计单位不配合审计监督行为的责任的内容,以及救济内容。

被审计单位不配合审计监督的行为形态有3种:(1)拒绝、拖延提供与审计事项有关的资料;(2)提供的资料不真实、不完整;(3)拒绝、阻碍检查、调查、核实有关情况。

对于被审计单位不配合审计监督有上述3种行为之一的,可以采用4种救济方式:责令改正、通报批评、警告、依法追究法律责任。责令改正、通报批评、警告可以单独适用,也可以合并适用。

"责令改正"和"通报批评"既可以是上级审计机关对下级审计机关实施的,属于行政处分,也可以是审计机关对行政相对人实施的,是指审计机关对行政相对人的违法事实在一定范围内进行公布,对行政相对人的声誉造成一定影响,属于我国《行政处罚法》第9条第(六)项所规定的

"法律、行政法规规定的其他行政处罚"。"警告"是我国《行政处罚法》规定的处罚种类之一,具有广泛的适用性。"依法追究法律责任"实际上起到了兜底条款的作用,内容甚为广泛,扩大了审计机关的权限。但在适用中要注意先后顺序,责令改正在先,拒不改正并依法追究责任在后。经由审计机关责令改正,审计对象明知需要改正且有能力改正而拒不改正的,方可依纪依法追究责任。若审计对象为没有改正能力者不符合拒不改正的条件,不能以拒不改正论处。"拒不改正"则是指审计对象采取各种手段拒绝改正本条所规定的3种违法行为。

【理论分析】

被审计单位不配合审计监督的3种行为形态在审计实务中表现多样,常见的有:(1)制定限制向审计机关提供资料的规定,在有关规定内容中设置障碍和限制,使审计机关无法取得需要的审计资料。(2)拒绝提供与其履行职责有关的资料,既包括不向审计机关提供所需要的根据职责和分工确定的与工作内容和责任范围等有关的材料,也包括对审计机关提供资料的要求不予答复。(3)拖延提供与其履行职责有关的资料,指在提供与其履行职责有关的资料时实施有目的的推迟,或提供的资料不完整、不真实,使审计任务在最后期限内无法完成,或者在最后期限内才刚刚启动。提供的资料不真实、不完整,是指提供的资料与客观事实不相符、不确切,有损坏或残缺,或者故意作出虚假陈述。(4)拒绝就审计涉及的事项反映情况,既包括不向审计机关反映审计涉及的事项情况,也包括对审计机关反映审计涉及的事项情况的要求不予理睬。(5)拖延就审计涉及的事项反映情况,指有目的的推迟就审计涉及的事项反映情况,使审计任务在最后期限内无法完成,或者在最后期限内启动。(6)转移、隐匿、篡改、毁弃与审计事项有关的资料,或者转移、隐匿、毁损所持有的违反国家规定取得的资产。转移与审计事项有关的资料意为将与审计事项有关的资料从一地移动到另一地,改变空间位置。隐匿与审计事项有关的资料意为故意隐藏、不提供与审计事项有关的资料。篡改与审计事项有关的资料意为用作伪的手段对与审计事项有关的资料进行改动或曲解。毁弃与审计事项有关的资料意为毁坏、抛弃与审计事项有关的资料,使资料减少或丧失。

在拒绝、阻碍审计机关检查、调查、核实有关情况中,"调查、核实有关情况"系本次修法新增的内容,扩大了审计机关的执法权限。"检查"是指审计机关对与审计事项有关的其他单位和个人的财务、会计资料以及与其履行职责有关的业务、管理等资料、资产和信息系统进行审查。"调查"是审计机关对经济活动中出现的带有倾向性、普遍性的重大问题,进行调研分析,为加强或改进宏观控制与决策提供有效信息和建议的一种审计方法。"核实"是审计机关处置问题线索的方式之一,了解需要审计的有关问题是否存在,审计立案或开展进一步的审计程序所需依据。检查侧重于发现、纠正和处理问题,调查与核实侧重于分析研究已经发现的问题。拒绝审计机关检查、调查和核实,既包括不让审计机关检查、调查和核实,不向审计机关提供所需要的材料,也包括对审计机关检查、调查和核实的要求不予理睬。阻碍审计机关检查、调查和核实指对审计机关的检查、调查设置障碍,使审计机关无法得到所需信息。随着信息技术的广泛应用和大数据技术的飞速发展,审计人员所面临的原始资料和被审计数据更多的是存储在数据库、信息系统中的电子数据,甚至是具有高度概括性、模糊性、关联性的大数据,如电子会计记录、原始文档、日记账和总账、支持性文件和其他任何以电子形式存在的可为审计使用的数据或信息。以各种方式直接或隐蔽地不配合审计机关的工作,使审计机关无法分析电子数据资料,是大数据时代拒绝、阻碍审计机关检查、调查、核实有关情况的重要表现方式。

值得特别注意的是:本条所指的"资料""情况"均必须与审计有关,审计机关在审计执法中不得超越职权,获取与执法无关的信息,否则审计执法就构成违法侵权,"审计事项有关的"实际上也是对日益扩大的审计行政执法权的限制和监督。

本条规定的被审计单位不配合审计监督的行为,均以《审计法》的规定为前提,审计机关方有执法依据。这同样是对审计执法权的规范和约束,体现了行政法治的要求。

【案例与实践】

我国首例被审计单位拒绝提供审计
资料致审计行政处罚诉讼案[①]

2005 年 4 月 1 日,浙江省临海市审计局(以下简称"审计机关")在对

---

① 资料来源:《审计月刊》2007 年第 3 期第 59 页。

浙江省临海市市政广场建设项目进行投资绩效审计时,向市政广场灯具照明工程的承建商——上海沪陈灯具制造有限公司(以下简称"被审计单位")发出《审计通知书》,要求其在2005年4月5日前提供与广场灯具照明工程有关的财务资料及相关资料。4月5日,被审计单位向审计机关发函,认为审计机关要求提供的财务资料不妥而未予提供。5月9日,审计机关在多次口头催促无果的情况下向建设单位发出《关于暂停支付上海沪陈灯具制造有限公司市政广场照明工程款的函》,要求建设单位配合督促被审计单位提供审计所需资料。2006年4月19日,审计机关再次向被审计单位发出责令其提供资料的通知,限定被审计单位在2006年4月30日前提供该项目有关的财务收支资料,但其逾期仍未提供。2006年5月30日,审计机关向被审计单位发出《审计处罚事先告知书》,告知被审计单位拒绝提供资料的行为违反了相关的审计法律法规,拟给予4.8万元的罚款,并有权进行陈述和申辩。被审计单位提出举行听证的要求。审计机关告知被审计单位其提出的举行听证的要求不符合《审计机关审计听证的规定》(现已失效),决定不举行听证,并同意被审计单位在2006年6月22日前进行陈述和申辩,但规定日前被审计单位未提出其他的陈述和申辩要求。

2006年7月5日,审计机关作出"临审投罚〔2006〕1号"审计行政处罚决定,给予被审计单位罚款人民币4.8万元的行政处罚。7月19日,被审计单位提起行政诉讼。

2006年10月25日,浙江省三门县人民法院作出一审判决:维持审计机关于2006年7月5日对被审计单位作出的"临审投罚〔2006〕1号"审计行政处罚决定。被审计单位不服一审判决向浙江省台州市中级人民法院提起上诉。1月22日,浙江省台州市中级人民法院作出终审判决:驳回上诉,维持原判。

这是全国首例因被审计单位拒绝提供审计资料而引发的审计行政处罚诉讼案件。

关于被审计单位是否存在拒绝提供相关财务资料问题,法院认为,审计机关实际知道的财务收支情况,并不妨碍其要求有关单位提供审计资料。审价是建筑工程确定造价的一个环节,主要由作为市场中介的审价机构依据工程的实际情况以及相关的定额标准来确定工程的最终价格。审价在主体、法律依据、法律后果等方面都不同于审计。被审计单位以审价中心的审价代替审计机关的审计属于认识错误,其发函告知审计机关到审价中心调取资料,并不能免除和代替其自身向审计机关提供资料的义务。因此,被审计单位未按要求提供相关财务资料的事实是清楚的。审计机关依据《中华人民共和国审计法实施条例》第 47 条规定对被审计单位拒绝、拖延提供与审计事项有关的资料的行为责令改正,但其拒不改正后,对被审计单位处 4.8 万元罚款。

本案中审计机关临海市审计局在 2005 年 4 月和 2006 年 4 月先后两次向国家建设项目临海市政广场灯具照明工程的承揽方——上海沪陈灯具制造有限公司发出《审计通知书》,要求提供与该工程相关的财务收支等相关资料(包括会计账册、原始凭证原件、项目负责人等),并进行多次口头催告,实际上已经履行了责令改正的程序,并收到了被审计单位拒不改正的结果,因而处以 4.8 万元罚款。

第四十八条 【违反审计强制措施法律责任】

被审计单位违反本法规定,转移、隐匿、篡改、毁弃财务、会计资料以及与财政收支、财务收支有关的业务、管理等资料,或者转移、隐匿、故意毁损所持有的违反国家规定取得的资产,审计机关认为对直接负责的主管人员和其他直接责任人员依法应当给予处分的,应当向被审计单位提出处理建议,或者移送监察机关和有关主管机关、单位处理,有关机关、单位应当将处理结果书面告知审计机关;构成犯罪的,依法追究刑事责任。

【立法目的】

本条是关于被审计单位违反《审计法(2021)》规定,转移、隐匿、篡改、毁弃财务、会计资料以及与财政收支、财务收支有关的业务、管理等资料,或者转移、隐匿、故意毁损所持有的违反国家规定取得的资产的法律责任的规定。

【条文解读】

首先,本条规定了被审计单位的两种违法行为类型:(1)被审计单位转移、隐匿、篡改、毁弃财务、会计资料以及其他与财政收支、财务收支有关的资料的行为。《审计法(2021)》将《审计法(2006)》规定的"会计账簿"修改为"会计资料",拓展了被审计单位接受监督的会计信息的范围,更为合理。符合数据治理时代被审计单位会计信息日益多样化的实际。(2)被审计单位转移、隐匿、故意毁损所持有的违反国家规定取得的资产的行为。《审计法(2021)》在《审计法(2006)》的基础上增加了"故意毁损"的行为样态,使《审计法》的规制更为有力。那么,"违反国家规定取得的资产"应如何理解？根据《审计法实施条例》第31条的规定,违反国家规定取得的资产,包括:(1)弄虚作假骗取的财政拨款、实物以及金融机构贷款;(2)违反国家规定享受国家补贴、补助、贴息、免息、减税、免税、退税等优惠政策取得的资产;(3)违反国家规定向他人收取的款项、有价证券、实物;(4)违反国家规定处分国有资产取得的收益;(5)违反国家规定取得的其他资产。

其次,本条规定了上述违法行为的3种法律责任追究方式:(1)审计机关认为对直接负责的主管人员和其他直接责任人员依法应当给予处分的,应当向被审计单位提出处理建议;(2)审计机关认为对直接负责的主管人员和其他直接责任人员依法应当给予处分的,应当移送监察机关和有关主管机关、单位处理。(3)被审计单位、直接负责的主管人员和其他直接责任人员构成犯罪的,依法追究刑事责任。

审计机关认为对直接负责的主管人员和其他直接责任人员依法应当给予"处分"的,应当向被审计单位提出"处理"建议,该条的表述前后不一致,审计机关建议的内容究竟应当统一于"处分"还是"处理"需要进一步研究。同样,"移送监察机关和有关主管机关、单位处理,有关机关、单位应当将处理结果书面告知审计机关"为何仅仅是"有关机关、单位"负有书面告知处理结果的义务,而同样是受到移送的监察机关却并不负有书面告知处理结果的义务,也值得研究。

【理论分析】

对本条规定的被审计单位两种类型违法行为进行处分的前提是,审计机关"认为"对直接负责的主管人员和其他直接责任人员依法应当给予处分。审计机关在行政执法过程中是如何判断行政相对人依法应当给予处分的呢？《行政处罚法》规定了4个要素:第一,在审计机关法定职权范围内①;第二,审计机关必须查明事实②;第三,符合《行政处罚法》第五章和《审计法》规定的法定程序;第四,符合本条有关被审计单位违法行为类

---

① 《中华人民共和国行政处罚法》第17条。
② 《中华人民共和国行政处罚法》第40条。

型、要件和追究方式的具体设定。因此,审计机关的"认定",既是一个法定权力,也是对审计自由裁量权行使的规范,它并非是一个主观过程,必须纳入行政法治的框架进行。

本条对其他国家机关和单位科以法律义务:"有关主管机关、单位应当将结果书面告知审计机关"①,此举将审计监督权的拘束力扩张及于作为审计法律关系当事人之外的第三人——有关主管机关和单位。第一,"有关主管机关和单位"在理论上涉及《审计法》全部的监督对象;第二,本条规定的"审计移送"在性质上属于《行政处罚法》第9条第(六)项"法律、行政法规规定的其他行政处罚"。因此,按照《行政处罚法》第66条第1款的规定②,有关主管机关和单位应当在行政处罚决定的期限内予以履行。那么有关主管机关和单位如何将结果书面告知审计机关呢?出于国家机关和单位之间的相互尊重,基于审计机关移送具有的法律效力,有关主管机关和单位一般应当履行。但是由于国家机关和单位之间存在专属的职能分工,有关主管机关和单位完全可以依照自己的法定职权和规范依据对涉事相关人员的行为进行独立的判定,以决定是否给予其处分,当然,实际生活中,有关主管机关和单位一般很少作出不予处分的结果来回复。

【案例与实践】

太平洋控股有限公司等民事执行裁定书

北京市第二中级人民法院执行裁定书

(2020)京02执复170号

复议申请人(申请执行人):太平洋控股有限公司,住所地香港特别行政区湾仔告士打道160号海外信托银行大厦25楼。

法定代表人:卢阿水,董事长。

委托代理人:张博,北京市京师律师事务所律师。

---

① 本条对同样是移送对象的监察机关和有关主管机关、单位提出了不同的要求,并没有要求监察机关"将处理结果书面告知审计机关"。

② 《行政处罚法》第66条第1款规定:"行政处罚决定依法作出后,当事人应当在行政处罚决定书载明的期限内,予以履行。"

被执行人:北京太运大厦有限公司,住所地北京市西城区西单北大街133号B1-7F。

法定代表人:曾嘉宏,董事长。

复议申请人太平洋控股有限公司(以下简称"太平洋公司")不服北京市西城区人民法院(以下简称"执行法院")(2020)京0102执异341号执行裁定,向本院申请复议。本院受理后,依法组成合议庭进行审查,现已审查终结。

执行法院在执行太平洋公司与北京太运大厦有限公司(以下简称"太运公司")股东知情权纠纷一案中,太平洋公司向该院提出执行异议。

执行法院查明,2018年4月4日,该院作出(2018)京0102民初1621号民事判决书:一、本判决生效后10日内,被告北京太运大厦有限公司备置该公司自1996年12月26日成立至本判决生效之日止的全部董事会会议记录、董事会会议决议和财务会计报告(包括会计报表、会计报表附注和财务情况说明书)于其办公场所,提供给太平洋控股有限公司及太平洋控股有限公司委托的律师、会计师查阅并复制,查阅、复制时间不少于15个工作日;二、本判决生效后10日内,被告北京太运大厦有限公司备置该公司自1996年12月26日成立至本判决生效之日止的会计账簿(包括总账、明细账、日记账明细、其他辅助性账簿)及与会计账簿记载内容有关的会计凭证(包括记账凭证、原始凭证)于其办公场所,提供给太平洋控股有限公司及太平洋控股有限公司委托的律师、会计师查阅,查阅时间不少于15个工作日;三、驳回原告太平洋控股有限公司的其他诉讼请求。

太运公司不服上述判决,提起上诉。本院于2018年10月26日作出(2018)京02民终6145号民事判决书:驳回上诉,维持原判。

2019年1月8日,执行法院以(2019)京0102执1544号案件立案执行。

2019年7月29日至2019年8月13日,执行法院执行实施部门组织双方当事人在太运公司档案室,按照(2018)京0102民初1621号民事判决书确定的内容,查阅、复制太运公司自1996年12月26日成立至判决生效之日止的董事会会议记录、董事会会议决议和财务会计报告(包括会计报表、会计报表附注和财务情况说明书),及查阅太运公司自1996年12月26日成立至判决生效之日止的会计账簿(包括总账、明细账、日记账明细、其他辅助性账簿)及与会计账簿记载内容有关的会计凭证(包括记账凭证和原始凭证)。

2019年8月16日,太平洋公司提交《太运大厦知情权需要补充的资料清单》(以下简称《资料清单》),要求太运公司提交自1997年至2018年期间的银行对账单、合同协议、款项往来依据等相关材料供太平洋公司进行查阅。

2019年10月29日,执行法官在太运公司组织双方谈话笔录记载,太平洋公司对(2018)京0102民初1621号民事判决书主文第一项内容确认已经执行完毕,没有异议;对判决书主文第二项中涉及太运公司会计账簿查阅内容没有异议;对会计凭证中记账凭证查阅内容没有异议。认可在太运公司档案柜中查阅的原始凭证外观连续完整,不存在破损、缺页、拆解等情形,但对原始凭证查阅的内容存在异议,此前提交的《资料清单》属于原始凭证以及辅助性账簿资料的内容,太运公司应当进行补充,供太平洋公司进行查阅。但太平洋公司不能提供其他辅助性账簿资料应当包含的具体内容,以及没有证据证明太运公司可能在其他地点另行置备会计账簿、会计报表等相关材料。太运公司表述太平洋公司要求提交的《资料清单》没有法律依据,太运公司已全面完整的履行了生效判决确定的义务,执行法官予以认可,案件已经执行完毕。

2019年11月5日,执行法院作出(2019)京0102执1544号执行案件《结案通知书》。

执行法院认为,《中华人民共和国公司法》第33条第2款规定:股东可以要求查阅公司会计账簿。《中华人民共和国会计法》第9条第1款规定:各单位必须根据实际发生的经济业务事项进行会计核算,填制会计凭证,登记会计账簿,编制财务会计报告;第14条第1款规定:会计凭证包括原始凭证和记账凭证;第15条规定:会计账簿登记,必须以经过审核的会计凭证为依据,并符合有关法律、行政法规和国家统一的会计制度的规定。会计账簿包括总账、明细账、日记账和其他辅助性账簿;会计账簿应当按照连续编号的页码顺序登记,会计账簿记录发生错误或者隔页、缺号、跳行的,应当按照国家统一的会计制度规定的方法更正,并由会计人员和会计机构负责人(会计主管人员)在更正处盖章。《中华人民共和国审计法》[①]第34条规定:审计机关进行审计时,被审计单位不得转移、隐匿、篡改、毁弃会计凭证、会计账簿、财务会计报告以及其他与财政收支或者财务收支有关的资料。不得转移、隐匿所持有的违反国家规定取得的

---

① 此处为2006年第一次修正后的《审计法》。

资产。《会计档案管理办法》第 6 条规定:下列会计资料应当进行归档:(一)会计凭证,包括原始凭证、记账凭证……(四)其他会计资料,包括银行存款余额调节表、银行对账单、纳税申报表、会计档案移交清册、会计档案保管清册、会计档案销毁清册、会计档案鉴定意见书及其他具有保存价值的会计资料。

执行中,太运公司提交了连续完整的会计账簿、会计凭证供太平洋公司进行查阅,太平洋公司确认对查阅太运公司会计账簿、会计凭证中记账凭证的内容不持异议,也认可太运公司提交的原始凭证账册外观连续完整,不存在破损、缺页、拆解等情形,据此太运公司履行了生效判决确定的义务。异议审查期间,太平洋公司与太运公司就《资料清单》项目的有无发生争议,该争议的确定已经超出了执行法院的执行权力范围。因此,太平洋公司针对该院 2019 年 11 月 5 日作出的(2019)京 0102 执 1544 号《结案通知书》提出执行异议,要求继续执行的请求缺乏法律依据,其异议理由不成立。

综上,依照《中华人民共和国民事诉讼法》第 225 条,《中华人民共和国公司法》第 33 条第 2 款,《中华人民共和国会计法》第 9 条第 1 款、第 14 条第 1 款、第 15 条,《中华人民共和国审计法》第 34 条,《会计档案管理办法》第 6 条,《最高人民法院关于人民法院办理执行异议和复议案件若干问题的规定》第 17 条第(一)项规定,裁定驳回异议人太平洋公司的执行异议请求。

太平洋公司不服上述执行裁定,向本院申请复议。

太平洋公司复议称,请求撤销执行法院(2020)京 0102 执异 341 号执行裁定,继续执行(2018)京 0102 民初第 1621 号民事判决书第二项判决,令太运公司依照《资料清单》,提供资料给申请人及申请人委托的律师、会计师查阅,查阅时间不少于 15 个工作日;对于太运公司无法提供的资料,应当书面说明不能提供的原因。事实及理由为:太平洋公司与太运公司执行行为异议一案,太平洋公司认为执行裁定书具有明显的事实错误,从而导致适用法律错误。理由如下:

一、《资料清单》所列资料是"作为原始凭证附件入账备查的相关资料",是原始凭证的一部分,属于法院执行范围。在执行过程中,太平洋公司因发现会计账簿及与会计账簿记载内容有关的会计凭证存在疑点,需要查阅《资料清单》所列资料予以核对(该清单内容为太运公司应当作为原始凭证附件入账备查的相关资料),多次将该清单提交给太运公司并要求其提供相关资料。但太运公司拒绝提供,称其已提供所有判决项下的资料,无论该资料是否存在均没有义务提供《资料清单》所列资料,亦不予以书面答复。针对太运公司该行为,执行法院认为其提供的会计账簿及与会计账簿记载内容有关的会计凭证连贯、没有被撕毁的痕迹,系判决项下的所有资料,本案已无其他可执行事项,就此结案。(2018)京02民终6145号民事判决书第16页载明:"太平洋公司第二项诉讼请求中提到的作为原始凭证附件入账备查的相关资料是原始凭证的一部分,不用单独列明。"《资料清单》中的文件为作为会计原始凭证附件入账备查的相关资料,是原始凭证的一部分,属于判决供查阅的范围,太运公司应当提供。若太运公司不提供则申请人无法实现股东知情权,太运公司应当提供《资料清单》的资料,即使资料缺失,也应当向申请人书面说明缺失的原因。执行裁定书第6页所载:"异议审查期间,太平洋公司与太运公司就《资料清单》项目的有无发生争议,该争议的确定已经超出了本院执行权力所及。"申请人认为,查阅《资料清单》所列资料是执行事项的一部分,执行法院依职责应对此予以支持。执行法院在未充分执行的情况下即终结执行,这种行为是错误的。就《资料清单》项目的有无发生的争议,属于执行法院权力范围。

二、太运公司提供的会计账簿及与会计账簿记载内容有关的会计凭证外观连续完整,不存在破损、缺页、拆解等情况,并不能证明其提供了判决项下所有的资料。依照《中华人民共和国公司法》规定,公司是一个完整的组织体,其在运作过程中应全程"留痕"。会计账簿及与会计账簿记载内容有关的会计凭证为针线装订,太运公司若出于隐瞒真相达到某种目的,完全可以将其中的附件摘除再重新装订,而不破坏会计凭证。虽然《中华人民共和国会计法》《中华人民共和国审计法》等法律法规对会计账簿、会计凭证等作出了相应的规范,但并不代表太运公司遵守了上述规定。因此,即使会计凭证外观连续完整,不存在破损、缺页、拆解等情况,亦无从得知太运公司是否提供了所有原始资料,是否遵守了相关法律规定,不能就此得出太运公司已提供判决项下所有资料的结论。申请人在不知晓所有原始资料的情况下,当然不能提供判决项下所有资料应当包含的具体内容;在其他地点另行置备会计账簿、会计报表等相关材料的主动权在太运公司,申请人当然无法提供相关证据证明。执行法院要求提供上述内容及证据过于苛责,与行使与保护股东知情权的立法初衷是相背离的。

三、查阅《资料清单》所列资料是申请人行使股东知情权的重要途径。会计账簿及与会计账簿记载内容有关的会计凭证系反映公司经济活动的书面材料,是股东了解公司运营、财务状况的最为直接的材料。在执行过程中,当发现会计账簿及与会计账簿记载内容有关的会计凭证存疑时,太运公司应当配合提供原始凭证或向申请人予以说明,否则资料的缺失直接影响了申请人对账簿查阅权的行使,申请人依旧无法得知太运公司经济活动是否真实、合法,无法得知作为股东无法得到回报的真实原因,股东知情权将流于形式,本次执行亦将失去意义。申请人系中国台湾地区公民全部出资的港资企业,在太运公司处投资和借款高达3600万美金,二十多年来没有获得任何回报,公司控股股东和经营者对此没有任何解释,太运公司不尊重申请人作为股东的合法权益历来已久,严重侵犯投资者的合法权益。现申请人依据《中华人民共和国民事诉讼法》第225条、《最高人民法院关于人民法院办理执行异议和复议案件若干问题的规定》第2条第3款申请复议,请求贵院撤销(2020)京0102执异341号执行裁定书,继续执行原判决,以维护申请人的合法权益。

本院查明的事实与执行法院查明事实相一致。

本院认为,执行中,太运公司按判决之要求备置了该公司董事会会议记录、董事会会议决议和财务会计报告(包括会计报表、会计报表附注和财务情况说明书)于其办公场所,供太平洋公司及太平洋公司委托的律师、会计师查阅并复制;同时太运公司亦按判决之要求备置了该公司会计账簿(包括总账、明细账、日记账明细、其他辅助性账簿)及与会计账簿记载内容有关的会计凭证(包括记账凭证、原始凭证)于其办公场所,供太平洋公司及太平洋公司委托的律师、会计师查阅。在太运公司履行了生效判决确定的上述义务后,执行法院作出(2019)京0102执1544号结案通知书,程序合法,并无不当。太平洋公司确认对查阅太运公司会计账簿、会计凭证中记账凭证的内容不持异议,也认可太运公司提交的原始凭证账册外观连续完整,不存在破损、缺页、拆解等情形下,又主张太运公司提供查阅的会计账簿及有关会计凭证存在疑点,并要求其按照该公司提供的《资料清单》所列资料予以核对,不属于执行程序中所能确认的范畴。综上,执行法院(2020)京0102执异341号执行裁定,认定事实清楚,适用法律正确,应予维持。太平洋公司的复议请求,缺乏事实和法律依据,本院不予支持。据此,依照《中华人民共和国民事诉讼法》第154条第1款第(十一)项、《最高人民法院关于人民法院办理执行异议和复议案件若干问题的规定》第 23 条第 1 款第（一）项之规定，裁定如下：

驳回太平洋控股有限公司的复议申请，维持北京市西城区人民法院（2020）京 0102 执异 341 号执行裁定。

本裁定为终审裁定。

2020 年 10 月 14 日

第四十九条　【审计处理】

对本级各部门（含直属单位）和下级政府违反预算的行为或者其他违反国家规定的财政收支行为，审计机关、人民政府或者有关主管机关、单位在法定职权范围内，依照法律、行政法规的规定，区别情况采取下列处理措施：

（一）责令限期缴纳应当上缴的款项；

（二）责令限期退还被侵占的国有资产；

（三）责令限期退还违法所得；

（四）责令按照国家统一的财务、会计制度的有关规定进行处理；

（五）其他处理措施。

【立法目的】

本条是对审计机关、人民政府或者有关主管机关、单位在法定职权范围内可以采取的处理措施的具体规定。

【条文解读】

审计机关依据《审计法》作出审计决定时，可根据实际情况采取不同的处理措施。现代社会审计监督的范围日渐广泛，审计机关作出的审计决定涉及不同的领域。本条对我国审计机关作出审计决定可以采取的处理措施进行了类型化的规定，更明确、更有针对性。

一是责令限期缴纳应当上缴的款项。该项处理措施主要针对被审计对象未按期上缴应当上缴的款项，如税收、罚款等款项。该处理措施对于被审计对象未按期缴纳款项的行为，起到了直接的约束作用，即审计机关可对被审计对象不缴纳款项的行为享有直接的处理权，有利于保障审计决定的实施效力；且明确审计机关具体的责令内容，对于审计机关实施审计决定具有现实的可操作性;同时,有利于审计机关更好地履行了审计监督,协助有关单位(如税务机关等)更好地履行职责。

二是责令限期退还被侵占的国有资产。该项处理措施主要针对被审计对象非法侵占国有资产的行为。侵占国有资产是指国有机关、国有公司、国有企业或其他单位的工作人员,利用职务上的便利,将国有资产非法占为己有的行为。在数额未达到《刑法》的定罪要求"数额较大"的情形,即 6 万元时,审计机关有权责令其限期退还被侵占的国有资产。若数额已达到刑事立案的标准,则由审计机关移送司法机关。

三是责令限期退还违法所得。该项处理措施主要针对被审计对象通过违法途径获得不当得利的行为。如何界定"违法所得",历来存在不同看法。① 可以是行政相对人通过行政违法行为所获得的收益,不仅包括金钱收益,也包括其他收益。2021 年 7 月 15 日起施行的《行政处罚法》第 28 条规定:"违法所得是指实施违法行为所取得的款项。法律、行政法规、部门规章对违法所得的计算另有规定的,从其规定。"第一,违法所得不是违法行为人获得的收益,而是实施违法行为所取得的款项,原则上不需要核减其成本支出。第二,审计法律法规和部门规章(审计准则)可以对违法所得的计算另行规定。第三,有违法所得的,除依法应当退赔的外,均应予以没收。据此,没收违法所得与责令当事人改正或者限期改正违法行为一样,成为实施审计处罚时应当同步考虑的措施。第四,由于"责令限期退还违法所得"属于独立的行政处理措施,审计部门执法时,除与其他审计处理措施并用外,仍应按照相关法律法规作出审计处罚决定。

四是责令按照国家统一的会计制度的有关规定进行处理。主要针对未按照国家统一的会计制度进行的不规范的会计业务。被审计单位应当依据国家统一的会计制度生成会计信息、规范会计行为、维护会计秩序。被审计单位应当贯彻落实《中华人民共和国会计法》(以下简称《会计法》),规范会计行为,提高会计信息质量,被审计单位应当承担主体责任,严格遵守《会计法》相关规定,不得擅自修改、调整、补充规定。被审计单位应当依法设置会计账簿,在会计核算、编制财务会计报告过程中,真实地反映经济业务事项,遵守会计职业操守,不账外设账,不提供虚假财

---

① "违法所得"既表现为违规收取物质钱财的"不应有而有";又表现为诸如逃税的"不应免而免"。同时,违法所得的限定范围应为已经实现的经济收益,不包括尚未实现的、有期待价值的经济利益,如股票投资的收益等。参见高志明:《审计处罚中的违法所得研究》,载《审计月刊》2007 年第 12 期。

务会计报告。

五是其他处理措施。该项处理措施的设置旨在给予审计机关一定的自由裁量权。

【理论分析】

1. 责令限期缴纳应当上缴的款项

我国《行政处罚法》第 28 条规定,行政机关在实施行政处罚时,应责令当事人改正或限期改正违法行为。该条文说明了"责令当事人改正或者限期改正违法行为"并不属于行政处罚的范畴,而是行政机关在实施行政处罚时,应当一起做出的处理措施。这一点与"责令限期缴纳应当上缴的款项"性质相同,同样不属于行政处罚。同时,"未上缴应当上缴的款项"与"违法行为"之间不能画绝对的等号,"未上缴应当上缴的款项"既包括违法行为,如偷税、漏税等,也包括因一些原因未能及时上缴款项的情形,故该处理措施并未将"未上缴应当上缴的款项"仅仅局限于违法行为的范畴。该处理措施体现了审计机关与收缴款项机关之间的相互配合。审计机关作出审计决定前,需充分调查了解被审计单位应当上缴的款项有哪些,需要从收缴款项机关了解被审计单位未上缴的款项,收缴款项机关应当支持配合审计机关,协助调取被审计对象的相关资料。审计机关作出审计决定时,需充分考虑到收缴的款项何时上缴更具实际可操作性,关于"限期"的决定需与收缴款项机关充分沟通,便于双方工作的进一步展开。审计机关作出审计决定后,为确保审计决定实施的效果,需与收缴款项机关达成合作,可通过收缴款项机关发回函告知审计机关的方式将审计决定执行情况告知审计机关,以实现对审计决定落实情况的回访,进一步增强审计决定的强制力,保障审计决定的有效落实。

2. 责令限期退还被侵占的国有资产

该处理措施主要针对的对象为国有企事业单位领导人员,实施的领域为经济责任审计。审计机关实施的经济责任审计,主要采用监督、审查、评价、证明经济责任关系主体经济责任履行情况的审计方式。审查国有企事业单位领导人员是否侵占国有资产,属于经济责任审计的一项重要内容。"侵占国有资产"与《刑法》中"侵吞国有资产罪"存在较大区别。《刑法》中"侵吞国有资产罪"指的是国有机关、国有公司、企业、事业单位、人民团体,违反国家规定,以单位名义将国有资产集体私分给个人,数额较大的行为。《刑法》中规定对直接负责的主管人员和其他直接责任人作出处罚。"侵占国有财产"指的是将代为保管的国有财产占为己有的行为。二者的区别在于"侵吞"是以单位名义私分给个人,而"侵占"指的是将由自己代管的国有财产据为己有。在"侵占国有资产"处理过程中,涉及审计机关与司法机关的衔接、《审计法》与《刑法》的衔接。审计机关直接从"退还被侵占的国有资产"手段出发,对涉嫌侵占国有资产的国有企事业单位作出审计决定,实施审计处理措施。

3.责令限期退还违法所得

首先,关于违法所得的概念、性质界定在学界引发了讨论。《刑法》规定的违法所得与财经审计法律中规定的违法所得存在较大差异。《刑法》中的违法所得内容上包括非法财物,形式上仅限于财物形式。而《审计法》中的违法所得应指行政相对人通过行政违法行为获得的金钱收益及其他收益。同时,关于违法所得与非法所得,国家工商行政管理局规定的违法所得与工商广字〔1991〕第337号文件中的非法所得含义相同。①

其次,关于违法所得的认定标准,学界有不同的看法。我国当前对于违法所得的认定标准主要有以下两种:一是违法活动所取得的全部收入均认定为违法所得;二是仅将非法收益部分认定为违法所得。我国大多数领域为了认定方便,采纳第一种标准,即将违法行为产生的收入均认定为违法所得;少数领域采纳第二种,即仅按照"收益"认定违法所得。②2021年新修订的《行政处罚法》第28条对违法所得的概念进行界定,即实施违法行为所取得的款项。却并未明确规定适用哪一种界定标准,使得实践中行政人员依旧面临不知违法所得如何界定的难题。

再次,该处理措施强调的是"退还违法所得"而并非没收违法所得。退还违法所得作为一种行政处理措施,淡化了处罚功能,旨在对被审计对象的这类行为予以警告,发挥预防、警示的作用,并非以惩戒为目的。同时,由于违法行为与违法所得不必然具有直接的因果关系,导致实践中审计决定对违法所得的界定存在困难。

最后,从违法所得的特性来看:第一,违法所得的来源是复合性的,不一定是单一的。违法行为为违法所得的产生提供基础,却不一定直接产生违法所得。第二,审计机关作出审计决定处理措施前,无法精准地预知

---

① 参见高志明:《审计处罚中的违法所得研究》,载《审计月刊》2007年第12期。
② 参见王青斌:《行政法中的没收违法所得》,载《法学评论》2019年第6期。

该违法行为会产生多少违法所得,违法所得的具体数额对于审计决定的处理措施产生了不确定性。因此,审计机关需把握好确定违法所得数额的时间点,将违法所得数额不确定的时间截止在作出审计决定之时,使得违法所得数额的界定有一个明确的时间节点。这样既有利于审计决定处理措施的有效实施,也有利于被审计对象依法履行"限期退还违法所得"的法律义务。①

4. 责令按照国家统一的会计制度的有关规定进行处理

国家统一的会计制度指国务院财政部门以《会计法》为依据,制定的有关会计核算、会计监督、会计机构和会计人员及会计工作管理的制度。国家统一的会计制度既包括会计部门规章,也包括会计规范性文件。2019 年财政部印发《关于加强国家统一的会计制度贯彻实施工作的指导意见》,特别强调要加强《中华人民共和国会计法》的贯彻落实,协同构建国家统一的会计制度贯彻实施工作,促进会计法治建设和会计诚信建设相结合。审计机关的审计事项与国家统一的会计制度间有着密切联系。国家审计执行主体的主要职权包括:一是获取被审计单位财务会计资料权;二是检查财务会计资料和计算机系统审计权;三是审计调查权;四是审计行政强制权;五是审计结果处理建议权;六是审计结果公开权;七是提请有关部门协助权。② 从中可以看出,审计机关的审计事项主要围绕被审计单位的财务会计资料,审计机关执行审计职权过程中,需把握好与财务会计相关的各类法律法规,依法履职,依法调查、处理被审计单位在财务会计方面存在的问题。

5. 其他处理措施

由于现实中审计的实际情况复杂多变,前 4 种情况的处理措施不一定能全部涵盖,故第 5 种处理措施采取兜底条款方式,留出一定的可变空间。然而,审计机关作出审计处理措施时,既必须依法行使裁量权,也应当独立行使审计监督权,不受其他行政机关、社会团体、个人的干涉。

以上 5 种处理措施也可以视为审计机关依法直接处理。审计机关的间接处理主要有三种形式:一是由人民政府或者有关部门在法定职权内依照法律和行政法规处理;二是对负有直接责任的责任人,由审计机关建

---

① 参见叶平、陈昌雄:《行政处罚中的违法所得研究》,载《中国法学》2016 年第 1 期。
② 参见刘旺洪主编:《审计法学》,高等教育出版社 2020 年版,第 146 页。

议纪检监察部门给予行政处分;三是对触犯刑法的责任人,移送司法机关追究刑事责任。审计机关无权对违规的个人予以行政处罚,但具有对直接责任者提请处分的建议权。

但就审计处理权而言,我国《财政违法行为处罚处分条例》对违反预算的行为或者其他违反国家规定的财政收支行为应当采取的"其他处理措施",进行了很多较为详细的规定,审计部门在行使自由裁量权时可以参考。

【立法与实践】

《江苏省社会保障基金审计监督办法》(已失效)第19条规定:"对违反社会保障基金管理规定的行为,审计机关在法定职权范围内,按照下列规定处理:(一)责令限期缴纳、上缴应当缴纳或者上缴的社会保障基金;(二)责令限期退还被侵占的社会保障基金;(三)责令限期退还违法所得;(四)责令冲转或者调整有关会计账目;(五)采取其他纠正措施。"

立法点评:《江苏省社会保障基金审计监督办法》第19条所规定的审计机关的审计处理权,是对本条规定的具体落实。

第五十条 【审计处罚】

对被审计单位违反国家规定的财务收支行为,审计机关、人民政府或者有关主管机关、单位在法定职权范围内,依照法律、行政法规的规定,区别情况采取前条规定的处理措施,并可以依法给予处罚。

【立法目的】

本条是关于被审计单位处罚法律责任的具体规定。

【条文解读】

本条所规定的审计处罚仅适用于违反国家规定的财务收支行为,具有处理权的主体包括:审计机关、人民政府或者有关主管机关、单位,他们在各自法定职权范围内,依照相应的法律、行政法规的规定行使处理权,显然,从适用主体和法律依据的角度看,本条处理权的种类和范围是非常广泛的,审计处罚权仅是其中之一。

【理论分析】

审计法律责任具有一般意义上法律责任的共性特点,也具有审计法意义上的个性特征,《审计法》规定并赋予了其权利义务、责任方式和实现形式等,最主要的依据是违法审计的行为。① 我国的审计处罚属于行政处罚,适用《行政处罚法》第 9 条所规定的行政处罚的种类。②

"通报批评"作为一项行政处罚的措施,加入了行政处罚措施的种类中。赋予审计机关通报批评的行政处罚权,体现了审计机关作出审计决定具有一定的法律强制力,其法律执行效力得到一定程度的保障。"通报"是一种外在的表现形式,含有公开、透明的意思,即将被审计对象未执行到位的内容向特定的群体公开。由于审计处罚决定是一种行政内部手段,故公开的对象应当作出明确的界定,对于不同程度的行为,审计机关有权作出不同公开对象范围的审计决定,如对于仅仅是行政机关内部的财务问题等,只用面向行政机关内部公开通报批评即可;对于危害到人民群众利益的行为,根据其影响程度、社会反响等综合因素,面向人民群众公开通报批评。此处的"批评"与日常生活中的"批评"具有不同的含义,此处的"批评"是具有行政处罚性质的,该项处罚措施属于对被审计对象的名誉处罚,虽然不需要被审计对象作出物质反馈,却对其名誉、信誉等造成一定程度的影响。该项处理措施与"警告"互相配合,根据具体情况选择最合适的措施。

"法律、行政法规规定可以采取的其他处罚措施"为兜底性处罚措施。审计机关在实际操作中,面对复杂多变的实际情况,可在法律允许的范围内,根据实际需求,作出除警告、通报批评之外的处罚措施,使得审计决定的作出具有灵活性、可操作性。同时,关于"其他处罚措施"的处罚力度不能超出审计机关审计处罚决定的权限范围,对于需要其他有关机关协助的处罚措施,应当交由其他机关作出处罚决定,以此实现审计决定的作出有法可依。

对被审计单位违反国家规定的**财务收支行为**,审计机关、人民政府或

---

① 参见刘旺洪主编:《审计法学》,高等教育出版社 2020 年版,第 251 页。
② 《行政处罚法》第 9 条规定:"行政处罚的种类:(一)警告、通报批评;(二)罚款、没收违法所得、没收非法财物;(三)暂扣许可证件、降低资质等级、吊销许可证件;(四)限制开展生产经营活动、责令停产停业、责令关闭、限制从业;(五)行政拘留;(六)法律、行政法规规定的其他行政处罚。"

者有关**主管机关**、**单位**在法定职权范围内,既可以采取前条规定的处理措施,也可以依法给予处罚。《审计法》对违法的"**财务收支行为**"实际上比"违法的**财政收支行为**"的法律规制更为严格和复杂。

【实务指南】

审计处罚应当严格遵循行政处罚基本规则

2021年7月15日,新《行政处罚法》生效实施,对审计部门的执法工作带来了重大影响。

第一,"一事不再罚"与法条竞合时的处罚规则。《行政处罚法》第29条维持了"一事不再罚"的规定,对当事人的同一个违法行为,不得给予两次以上罚款的行政处罚。同时新增规定法条竞合时的适用规则,即同一个违法行为违反多个法律规范应当给予罚款处罚的,按照罚款数额高的规定处罚。需要注意的是,上述规则仅适用于罚款的行政处罚,不涉及其他处罚种类。

第二,初次轻微违法可以不予处罚。《行政处罚法》第33条关于"初次违法且危害后果轻微并及时改正的,可以不予行政处罚"的规定,是此次修改的亮点之一,被视为"柔性执法"的典型措施。审计执法实践中应注意对初次违法、危害后果轻微并及时改正的认定,这并非强制性规定,审计部门可以基于案件的具体情况自由裁量,予以适当处罚。

第三,违法行为追溯期限。《行政处罚法》第36条将涉及公民生命健康安全、金融安全且有危害后果的处罚追溯期限由2年延长至5年。为《审计法(2021)》第22条新增的第2款①关于审计署对其他金融机构进行审计监督的执法行为提供了新的救济手段。

第四,违法行为的主观过错要件。《行政处罚法》第33条第2款规定,"当事人有证据足以证明没有主观过错的,不予行政处罚"。这是法律上首次明确规定了行政处罚的主观过错要件,为审计执法提出了新的课题。

---

① 《审计法(2021)》第22条第2款规定:"遇有涉及国家财政金融重大利益情形,为维护国家经济安全,经国务院批准,审计署可以对前款规定以外的其他金融机构进行专项审计调查或者审计。"

第五十一条　【审计决定】

审计机关在法定职权范围内作出的审计决定,被审计单位应当执行。

审计机关依法责令被审计单位缴纳应当上缴的款项,被审计单位拒不执行的,审计机关应当通报有关主管机关、单位,有关主管机关、单位应当依照有关法律、行政法规的规定予以扣缴或者采取其他处理措施,并将处理结果书面告知审计机关。

【立法目的】

本条是关于审计决定执行法律责任的规定。

【条文解读】

本条第 1 款规定了被审计单位执行审计机关在法定职权范围内作出的审计决定的法定义务。

本条第 2 款的规定为准用性责任条款,审计机关依法责令被审计单位**缴纳**应当上缴的款项,被审计单位拒不执行的,审计机关负有通报有关主管**机关、单位的法定义务**,有关主管**机关、单位负有**"应当依照有关法律、行政法规的规定"予以扣缴或者采取其他处理措施,并告知审计机关的义务。

【理论分析】

本条是对审计执法法律责任的规定,属于审计行为法的内容。审计监督的方式各国有所不同,鉴证和评价是各国常见的方式。在我国,审计评价是对审计对象进行的综合性鉴定,从而判断其一系列活动的合规性和绩效性,审计评价可以运用于财政、财务收支审计、领导干部经济责任审计等广泛的领域。作为审计评价的一种形式,依据《国家审计准则》第 127 条的规定,审计决定书是指审计机关在审定审计报告后,依据审计报告中所列的被审计单位违反国家规定的财政收支、财务收支的行为,对被审计单位依法给予处理处罚的审计文书。审计决定书是审计执法终了的标志,具有法律文书的拘束力、确定力和执行力。[①] 在我国,审计机关作出

---

① 相比之下,审计报告或审计意见书一般为结论性和建议性的,主要起公证、鉴定、评估、建议等方面的作用,不具有拘束力、确定力和执行力。

审计决定书的行为是具体行政行为,被审计单位和当事人均应当执行;如有异议,被审计单位可以依据《审计法》《行政复议法》和《行政诉讼法》的有关规定寻求法律救济。①

【实践与思考】

审计助力解决没收违法用地地上建筑物执行和处置难的问题②

白云区审计局积极履行审计问题整改跟踪督促检查责任,推动该区从制度上解决没收违法用地地上建筑物后续处置问题,使得相关违建处置的整改真正落实到位。

审计发现,该区某宗违法用地上罚没建筑物的后续处置因我国现行法律法规没有明确规定和政策指引、缺乏具体实施细则,罚没建筑物在未完善建筑规划、环评等手续情况下,用作区内部门的办公用地,后续处置存在不规范问题。针对违法建筑"没收执行难"的情况,白云区审计局认真分析原因,提出了具有针对性和可操作性的审计整改意见,并通过参加工作协调会与相关职能部门共同研究整改措施、到审计现场实地督导整改等方式,推动相关职能部门不断落实落细整改工作,取得了显著成效。

在该违法问题按审计整改意见取得较好成效的基础上,白云区政府还认真组织相关部门积极探索完善土地行政处罚中没收建筑物和其他设施后续处置机制,及时出台了该区关于没收违法用地上建筑物和其他设施执行和处置方面的指导意见,通过完善控规、环评、用地及建筑规划等手续,从制度上较好解决了没收违法用地地上建筑物执行和处置难的问题,推动了白云区土地执法工作进一步规范化、制度化。

案例分析:本案例中,白云区政府认真组织落实审计机关作出的审计整改意见,不仅使得相关违建处置问题得以解决,还推动了土地执法工作进一步规范化、制度化,体现了我国审计监督的巨大治理效能。

---

① 参见肖杰:《审计机关审计决定书和审计报告及其证据效力》,载中国法院网(网址:https://www.chinacourt.org/article/detail/2007/06/id/253110.shtml),访问日期:2022年5月5日。

② 参见《审计助力解决没收违法用地地上建筑物执行和处置难的问题》,载广州市审计局网(网址:http://sjj.gz.gov.cn/sjb/gzdt/content/post_5817340.htm),访问日期:2022年5月25日。

第五十二条 【审计整改】

被审计单位应当按照规定时间整改审计查出的问题,将整改情况报告审计机关,同时向本级人民政府或者有关主管机关、单位报告,并按照规定向社会公布。

各级人民政府和有关主管机关、单位应当督促被审计单位整改审计查出的问题。审计机关应当对被审计单位整改情况进行跟踪检查。

审计结果以及整改情况应当作为考核、任免、奖惩领导干部和制定政策、完善制度的重要参考;拒不整改或者整改时弄虚作假的,依法追究法律责任。

【立法目的】

本条是关于审计整改制度的规定。

【条文解读】

本条是本次修法新增的内容,将我国审计实践中行之有效的审计整改制度提炼为正式法律制度。

我国的审计整改制度包括3方面的内容,本条分别通过3个条款予以规范,形成一个有机整体。本条第1款规定了被审计单位进行整改的法定义务,整改制度的对象是审计查出的问题。从法律程序上看:第一,必须按照规定时间整改;第二,在信息披露制度上要求做到"通知""报告""公布",即必须将整改情况书面通知审计机关,同时向本级人民政府或者有关主管机关、单位报告,并按照规定向社会公布。

本条第2款规定了审计机关和相关法律主体在审计整改制度中的法定义务:第一,被审计单位所属的各级人民政府和有关主管机关、单位对审计查出的问题负有的督促义务。第二,审计机关对被审计单位整改情况进行跟踪检查的法定义务。

本条第3款对审计结果运用进行了规定。审计结果包括审计结论和审计整改情况:第一,审计结果以及整改情况应当作为考核、任免、奖惩领导干部的重要参考;第二,拒不整改或者整改时弄虚作假的,依法追究责任。

审计监督的本质决定了审计工作必然遇到不同程度的阻力,地方审计机关审计难、处理难、落实审计决定难问题依然存在。因此,我国建立了审计整改检查制度。审计整改检查制度未见于《审计法》及其实施条例,而是由《国家审计准则》专设一节予以规定。审计整改督查权是行政型国家审计体制特有的一项权能,属于行政权内部相互之间的行政性干预、平衡和矫正。在世界上其他类型的国家审计体制,如立法型、司法型和独立型审计体制中,审计监督权均无权对行政权进行直接的干预和矫正。

审计整改检查具有全过程覆盖的特征,可以发生在审计活动的任何一个阶段,体现了审计执法的能动性和对社会生活的干预与调整作用。在审计组审计实施过程中,审计组应当及时督促被审计单位整改审计发现的问题。对于定期审计项目,审计机关可以结合下一次审计,检查或者了解被审计单位的整改情况。审计机关在出具审计报告、作出审计决定之后,还应当在规定的时间内检查或者了解被审计单位和其他有关单位的整改情况。具体实施过程中,一般是由审计机关指定的部门负责检查或者了解被审计单位和其他有关单位整改情况,并向审计机关提出检查报告。

审计整改检查制度的上述特征,决定了相应的审计整改检查信息披露具有丰富的内容和重要的价值。审计整改报告信息披露的对象更为多元化,表现在五个方面:(1)各级人民政府将审计工作报告中指出的问题的纠正情况和处理结果向本级人民代表大会常务委员会报告;(2)被审计对象将审计整改结果书面告知审计机关;(3)被审计对象将整改结果向同级政府或主管部门报告;(4)被审计对象将整改结果向社会公告;(5)领导干部经济责任审计结果和审计发现问题的整改情况,向其所在单位领导班子报告。由此,审计整改报告信息披露在内容上也出现差异性构造,同一个审计整改执法,因不同的信息披露对象而表现出内容的不同。这些审计信息披露的特点是国外审计信息披露制度所没有的,需要结合我国审计信息披露制度全貌进行仔细的梳理和研究。

【理论分析】

审计整改是否属于法律责任?抑或是一种审计法律程序?其基本属性和制度构造如何?这些都需要从理论上予以解答。"许多学者竭力为'何谓法'寻找一个精确的答案,但结果往往是触及某个实际问题中即止,以至于无法形成何为法律的概念。"①法教义学奉行将现行实在法秩序作为给定的前提,并以此为出发点开展体系化的解释工作,着力对现行有效的法律进行描述、法概念体系研究,以及提出解决疑难问题的建议。本次修法将审计整改制度安放在"法律责任"一章,那么,从法教义学的角度研究其内容以及与整个审计法律责任体系的关系究竟如何,或许可以得出一些新颖的结论,推动审计法律责任体系的完善和审计法体系的构建。

从法理学的视角看,审计法律责任与一般意义上的法律责任的构成要素基本相同,并以此为基础表现出自己的特殊性。学界关于法律责任一直存在不同的理论,概括起来主要有三种:一是义务说。在《布莱克法律词典》中,"法律责任是因某种行为而产生的受处罚的义务以及对引起的损害予以赔偿或用别的方法予以补偿的义务"。"由于侵犯法定权利或违反法定义务而引起的、由专门国家机关认定并归结于法律关系的有责主体的、带有直接强制性的义务。"②二是制裁说。法律责任是与义务相关的概念,承担法律责任的意思就是,当事人为法律规定相反行为时应当接受制裁。③ 三是后果说。法律责任是"违法行为或违约行为,也即未履行合同义务或法定义务,或仅因法律规定,而应承受的某种不利的法律后果"。④ 以上学说是基于一般性地对法律责任进行研究而得出的抽象结论,具体到每一个特定领域需要进行更为具体的分析。义务说更能支持对审计法律责任的分析,从内容上看审计法律责任并非侵犯法定权利所致,而是因为违反审计法上的法定义务而引起的、由特定主体承担的带有直接强制性的义务。

从性质上看,它是一种公法意义上的责任类型,不同于一般分析法律责任,其主要从过错、违法行为、损害事实和违法行为与损害事实之间存在因果关系着手。"设置法律责任的目的和功能主要就在于,保障立法中所设定的权力与责任、权利与义务能够得以有效实施。"⑤从制度构造上

---

① HLA Hart, *The Concept of Law*, Oxford University Press. 1961, p. 17.
② 张文显:《法学基本范畴研究》,中国政法大学出版社 1993 年版,第 185—187 页。
③ 参见〔奥〕凯尔森:《法与国家的一般理论》,沈宗灵译,中国大百科全书出版社 1996 年版,第 73 页。
④ 参见沈宗灵主编:《法理学》,高等教育出版社 1994 年版,第 404—405 页。
⑤ 李亮:《法律文本中责任条款的概念与类型论析》,载《广西政法管理干部学院学报》2013 年第 3 期。

看,审计法律责任具有多元化的责任主体,并且各自承担相应的义务,以求实现《审计法》所规定的审计机关的权力与责任。

第一,被审计单位是最主要的责任主体,被审计单位的法定义务是对审计查出的问题进行整改,并"书面通知"审计机关,同时向本级人民政府或者有关主管机关、单位"报告",并按照规定"向社会公布"的义务。1999年,审计署首次在审计工作报告中曝光部分发生违规问题的单位,从2003年,实施审计信息公开制度以来,审计公告被越来越多的人关注,其在保障公众利益、发挥审计监督方面有举足轻重的作用。审计整改结果的公开可以通过网络媒介也可以拓展其他公开方式,如以纸质文件、政府公报等形式向社会公开。近年来,也有一些地方尝试通过报纸、广播、电视等电子媒体公开整改工作,充分发挥了舆论监督的作用。

第二,各级人民政府和有关主管机关、单位应当对被审计单位的整改负有督促义务。

第三,审计机关对被审计单位整改情况负有跟踪检查义务。

第四,法律法规规定的其他主体,负有将审计结果以及整改情况作为考核、任免、奖惩领导干部的重要参考的义务。这尤其适用于经济责任审计制度中对审计结果的运用。

【案例与实践】

具体案例参见本书《审计法(2021)》第38条的【案例与实践】——甘肃省地震灾后恢复重建跟踪审计。

案例点评:随着审计整改制度的发展,从中央到地方的有关部门和地方对整改工作越来越重视,整改力度也越来越大。审计整改工作的执法特点集中体现在两个方面:一是更加注重具体的责任落实;二是更加注重健全长效机制,注重执法后的制度建设。本案例中,甘肃省部分单位灾后恢复重建资金管理使用方面存在一定的问题,出现违规安排使用重建资金的现象。对此,甘肃省审计厅通过审计执法及时发现问题并依法采取了措施,被审计单位对查出的问题积极履行法定整改义务,将违规使用的资金归还了原资金渠道。被审计对象所属单位积极履行督促义务,甘肃省审计厅及时进行跟踪检查。审计整改取得了良好的效果,不仅涉案的具体问题得以解决,而且大量的审计建议被采纳,有关单位的规章制度体系得以健全。这凸显了具有中国特色的审计整改制度对社会关系独具魅力的干预和调整机能。

第五十三条 【审计行政复议与诉讼】

被审计单位对审计机关作出的有关财务收支的审计决定不服的,可以依法申请行政复议或者提起行政诉讼。

被审计单位对审计机关作出的有关财政收支的审计决定不服的,可以提请审计机关的本级人民政府裁决,本级人民政府的裁决为最终决定。

【立法目的】

本条是关于审计救济制度的具体规定。

【条文解读】

在第六章"法律责任"部分,本条是唯一关于被审计单位法律救济的规定。

本条规定了我国审计救济的 3 种方式:申请行政复议或者提起行政诉讼,以及提请政府裁决。它们具有不同的适用对象,被审计单位对审计机关作出的有关财务收支的审计决定不服的,可以依法申请行政复议或者提起行政诉讼。复议或诉讼仅适用于审计决定,且仅限于有关财务收支的审计决定。政府裁决则仅适用于审计机关作出的有关财政收支的审计决定。

此外,在我国经济责任审计领域还存在特定的审计救济制度——对经济责任审计报告的申诉。《党政主要领导干部和国有企事业单位主要领导人员经济责任审计规定》第 37 条规定,被审计领导干部对审计委员会办公室、审计机关出具的经济责任审计报告有异议的,可以自收到审计报告之日起 30 日内向同级审计委员会办公室申诉。审计委员会办公室应当组成复查工作小组,并要求原审计组人员等回避,自收到申诉之日起 90 日内提出复查意见,报审计委员会批准后作出复查决定。复查决定为最终决定。上述规定较 2010 年发布的《党政主要领导干部和国有企业领导人员经济责任审计规定》对报告申诉程序进行了重大调整:第一,"审计委员会办公室应当组成复查工作小组,并要求原审计组人员等回避",即针对申诉必须启动的复查程序是强制性法律规定;第二,取消了原 30 日作出复查决定的程序,改为"自收到申诉之日起 90 日内提出复查意见";第三,由原来的复查、复核两级申诉调整为一级申诉,并明确"复查决定为最终决定"。

【理论分析】

无救济即无权利,任何法律规定的权利都必须由相应的救济制度予以保障。我国的法律救济方式主要有行政复议、行政裁决、国家赔偿、民事诉讼和刑事诉讼等。我国采取的是行政型审计制度,审计救济制度总体上属于行政救济制度,必须遵循行政救济制度的一般原理。同时,我国的审计救济制度又是审计法上规定的一种制度,具有自己的特点。行政救济以是否由行政机关实施救济作为标准可分为行政内救济和行政外救济。行政内救济是指行政机关实施的救济,在我国包括行政复议、信访、行政仲裁等,主要是指行政复议。行政外救济包括诉讼救济(在我国主要是指行政诉讼)和立法直接实施的救济以及立法机关或其他机关已经形成制度的其他救济途径。审计法领域还规定了政府决定以及专门适用于经济责任审计的申诉。

审计救济是指审计对象因审计机关的违法或不当行政行为导致合法权益受到损害时,为制止和纠正审计主体的违法或者不当行为,依法要求审计主体对其合法权益进行补偿与救济的法律活动。从广义上说,审计救济在国家审计、社会审计和内部审计中必不可少,但在救济的内容、救济的方式等方面均有很大的差异。社会审计的救济制度由2014年8月修正的《中华人民共和国注册会计师法》规定,该法第41条规定,当事人对行政处罚决定不服的,可以在接到处罚通知之日起15日内向作出处罚决定的机关的上一级机关申请复议;当事人也可以在接到处罚决定通知之日起15日内直接向人民法院起诉。复议机关应当在接到复议申请之日起60日内作出复议决定。当事人对复议决定不服的,可以在接到复议决定之日起15日内向人民法院起诉。复议机关逾期不作出复议决定的,当事人可以在复议期满之日起15日内向人民法院起诉。内部审计的救济由内部审计相关的法律法规规定,其中2018年3月1日起施行的《审计署关于内部审计工作的规定》(审计署令第11号)第五章、第六章是最主要的依据。狭义的审计救济是指国家审计制度中的审计救济,由《中华人民共和国审计法》予以规定。本处的审计救济是指狭义上的。

我国审计机关具有检查权、调查权、强制权、处理处罚权、信息披露权、整改监督权、移送处理监督权等多项权力,国家审计具有法定强制力,对当事人的权益存在很大影响,因此,在审计主体对审计对象进行审计监督的同时,注重对审计执法工作自身的监督十分必要,而相应地也需不断丰富审计救济制度的内容。建立切实可行的审计救济制度是坚持依法审计原则不可缺少的关键要素,是完善审计法律制度的重要组成部分,对于审计机关依法行使职权、防止审计监督权的滥用、规避审计风险、切实保障审计双方的合法权益均具有十分重要的意义和价值。

中央各部门(含直属单位)、地方各级人民政府和地方各部门(含直属单位)以外的其他被审计对象对审计机关作出的有关财务收支的审计决定不服的,可以依法申请行政复议或者提起行政诉讼,采用"或议或诉"模式。

随着现代行政法的发展,世界各国越来越重视通过行政程序解决行政纠纷和实施行政救济。将行政内救济作为行政诉讼必经或可能经过的诉前程序,已经成为一种世界性经验。许多国家都有与我国行政复议相同含义的制度,我国《审计法(2006)》就规定了政府裁决制度。考虑到政府裁决制度并非真正意义上的第三方裁决,《审计法(2021)》将政府裁决改为政府决定。政府决定在性质上依然是政府机关或法定授权的组织对行政机关内部的行政纠纷进行审查并作出决定的具体行政行为。本条规定的政府决定即是如此,并采用"一定终局"模式,本级人民政府的决定为最终决定。

审计行政复议、审计行政诉讼和政府决定具有不同的法律属性,《审计法》采取分别救济的立法模式。在我国,财政收支是体现国家意志的收支活动,对政府各部门的财政收支进行审计监督具有政府内部监督的性质。《审计法》将财政收支审计定性为内部行政行为,把财务收支审计定性为外部行政行为,从而设计了不同的救济途径。内部行政行为属于行政管理活动,依照行政行为相关制度和规则进行救济,采取政府决定模式。财务收支审计行为具有可诉性,因此,对审计机关作出的有关财务收支的审计决定不服可以采取申请行政复议或者行政诉讼模式。当然,政府决定是行政法上的政府裁决,还是审计法创设的新的救济方式,尚需要进一步的研究。

需要特别指出的是,经济责任审计制度也是我国国家审计的一个独特内容,但由于经济责任审计属于干部管理制度,我国《审计法》通过单行法规定采用了特殊的救济模式——申诉。至于审计对象(被审计领导干部)所在单位存在的违反国家规定的财政收支、财务收支行为,依法应当给予处理处罚的,由审计机关在法定职权范围内作出审计决定,相应的救济渠道依然是政府决定、行政复议或行政诉讼。

【案例与实践】

湖南柏加建筑园林（集团）有限公司与
重庆市长寿区审计局撤销审计报告一审行政裁定书①

湖南柏加建筑园林(集团)有限公司(以下简称"柏加园林")认为,重庆市长寿区审计局(以下简称"长寿审计局")所作《审计报告》[长审报(2015)78号]事实不清、证据不足、程序违法,就此事向重庆市长寿区人民法院提起民事诉讼。原告柏加园林诉称,2010年3月31日,原告与第三人签订了《重庆市长寿区工业园区拓展区与北部新区森林屏障工程E标段施工合同》及《补充协议书》,约定由原告承建"重庆市长寿区工业园区拓展区与北部新区森林屏障工程E标段"工程项目,双方对结算事项做了明确约定。工程竣工验收合格后,原告与第三人、监理方共同办理了工程结算定案,三方盖章确认的《工程造价结算书》载明该项目结算金额为22785195.66元。2015年9月15日,被告作出长审报(2015)78号审计报告,该审计报告违反法定程序且严重违背客观事实,理由如下：

1. 被告作出的审计报告证据不足。涉案工程管护期于2012年11月30日即已届满,综合验收时苗木存活率满足合同约定标准,然而,审计组是从2013年9月起开始审计清量,该数据与原告综合验收数量及第三人委托的第三方出具的核查报告所确定的工程量存在明显差异。

2. 被告作出的审计报告背离合同约定,违反法律规定。根据《重庆市长寿区政府投资项目管理办法》第50条规定,区审计局应严格依照招标文件、施工合同、按规定权限审批的设计变更文件等相关资料办理概(预)算执行情况审计。然而,合同约定的是以管护期满验收合格的苗木数量作为工程款结算及支付节点,但审计报告却是以其事后进场审计作为节点；合同约定了苗木规格误差的单价确定方式,但审计报告却并未按合同约定收费。

3. 被告作出的审计报告有违法定程序。审计局在作出《审计报告》过

---

① 参见《湖南柏加建筑园林(集团)有限公司与重庆市长寿区审计局撤销审计报告一审行政裁定书》,载天眼查网（网址：https://susong.tianyancha.com/a25e3be478c911e8a8b47cd30ae00894）,访问日期：2022年5月7日。

程中并未严格按照规定的程序和时限执行,超过审计局职权进行审计且并未告知或送达原告,原告系另案诉讼过程中因第三人举示证据时得以知悉该《审计报告》。

综上所述,案涉《审计报告》事实不清、证据不足、程序违法,请求法院判决撤销被告作出的长审报(2015)78号审计报告。

法院认为,《中华人民共和国审计法(2006)》第22条规定,"审计机关对政府投资和以政府投资为主的建设项目的预算执行情况和决算,进行审计监督"。《重庆市长寿区政府投资项目管理办法》第2条规定,"本办法所称政府投资项目,是指使用财政资金或财政补助资金,以及用财政资金作为还款来源或还款担保的借贷性资金投资建设的项目,国有单位的自有资金或自筹资金的项目"。第42条第1款规定,"实行预算执行情况审计(结算审计)制度。项目预算核准在100万元以上的项目,项目单位在竣工验收合格后,应对施工单位编制的工程结算报告进行初步审核并报请区审计局进行预算执行情况审计(结算审计)并出具审计报告。审计报告经区政府批准后作为项目单位支付工程款和办理决算的依据"。被告长寿审计局依据前述规定对长寿区政府投资项目"重庆市长寿区工业园区拓展区与北部新区森林屏障工程E标段"进行审计监督。

长寿林投曾于2017年5月向重庆市长寿区人民法院提起民事诉讼,要求柏加园林立即返还长寿林投多给付的工程款1623550.48元及资金占用损失,该案开庭后中止审理。原告认为双方在工程施工合同中约定将审计报告作为结算依据,而审计报告审减金额不合理,从而提起本次行政诉讼。关于原告是否具有起诉资格,《中华人民共和国行政诉讼法》第25条规定,行政行为的相对人以及其他与行政行为有利害关系的公民、法人或者其他组织,有权提起诉讼。"利害关系"应限于法律上利害关系,除特殊情形或法律另有规定,一般不包括私法上的利害关系,后者应考虑选择民事诉讼途径解决。柏加园林并非审计报告的直接相对人,故判断其是否有原告资格在于其是否与审计报告有利害关系。《审计法》规范的是审计机关与被审计单位之间的行政关系,不是被审计单位与其合同相对方的民事合同关系。原告工程价款的减损根源于建设工程施工合同的履行,审计报告虽然影响了原告债权,但系基于双方自愿在合同中约定以审计报告作为结算依据,而非审计机关行使行政职权所直接导致。故原告与被诉审计报告不具有行政法上利害关系。

关于审计报告是否属于行政案件受案范围,《审计法》第41条规定,"审计机关按照审计署规定的程序对审计组的审计报告进行审议,并对被审计对象对审计组的审计报告提出的意见一并研究后,提出审计机关的审计报告;对违反国家规定的财政收支、财务收支行为,依法应当给予处理、处罚的,在法定职权范围内作出审计决定或者向有关主管机关提出处理、处罚的意见。审计机关应当将审计机关的审计报告和审计决定送达被审计单位和有关主管机关、单位。审计决定自送达之日起生效"。第 48 条第 1 款规定,"被审计单位对审计机关作出的有关财务收支的审计决定不服的,可以依法申请行政复议或者提起行政诉讼"。《中华人民共和国审计法实施条例》第 40 条规定,"审计机关有关业务机构和专门机构或者人员对审计组的审计报告以及相关审计事项进行复核、审理后,由审计机关按照下列规定办理:(一)提出审计机关的审计报告,内容包括:对审计事项的审计评价,对违反国家规定的财政收支、财务收支行为提出的处理、处罚意见,移送有关主管机关、单位的意见,改进财政收支、财务收支管理工作的意见;(二)对违反国家规定的财政收支、财务收支行为,依法应当给予处理、处罚的,在法定职权范围内作出处理、处罚的审计决定……"。在长寿审计局对案涉项目作出审计决定的情况下,被诉审计报告系被告对审计事项长寿区政府投资项目"重庆市长寿区工业园区拓展区与北部新区森林屏障工程 E 标段"的财务收支行为的一种审计评价,仅是过程性行为,不具有行政强制力和约束力,对原告的权利义务不产生实际影响,且审计法对审计机关作出的审计报告并未赋予当事人诉权,故审计报告不属于行政案件受案范围。

第五十四条 【审计处理建议与移送】

被审计单位的财政收支、财务收支违反国家规定,审计机关认为对直接负责的主管人员和其他直接责任人员依法应当给予处分的,应当向被审计单位提出处理建议,或者移送监察机关和有关主管机关、单位处理,有关机关、单位应当将处理结果书面告知审计机关。

【立法目的】

本条是关于被审计单位的财政收支、财务收支违反国家规定,审计机关认为对直接负责的主管人员和其他直接责任人员依法应当给予处分时,向被审计单位提出处理建议或进行移送的规定。

【条文解读】

首先，提出审计处理建议或行使移送权是审计机关的法定义务。其次，无论是被审计单位的财政收支还是财务收支违反国家规定，审计机关均应当提出审计处理建议或行使移送权，并主要针对符合法定处分条件的直接负责的主管人员和其他直接责任人员。最后，只要审计机关"认为"：(1)被审计单位的财政收支、财务收支违反国家规定；(2)直接负责的主管人员和其他直接责任人员依法应当给予处分，就应当启动程序，提出审计处理建议或行使移送权，有关机关、单位应当将结果书面通知审计机关。显然，审计机关具有很大的自由裁量权。

本条应当结合《审计法(2021)》第 45 条的内容进行解读，第 45 条规定①的是关于审计处理处罚的移送。本条规定的则是关于被审计单位直接负责的主管人员和其他直接责任人员处分的移送。前者指向行为，后者指向责任主体。两者有所区分，但共同构成了具有中国特色的审计移送制度。

【理论分析】

根据本条的规定，审计机关在审计监督过程中，如果发现被审计单位的财政、财务收支活动违反国家规定或者有关法律规定，需要进行处分的，有三种情况：一是通过审计建议直接向被审计单位提出；二是发现国家公职人员贪污贿赂、失职渎职等职务违法、职务犯罪行为时，审计机关将线索移送至纪委、监委，由纪委、监委进行调查处置；三是发现其他经济犯罪案件的线索，转移至公安机关进行立案侦查。大多情况都涉及移送，但在执行移送时，由于审计机关与司法机关、纪委、监委，在主体、程序和标准等各环节都不一样，就需要进行系统的制度构建。比如，通过信息共享机制、联席会议制度、证据对接机制等来实现行政执法和刑事司法等的有效对接。与此同时，审计机关工作人员的培训也需要持续进行，不断增强审计人员的专业化程度，以及要求其对未来有可能协作的有关机关和部门的一些准则标准有一定的了解，这也是推动审计移送制度顺利实

---

① 《审计法(2021)》第 45 条规定，对违反国家规定的财政收支、财务收支行为，依法应当给予处理、处罚的，在法定职权范围内作出审计决定或者移送有关主管机关、单位处理、处罚。

施的保障。

审计机关具有很大的自由裁量权,审计机关应当严格依法进行初步的判断后决定是否对案件进行移送。审计机关工作人员一旦选择了移送,案件的性质就会发生变化,被审计单位及相关人员面临的可能就是党内处分或者刑事责任,这要求审计机关工作人员要保持公正性,公正地进行判断。

审计移送制度的最终目的是通过行政与监察机关、司法机关相互配合协作,形成合力,打击违纪违法犯罪行为,共同维护国家经济安全。有关机关或单位可以借助审计机关的专业审计,而审计机关为违法违纪犯罪案件的办理提供必要的技术支持。有关机关必须及时将结果书面通知审计机关,通过反馈机制促进交流协作。

【立法与实践】

2020年9月,西藏自治区纪委、监委与自治区审计厅联合制定印发《西藏自治区纪检监察机关与审计机关协作配合工作规程》(以下简称《规程》),探索建立健全双方统筹协调机制,进一步加强在问题线索移送及案件查处中的协作配合。《规程》规定,对审计机关在审计中发现党员干部、监察对象涉嫌违纪或者职务违法、职务犯罪,应当由纪检监察机关追究责任的问题线索的移送程序、途径、方式,需提交材料及《审计事项移送处理书》应包括要素等进行了细化,规定审计机关派出开展审计、审计调查工作的审计组在审计监督中发现属于党员、监察对象的问题线索,应当在履行相关程序后,及时移送纪检监察机关处置,任何人不得隐瞒或者阻挠。《规程》还明确,纪检监察机关与审计机关应当加强问题线索和提请事项保密管理,尤其是相关工作人员应遵守保密规定和廉洁纪律、工作纪律,对于故意隐匿问题线索、使违纪违法行为得不到惩处的,对移送的或者应移送的问题线索推诿扯皮、拖延时间或者查处不力、贻误时机的,对为审查调查对象或审计对象通风报信、泄露案情,隐匿、伪造、涂改、销毁证据、提供假证,包庇、纵容违纪违法对象的以及其他干扰或影响协作配合事项办理的行为,将依规依纪依法追究相关责任人的责任。《规程》的出台使问题线索移送及案件查处相关工作更加规范有序,形成监督合力。

案例点评: 审计处理建议权和审计移送权是审计法上一项重要的权力,也是我国行政法领域需要深入研究的新内容。审计处理建议权和审计移送权赋予审计机关较大的自由裁量权,审计机关高度重视审计监督权运行的合法和规范。早在 2006 年 12 月 1 日就出台了《审计署关于进一步规范审计移送工作的意见》,对审计移送工作进行了规范,对移送事项、移送对象的类型和级别、移送标准、移送程序和移送监督等进行了详细的规定,不少地方在此基础上,分别进行了相关的移送制度立法,为提高审计监督质量提供了保障。

第五十五条 【财政财务收支违法的刑事责任】

被审计单位的财政收支、财务收支违反法律、行政法规的规定,构成犯罪的,依法追究刑事责任。

【立法目的】

本条是关于被审计单位财政收支、财务收支违法有关刑事责任的规定。

【条文解读】

本条规定被审计单位因财政收支、财务收支违反法律、行政法规的规定而构成犯罪的,依法追究刑事责任。审计机关在审计过程中发现的被审计单位的财政收支、财务收支行为构成犯罪,需要追究刑事责任的,应该按照《行政执法机关移送涉嫌犯罪案件的规定》[①]将相关线索移送至公安机关,由公安机关调查后按照刑事程序追究刑事责任。

本条"单位犯罪"的主体是指被审计单位,根据《审计法(2021)》第 2 条的规定,被审计单位的法定范围包括国务院各部门和地方各级人民政府及其各部门、国有的金融机构和企业事业组织,均属于《刑法》中规定的单位犯罪的主体范围。《审计法》中的"单位犯罪"行为特指违反法律、行政法规规定的财政收支、财务收支行为。根据《刑法》中单位犯罪各罪名的具体构成,其可能涉及的罪名有:虚报注册资本罪;虚假出资、抽逃出资

---

① 《行政执法机关移送涉嫌犯罪案件的规定》第 3 条第 1 款:"行政执法机关在依法查处违法行为过程中,发现违法事实涉及的金额、违法事实的情节、违法事实造成的后果等,根据刑法关于破坏社会主义市场经济秩序罪、妨害社会管理秩序罪等罪的规定和最高人民法院、最高人民检察院关于破坏社会主义市场经济秩序罪、妨害社会管理秩序罪等罪的司法解释以及最高人民检察院、公安部关于经济犯罪案件的追诉标准等规定,涉嫌构成犯罪,依法需要追究刑事责任的,必须依照本规定向公安机关移送。"

罪;欺诈发行债券罪;违规披露、不披露重要信息罪;隐匿、故意销毁会计凭证、会计帐簿、财务会计报告罪;对非国家工作人员行贿罪;对外国公职人员、国际公共组织官员行贿罪;背信损害上市公司利益罪;擅自设立金融机构罪;伪造、变造、转让金融机构经营许可证、批准文件罪;高利转贷罪;骗取贷款、票据承兑、金融票证罪;非法吸收公众存款罪;伪造、变造金融票证罪;伪造、变造国家有价证券罪;伪造、变造股票、公司、企业债券罪;擅自发行股票、公司、企业债券罪;内幕交易、泄露内幕信息罪;编造并传播证券、期货交易虚假信息罪;诱骗投资者买卖证券、期货合约罪;操纵证券、期货市场罪;背信运用受托财产罪;违法发放贷款罪;吸收客户资金不入帐罪;违规出具金融票证罪;对违法票据承兑、付款、保证罪;逃汇罪;洗钱罪;保险诈骗罪;集资诈骗罪;票据诈骗罪;金融凭证诈骗罪;信用证诈骗罪;虚开增值税专用发票、用于骗取出口退税、抵扣税款发票罪;虚开发票罪;伪造、出售伪造的增值税专用发票罪;单位危害税收征管罪等。

【理论分析】

被审计单位的行为符合单位犯罪构成的,承担刑事责任是承担法律责任的一种形式,但对于承担怎样的刑事责任和如何承担刑事责任,《审计法》并没有作出明确、具体的规定,而是通过准用性责任条款结合我国《刑法》的有关规定进行适用。

本条是关于被审计单位的财政收支、财务收支违反法律、行政法规的规定构成犯罪,承担刑事责任的具体规定。审计法律责任是一个内容丰富、结构严谨的有机体系,除本条所规定的责任形式之外,还存在其他形式的审计法律责任。但"一个法律责任的全部构成要素可以通过数个法律责任条款加以表述,其中的一个要素也可能分别见诸不同的法律责任条款"。① 本条与第六章的其他条文共同构成审计法律责任体系,此外有关审计法律责任的内容还见之于《审计法实施条例》《国家审计准则》等各种形式的审计立法中。

---

① 阮荣祥、赵泹主编:《地方立法的理论与实践》,社会科学文献出版社2011年版,第414页。

【案例与实践】

追究被审计单位犯罪刑事责任

审计机关审计发现,2010年至2012年,浙江省广业钢铁实业有限公司通过虚增收入、利润和担保企业净资产等手段,以采购物资等名义,从建设银行浙江滨江支行骗取开立1亿多元银行承兑汇票,办理贴现后用于归还民间借款等,造成银行垫款8000多万元。2013年4月,审计署将此线索移送公安部调查处理。2015年5月,浙江省杭州市滨江区人民法院以骗取贷款、票据承兑罪,判处3名责任人有期徒刑2年至3年不等、缓刑3年至4年不等,并处以罚金共计16万元;判处浙江省广业钢铁实业有限公司等3家公司罚金共计210万元。

案例评析: 本案中,被审计单位浙江省广业钢铁实业有限公司的行为构成骗取贷款、票据承兑罪,审计机关经审计发现其行为后,将涉案线索移送公安机关,经公安机关调查以及相关刑事程序,该单位被判处罚金,直接责任人员被判处刑罚。

第五十六条 【报复陷害审计人员的刑事责任】

报复陷害审计人员的,依法给予处分;构成犯罪的,依法追究刑事责任。

【立法目的】

本条是关于报复陷害审计人员行为的法律责任的规定。

【条文解读】

根据《审计法》的有关规定,审计人员依法执行职务,受法律保护。任何组织和个人不得拒绝、阻碍审计人员依法执行职务,不得报复陷害审计人员,否则就应当承担相应的行政责任或刑事责任。本条规定的侵害对象是审计人员,根据行为人所造成的法律后果其应当承担的责任包括行政责任或刑事责任。对于报复陷害审计人员的行为有两种处理方式:一是报复陷害审计人员而不构成犯罪的依法给予相应处分;二是报复陷害审计人员构成犯罪的依法追究刑事责任。

对报复陷害审计人员者可以依照《公务员法》《中华人民共和国公职人员政务处分法》等规定进行处分，《公务员法》第 61 条第 1 款规定："公务员因违纪违法应当承担纪律责任的，依照本法给予处分或者由监察机关依法给予政务处分；违纪违法行为情节轻微，经批评教育后改正的，可以免予处分。"第 62 条规定："处分分为：警告、记过、记大过、降级、撤职、开除。"《中华人民共和国公职人员政务处分法》第 7 条规定了政务处分的种类有警告、记过、记大过、降级、撤职、开除。

　　1995 年 1 月 1 日起正式施行的《审计法》（现已失效）第 48 条曾规定："报复陷害审计人员，构成犯罪的，依法追究刑事责任；不构成犯罪的，给予行政处分。"2006 年 6 月 1 日第一次修正的《审计法》和 2021 年修正的《审计法》均删去了"行政"字样，报复陷害审计人员而不构成犯罪的依法给予处分。"处分"①在性质上是基于行政组织关系所产生的领导与被领导的关系而衍生的内部行政行为，不具有可诉性。

【理论分析】

　　审计人员执行职务是宪法和法律赋予的权利，由于审计监督权是一种综合性经济监督权力，目的是制约公权力，不可避免地会触动一些实际利益，遇到不同程度的抗拒，甚至是对审计人员的报复陷害。实践中，对审计人员报复陷害的表现形式多种多样，如侮辱诽谤、谩骂殴打、非法拘禁等。本条所指"报复陷害"行为主要是指出于报复的目的，对审计人员实施陷害的行为。对审计人员具有"报复陷害"行为未构成犯罪的，由有权机关依纪依法给予处分。本条的行为不构成《刑法》第 254 条所规定的"报复陷害罪"，因为二者之间存在根本的不同。《刑法》所规定的"报复陷害罪"，主体是国家机关工作人员，侵害的对象为控告人、申诉人、批评人、举报人，在客观方面表现为滥用职权、假公济私，对控告人、申诉人、批评人或举报人实行打击报复陷害的行为，一旦被定罪将被处 2 年以下有期徒刑或者拘役，情节严重的，处 2 年以上 7 年以下有期徒刑。这样，对审计人员实施的报复陷害行为构成犯罪的，就需要根据具体犯罪行为定罪处罚。比如侮辱、诽谤审计人员构成侮辱罪、诽谤罪的，按照《刑

---

① 《中华人民共和国公职人员政务处分法》涉及政务处分，政务处分的范围大于行政处分，是国家监察体制改革后，为了弥补监管空白，强化对不是党员、不属于公务员或事业单位工作人员、情节不构成犯罪的公职人员的管理和监督，而增加的制度内容。

法》第 246 条的规定,处 3 年以下有期徒刑、拘役、管制或者剥夺政治权利;非法拘禁审计人员构成非法拘禁罪的,按照《刑法》第 238 条的规定处罚,处 3 年以下有期徒刑、拘役、管制或者剥夺政治权利。具有殴打、侮辱情节的,从重处罚。

【案例与实践】

宝骏公司原法定代表人报复审计机构工作人员案①

宝骏公司于 2012 年 12 月 10 日成立,注册资本 200 万元,股东为沙永祥、吴小东,由吴小东担任法定代表人,主要经营范围包括机械设备及零部件制造、加工、销售等。2015 年 10 月 15 日,宝骏公司的股东由沙永祥、吴小东变更为沙晓丽、吴陈浩,并由沙晓丽担任法定代表人,吴小东不再担任法定代表人,改任公司监事。

2019 年 10 月,张家港市扬子江会计师事务所接受宝骏公司委托,对该公司 2013 年至 2019 年的账面资产、负债、净资产及损益情况进行专项审计。2019 年 12 月 15 日,张家港市扬子江会计师事务所出具《关于对张家港市宝骏机械有限公司截至 2019 年 10 月底账面资产、负债、净资产及损益情况的审计报告(初稿)》,审计报告认为宝骏公司有部分收支未入账,部分会计事项未能按权责发生制确认、计量和报告,部分项目会计账面数与实际情况存在较大差异。

吴小东多年来私自收受货款拒不归还公司的行为严重损害了公司利益,并致使公司在运营过程中缺乏足量资金运转,公司经营状况每况愈下。宝骏公司认为吴小东在职期间多次利用其职务上的便利,利用个人账户收取公司客户货款后未将款项打入公司账户,损害了公司的权益,款项金额多达百万。宝骏公司多次要求吴小东返还全部私自收受的款项,但吴小东一直拒绝,并多次采取极端手段报复审计机构工作人员和公司法定代表人。

第五十七条 【滥用审计职权的刑事责任】

审计人员滥用职权、徇私舞弊、玩忽职守或者泄露、向他人非法提供所知悉的国家秘密、工作秘密、商业秘密、个人隐私和个人信息的,依法给

---

① 案例来源:(202)苏 0582 民初 8133 号民事裁定书。

予处分;构成犯罪的,依法追究刑事责任。

【立法目的】

本条是关于审计人员实施滥用职权、徇私舞弊、玩忽职守或者泄露所知悉的国家秘密、工作秘密、商业秘密、个人隐私和个人信息等违法行为法律责任的规定。

【条文解读】

本条的内容应当结合《审计法(2021)》第16条的内容进行研究,总体上看,与《审计法(2006)》第52条的表述[1]相比,本次修法增加了"工作秘密"和"个人隐私和个人信息",拓宽了保护范围。

本条规定涉及的主体为审计人员,涉及的内容包括"三种秘密"和"个人隐私和个人信息"。

本书关于第16条的论述对"三种秘密"和"个人隐私和个人信息"分别进行了初步分析,需要进一步指出的是,在审计机关履行不同的职能时,涉及的被审计对象的秘密会有所不同。在开展财政预算审计、重大政策跟踪落实审计等领域知悉国家秘密的可能性较大。在开展国有企业、国有资本、金融机构等领域的审计监督时,知悉商业秘密的概率会大幅增加。

此外,个人隐私与个人信息存在本质上的不同。《民法典》人格权编规定,个人信息是以电子或者其他方式记录的能够单独或者与其他信息结合识别特定自然人的各种信息,包括自然人的姓名、出生日期、身份证号码、生物识别信息、住址、电话号码、电子邮箱、健康信息、行踪信息等。"个人信息是以电子或者其他方式记录的与已识别或者可识别的自然人有关的各种信息,不包括匿名化处理后的信息。"[2]而隐私是自然人的私人生活安宁和不愿为他人知晓的私密空间、私密活动、私密信息。尽管隐私权的主体与个人信息的主体一样都是自然人,但隐私的内涵比个人信息的内涵要广泛,它并不限于"信息",还包括"空间"和"活动",正因为如此,我国对隐私权的保护并不限于《中华人民共和国个人信息保护法》

---

[1] 《审计法(2006)》第52条规定,审计人员滥用职权、徇私舞弊、玩忽职守或者泄露所知悉的国家秘密、商业秘密的,依法给予处分;构成犯罪的,依法追究刑事责任。

[2] 《中华人民共和国个人信息保护法》第4条。

(以下简称《个人信息保护法》),还通过其他法律规范进行保护,我国《宪法》第 38 条①和《中华人民共和国治安管理处罚法》第 42 条②就对特定类型的隐私权进行了规定。

立法对隐私与个人信息保护的策略也不同。我国对个人信息的处理立场是允许合法、有序公开流动(包括境外流动),《个人信息保护法》第 7 条和《民法典》均规定,个人信息遵循公开、透明原则,公开个人信息处理规则,明示处理的目的、方式和范围。隐私旨在保护个人从公共生活和公众视线中退出的自由,其所涉及的是与社会公共利益和群体利益无关的私人生活。③ 隐私权是知情权的对立物,"隐私权作为基本权利,要求国家不公开公民的隐私。……隐私权作为基本权利,既要求国家不得侵犯公民的隐私(尊重人权),也要求国家履行保护公民隐私的义务(保障人权),消除任何对隐私权构成妨害的行为"④。因此,立法规定任何组织或者个人不得以刺探、侵扰、泄露、公开等方式侵害他人的隐私权。⑤ 除法律另有规定或者权利人明确同意外,任何组织或者个人不得以其他方式侵害他人的隐私权。⑥

个人隐私不同于《个人信息保护法》中的"敏感个人信息",因为"敏感个人信息"在具有特定的目的和充分的必要性并采取严格保护措施的情形下,取得个人单独同意或依特别法的规定取得书面同意时,可以依法处理。其遵循的是有条件公开的立场。正因为隐私与个人信息、敏感个人信息之间存在的根本不同,《民法典》人格权编特别指出,"个人信息中的私密信息,适用有关隐私权的规定"。可以说,在公开程度上,法律的位阶依次是:个人信息、敏感个人信息、隐私,越往后公开程度越来越低,但保护强度越来越大。因此,个人隐私本质上是一种秘密,任何人(包括国

---

① 《宪法》第 38 条规定,中华人民共和国公民的人格尊严不受侵犯。禁止用任何方法对公民进行侮辱、诽谤和诬告陷害。

② 《中华人民共和国治安管理处罚法》第 42 条规定,有下列行为之一的,处 5 日以下拘留或者 500 元以下罚款;情节较重的,处 5 日以上 10 日以下拘留,可以并处 500 元以下罚款:公然侮辱他人或者捏造事实诽谤他人的;多次发送淫秽、侮辱、恐吓或者其他信息,干扰他人正常生活的;偷窥、偷拍、窃听、散布他人隐私的。

③ 参见周汉华:《平行还是交叉——个人信息保护与隐私权的关系》,载《法学研究》2021 年第 5 期。

④ 王锴:《基本权利冲突及其解决思路》,载《法学研究》2021 年第 6 期。

⑤ 《民法典》第 1032 条。

⑥ 《民法典》第 1033 条。

家机关中的审计机关)均不得侵犯。由此观之,《审计法》关于国家秘密、工作秘密、商业秘密、个人隐私和个人信息的逻辑理论是前后一贯、立场明确的。但国家秘密、工作秘密、商业秘密是体现公共利益性质的概念,而个人隐私和个人信息并非如此,将它们予以并列,放大了其间的法益冲突,在法律适用上也存在难度。

本条规定的审计人员在行政执法过程中实施的违法行为包括4种形态:(1)滥用职权;(2)徇私舞弊;(3)玩忽职守;(4)泄露所知悉的国家秘密、商业秘密、个人隐私和个人信息。审计人员出现其中之一种或多种行为,根据行为所造成的法律后果应当承担相应的法律责任,法律责任的形式包括行政责任(处分)或刑事责任。

【理论分析】

审计人员的法律责任

在第六章"法律责任"部分,与其他多涉及被审计单位法律责任的条款不同的是,本条是唯一关于审计人员法律责任的规定。其目的是从审计执法人员违法行为的角度对审计自由裁量权进行规制。本条的义务主体是审计人员,审计人员应当在法定职权范围内作出审计决定,其行使审计自由裁量权亦应当在法治的框架内进行。

审计监督权是一种以经济责任为基础的综合性监督,审计对象为规避审计监督会采取种种方式影响审计人员客观、公正执法,审计人员自身也存在利用权力寻租的可能,从而导致出现违法行为,因此,各国均对审计人员的违法行为进行严密的法律规制。我国《审计法》在总则部分规定"审计机关和审计人员办理审计事项,应当客观公正,实事求是,廉洁奉公,保守秘密"。但是仅进行抽象的规定还不够,必须从法律责任的角度予以配套。审计人员的违法行为具有多样性,均受到相应的法律规制,本条对最主要的4种形态作出列举性规定。

1. 滥用职权

滥用职权是指审计人员执行职务违反法律规定或者超越法定权限的行为。滥用职权可表现为两个方面:审计人员在行使职权时违反法律规定实施的背离法律宗旨和目的的行为,审计人员超越法律规定违法决定、处理其无权决定、处理的事项的行为。审计实务中常见的滥用职权行为可分为作为和不作为两种行为方式。作为,是指以积极的身体活动所实施的损害行为;不作为,是指能够履行而不履行职务要求履行的行为。如审计机关对被审计单位正在进行的违反国家规定的财政收支、财务收支行为,有权予以制止。如果审计人员没有依法予以制止,就是行使职权违反了法律规定。

2. 徇私舞弊

从汉语词义来看,"徇私"是指为了私情、私利而做不合法的事;"舞弊"是用欺骗的方法做违法违纪的事情。徇私舞弊是指审计人员为了私情或者谋取私利,故意违反事实和法律,用欺骗、包庇等方式作枉法处理或者枉法作出审计决定。

3. 玩忽职守

玩忽职守是指审计人员不履行或者不正确履行法律所规定的职责,致使重大舞弊或违纪违法问题未被查出。

4. 泄露秘密

审计监督本质上是一种信息规制机制,世界各国均对审计信息披露有专门而详尽的立法。我国的《审计法》《审计法实施条例》和《国家审计准则》都对审计信息披露制度进行了规定。在法律责任方面,本条对审计人员容易违反信息披露义务的行为进行特别规制,理所当然。

本条所规定的国家秘密、工作秘密、商业秘密、个人隐私和个人信息参见《审计法(2021)》第16条,"泄露"是指审计人员在审计工作中没有依法保守国家秘密、工作秘密、商业秘密、个人隐私和个人信息,这些信息必须是在审计执法过程中所知悉的,可能对当事人的权益产生影响。本条规定的责任形式包括:第一,行政法律责任,审计人员从事上述行为未构成犯罪的,由有权机关依纪依法给予处分。第二,刑事法律责任。值得注意的是,本条所规定的"滥用职权""徇私舞弊""玩忽职守"与《刑法》规定的"滥用职权罪、玩忽职守罪"不同。《刑法》第397条规定的滥用职权罪是指国家机关工作人员滥用职权或者玩忽职守,致使公共财产、国家和人民利益遭受重大损失的,处3年以下有期徒刑或者拘役;情节特别严重的,处3年以上7年以下有期徒刑。本法另有规定的,依照规定。国家机关工作人员徇私舞弊,犯前款罪的,处5年以下有期徒刑或者拘役;情节特别严重的,处5年以上10年以下有期徒刑。本法另有规定的,依照规定。滥用职权罪和玩忽职守罪是典型的身份犯罪,其犯罪主体只能由国家机关工作人员构成。滥用职权罪和玩忽职守罪的客观方面表现为行为人实施了滥用职权、徇私舞弊、玩忽职守的行为,并导致了公共财产、国家和人民利益遭受重大损失。审计机关的审计人员实施了滥用职权、徇私舞弊、玩忽职守的行为,并导致了公共财产、国家和人民利益遭受重大损失,则按前款罪处罚。《刑法》第402条规定行政执法人员徇私舞弊,对依法应当移交司法机关追究刑事责任的不移交,情节严重的,处3年以下有期徒刑或者拘役;造成严重后果的,处3年以上7年以下有期徒刑。

《刑法》第398条规定故意(过失)泄露国家秘密罪,国家机关工作人员违反保守国家秘密法的规定,故意泄露国家秘密,情节严重的,处3年以下有期徒刑或者拘役;情节特别严重的,处3年以上7年以下有期徒刑。非国家机关工作人员犯前款罪的,依照前款的规定酌情处罚。《刑法》第219条规定侵犯商业秘密罪,有下列侵犯商业秘密行为之一,情节严重的,处3年以下有期徒刑,并处或者单处罚金;情节特别严重的,处3年以上10年以下有期徒刑,并处罚金:(一)以盗窃、贿赂、欺诈、胁迫、电子侵入或者其他不正当手段获取权利人的商业秘密的;(二)披露、使用或者允许他人使用以前项手段获取的权利人的商业秘密的;(三)违反保密义务或者违反权利人有关保守商业秘密的要求,披露、使用或者允许他人使用其所掌握的商业秘密的。明知前款所列行为,获取、披露、使用或者允许他人使用该商业秘密的,以侵犯商业秘密论。本条所称权利人,是指商业秘密的所有人和经商业秘密所有人许可的商业秘密使用人。《刑法》第253条之一规定侵犯公民个人信息罪,违反国家有关规定,向他人出售或者提供公民个人信息,情节严重的,处3年以下有期徒刑或者拘役,并处或者单处罚金;情节特别严重的,处3年以上7年以下有期徒刑,并处罚金。违反国家有关规定,将在履行职责或者提供服务过程中获得的公民个人信息,出售或者提供给他人的,依照前款的规定从重处罚。窃取或者以其他方法非法获取公民个人信息的,依照第1款的规定处罚。单位犯前3款罪的,对单位判处罚金,并对其直接负责的主管人员和其他直接责任人员,依照各该款的规定处罚。故意泄露国家秘密罪、侵犯商业秘密罪和侵犯公民个人信息罪的犯罪主体均为一般主体,审计人员泄露所知悉的国家秘密、商业秘密、个人隐私和个人信息达到上述定罪标准则按上述罪名定罪处罚。

审计法律责任

审计法律责任是对违反审计法定义务、超越法定审计权限的行为的否定性评价,意在补救受到侵害的合法权益,恢复被破坏的审计法律关系和法律秩序。本章是我国《审计法》关于审计法律责任的规定,属于审计法基本理论的重要内容,在整个审计法律体系中占有十分重要的地位。审计法律责任具有一般法律责任的基本特点,其最基本的分类方法是将法律责任分为违宪责任、民事责任、行政责任、刑事责任,其内容主要包括:预防性法律责任、救济性法律责任和惩罚性法律责任。

审计法律责任也具有自己的个性特征,"法律责任规定的是否科学合理,关系着法律、法规的质量和实施效果"[①]。《审计法》的实施效果和立法目的达到的程度,在一定意义上取决于审计法律责任体系的科学合理程度。审计法律责任条款可以存在于不同层次的审计法律文本之中,贯穿于《审计法》《审计法实施条例》《国家审计准则》,以及各地审计立法之中,彼此之间既相互相对独立,又遥相呼应成为一个有机整体。《审计法》中有关审计法律责任的规定无疑是极为重要的,因为宪法性审计法律规范不可能对审计法律责任进行具体设定。《审计法》就必须起到基石统领和规范作用,我国的审计法律责任在内容上既包括实体性责任条款,也包括程序性责任条款,但以实体性责任条款居多。从审计法律责任条款的设立方式上看,我国的审计法律责任条款可以分为确定性责任条款[②]、委任性责任条款[③]和准用性责任条款[④],我国的审计法律责任体系中,确定性责任条款居多。这一方面说明,审计法律责任体系的构建是一个跨越法律层次甚至跨越法域的系统工程。另一方面,立法者在设计审计法律责任条款时,尽可能地设定确定性的责任条款,是"充分考量责任条款的可操作性,退而求其次则是设定委任性的责任条款,对于授权性责任条款

[①] 李培传:《论立法》,中国法制出版社 2004 年版,第 402 页。

[②] 确定性责任条款是指,明确规定了审计法律责任的必备要件,无需再援引其他条款即可实现的条款。

[③] 委任性责任条款是指,没有明确设定审计法律责任的基本要件,但授权其他机关进一步具体设定的责任条款。

[④] 准用性责任条款是指,没有明确设定审计法律责任的具体内容,但可援引其他法律法规有关责任条款。

的设定,则应当谨慎"①。

【案例与实践】

阜平县 3 名审计人员玩忽职守被立案侦查

阜平县审计局 3 名工作人员因玩忽职守致国家损失 60 余万元,2015 年 4 月,检察机关以涉嫌玩忽职守罪对 3 人立案侦查。

经初查查明:阜平县政府在 2008 年和 2011 年开展全县农村义务教育"普九"债务化解和"查漏补缺"工作,负责审计该县大台乡大台村、大连地村债务工作的审计局工作人员段某、孟某、刘某,没有认真履行审计人员职责,致使 60 余万元的虚假"普九"债务被核销,给国家造成巨大损失。段某、孟某、刘某的行为已涉嫌玩忽职守罪。该 3 名工作人员被检察机关依法立案侦查。

---

① 李亮:《法律文本中责任条款的概念与类型论析》,载《广西政法管理干部学院学报》2013 年第 3 期。

第七章　附　则

第五十八条　【领导干部经济责任和自然资源资产离任审计法律适用】
　　领导干部经济责任审计和自然资源资产离任审计,依照本法和国家有关规定执行。

【立法目的】
　　本条对干部经济责任和自然资源资产离任审计进行规定。

【条文解读】
　　领导干部经济责任审计和自然资源资产离任审计是我国仅有的独具中国特色的审计制度。本次修法再次将长期实践成型的领导干部经济责任审计予以确认,同时,将新时代有效开展的领导干部自然资源资产离任审计正式上升为法律制度。
　　开展领导干部经济责任审计和领导干部自然资源资产离任审计需要有充足的法律依据,鉴于其作为中国特色审计制度的特殊性,它们的法律依据首先是《审计法》,其次还包括国家有关规定。
　　本条是确定性规范,直接指明适用《审计法》,因此,《审计法》毫无疑问是开展领导干部经济责任审计和自然资源资产离任审计的法律依据。另外,本条也属于委托性规范,领导干部经济责任审计和自然资源资产离任审计由有关部门制定具体而明确的相关规定来执行。

【理论分析】
　　领导干部经济责任审计原本也是对财政资金使用的审计监督,因为国有企业的资产是我国财政资金的重要存在形式,所以 1986 年我国创设厂长离任经济责任审计评议制度,就是为了保证这部分国有资产的保值增值。至今,财政资金与领导干部履职情况是密不可分的,经济责任审计就演化为我国一项普适性的、对干部履职以经济责任为基础的综合性履职监督制度。不仅契合了审计迈向监督公共资源使用的合法性与绩效的基本走向,也体现了干部管理与审计结合、各种监督制度协同的中国特色。

领导干部自然资源资产离任审计是新时代审计监督制度的一项创新,习近平总书记在党的十九大报告中明确提出,建设生态文明是中华民族永续发展的千年大计,必须牢固树立社会主义生态文明观,推动形成人与自然和谐发展现代化建设新格局。2015年以来,按照党中央、国务院决策部署和《中共中央办公厅、国务院办公厅关于印发〈开展领导干部自然资源资产离任审计试点方案〉的通知》要求,审计署围绕建立规范的领导干部自然资源资产离任审计制度牵头开展工作。2017年6月,中共中央总书记、国家主席、中央军委主席习近平主持中央全面深化改革工作领导小组会议审议通过了《领导干部自然资源资产离任审计规定(试行)》。之后,中共中央办公厅、国务院办公厅正式印发该文件。该制度有效地贯彻落实党中央关于加快推进生态文明建设要求,加强了对领导干部完善生态文明方面履职绩效的评价考核和责任追究制度,是我国审计制度和干部管理制度密切结合、审计监督系统集成的体现。

领导干部经济责任审计和领导干部自然资源资产离任审计存在很多不同之处①,两者究竟是何种关系,无论是理论界还是实务界至今均未有定论。管理学界倾向于将两者各自作为一种独立的审计类型。但在《"十四五"国家审计工作发展规划》规定的8种审计监督职责中,经济责任审计是一种独立的审计类型,领导干部自然资源资产离任审计却并不是一种独立的审计监督形态,而是归属于资源环境审计之中。显然,审计实践部门并没有将领导干部自然资源资产离任审计视为领导干部经济责任审计制度的有机组成部分,更没有将其视为一种独立的审计监督形态。

笔者认为,尽管从业务内容和审计技术上看,领导干部自然资源资产离任审计可以与一般的资源环境审计存在相通之处。但从根本上看,领

---

① 不同点在于经济责任审计聚焦的是经济责任的履行情况,重点关注财政、财务收支的合法合规情况和经济活动的效果;自然资源资产离任审计聚焦的是自然资源资产管理责任和生态环境保护责任的履行情况,重点关注自然资源资产实物量和生态环境质量的变化情况。

导干部经济责任审计和领导干部自然资源资产离任审计监督的对象都是领导干部,目的都是为了加强对干部的管理,在审计内容、审计方式方法、审计结果运用上存在更多的相同点。① 两者都是为了减少机会主义行为和降低代理成本,对掌控各种公共资源的权力行使主体的监督,体现的是主体规制法律关系。从内容看,"自然资源资产离任审计"是"加强对领导干部行使权力的制约和监督"②的一个方面。"经济责任审计应当坚持任中审计与离任审计相结合,对重点地区(部门、单位)、关键岗位的领导干部任期内至少审计一次。"③"离任审计"本身是领导干部经济责任审计的一个环节,因此,领导干部自然资源资产离任审计在性质上属于领导干部经济责任审计,在制度属性上归属于"资源环境审计"并不妥当。

总之,领导干部经济责任审计和领导干部自然资源资产离任审计的出现,是历史发展到特定阶段的产物,我国社会治理转型期所面临的历史任务要求审计负载更加广阔的治理功能,导致其从单纯技术性层面的制度向具有宏观层面治理价值的制度的转变。"在我国特有国情的背景下,国家审计监督从对客体的审计发展到兼顾对主体和客体均衡审计阶段的必然产物。"④需要进一步关注的是,目前还没有对"领导干部经济责任审计"和"自然资源资产离任审计"形成统一、规范的术语,很多文献中也间接使用"经济责任审计""自然资源资产审计"等,有关立法文本的表达又显得不够严谨,这为今后的研究提供了方向。

从法律依据来看,《审计法(2021)》第 58 条规定了我国党政领导干部经济责任审计立法的两大渊源:一是"审计法",二是"国家有关规定"。目前开展领导干部经济责任审计最主要的法律依据是《党政主要领导干部和国有企业领导人员经济责任审计规定》(已失效)和《党政主要领导干部和国有企业领导人员经济责任审计规定实施细则》,开展领导干部自然资源资产离任审计最主要的法律依据是《领导干部自然资源资产离任

---

① 经济责任审计与自然资源资产离任审计都需对领导干部任期内贯彻执行党委和政府重大方针政策及决策部署情况、遵守法律法规情况、重大决策情况、目标完成情况、资金和项目管理情况进行审计。

② 参见《党政主要领导干部和国有企业领导人员经济责任审计规定实施细则》第 3 条。

③ 参见《党政主要领导干部和国有企业领导人员经济责任审计规定实施细则》第 4 条。

④ 胡智强、余冬梅:《经济责任审计制度的定位与规范重塑》,载《审计与经济研究》2018 年第 1 期。

审计规定(试行)》。从制定主体来看,这些文件全部采用"党政联合立法"模式,缺乏体系化。今后,应协调有关党政领导干部经济责任审计立法的两大渊源"审计法"与"国家有关规定"之间的关系,统一纳入《审计法》《审计法实施条例》《国家审计准则》和《内部审计工作实施细则》,体现立法的层次化、系统化和科学化。

【案例与实践】

运用地理信息技术查核领导干部自然资源资产保护管理履责情况

以自然资源保护面积和保护情况为例,通过分析判断是否存在资源统计数据和矢量数据不一致、统计数据失真及违规征占用的问题。运用地理信息技术将被审计地区的土地、矿产、森林等自然资源资产主管部门的日常管理监测业务数据与地理国情普查数据进行图层叠加,整理分析叠加图斑,将疑点图斑与历年遥感影像进行对比复核,确定延伸重点,准确实施现场踏勘核实取证。

第一,摸清数据底数。在审前调查或项目审计初期,审计人员向自然资源、林草、农牧、水利、生态环境等部门发放信息系统调查表,围绕审计目标、审计内容重点等,摸清本次审计工作所涉及相关部门的信息系统数据底数。一方面,从各部门填报的信息系统调查表中,筛选出存在后台的数据库及适合进行大批量数据对比分析的电子数据;另一方面,对于审计组已掌握而相关部门不掌握或无法提供的行业数据,积极了解并核实数据来源,寻找可采集的途径。

第二,采集矢量数据。根据自然资源资产的类型、分布、面积等特点,以及相关自然资源资产底数情况及审计工作要求,主要采集各类自然资源资产分布及相关规划的矢量数据,包括林地"一张图"调查数据、草原资源调查数据、土地利用总体规划数据、历年土地利用现状及变更调查数据、永久基本农田数据、土地整治监测监管系统数据、高标准农田建设项目数据、最新的地理国情普查和监测数据、领导干部任期内的卫星遥感影像、省级矿产资源规划、省级以上自然保护区森林公园和湿地公园数据、各地级市城市建设总体规划等。因数据叠加分析工作在测绘地理信息等主管部门规定的物理隔离设备中完成,所以,审计人员对获取的叠加结果需做进一步分析核实。同时应尽早完成数据采集工作,以充分发挥数据先行的引领作用。

第三,整理、叠加图层。由于地理信息技术专业性及图层叠加分析的复杂性较强,审计组应充分发挥外聘测绘地理信息专家的专业优势,优先选择边界清晰、容易定位和现场踏勘较为方便的基本农田、林地、草地等自然资源进行数据(矢量数据)叠加分析。为保证叠加分析结果的精确度,在进行叠加分析工作前,需要由专门人员对地理国情普查数据与基本农田变更调查数据、森林普查数据、草原调查数据等存在的不一致坐标进行转换。同时,需要对叠加图斑进行分析整理,对于地理国情普查数据与其他业务数据边界划定不一致、叠加结果面积较小、图斑形状特别不规范的,应予以适当剔除,以提高工作效率。

第四,分析叠加结果。地理国情普查数据和基本农田变更调查数据、森林普查数据、草原调查数据等图层叠加完成后,审计人员要对图层叠加结果的有效性和准确性进行初步判断。

第五,实地踏勘核实。根据图层叠加结果发现的疑点图斑,结合审计目标及地理环境和路程远近等客观因素进行重点抽查核实。对核查结果应及时与被审计单位进行充分交流沟通,共同确认核查结果,并现场签署核查确认单或审计取证单,做到审计事实清楚、定性准确、证据充分。

地理信息技术的应用不仅节省了审计资源和成本,而且提高了发现问题的全面性和延伸核实的有效性。在某次审计中,通过该技术方法进行分析发现,某县基本农田划定范围内,在地理国情普查数据中显示为其他地类的图斑面积,占该县基本农田划定总面积的5%左右。审计组实地抽查了其中6块疑点图斑,发现问题图斑内地类现状目前分别为荒草地、沼泽地,还有部分基本农田被废弃采石场和针叶林地占用等,坐实了当地政府对基本农田监管不力的责任。[1]

在我国,领导干部自然资源资产离任审计时间范围一般为3到5年,在审计现场有时难以对领导干部任职初期的自然资源资产和生态环境质量的实际情况进行溯源,这就给评价领导干部任期内自然资源资产开发利用和保护方面的履职尽责情况带来了一定困难。而充分利用大数据进行"画像",可以直观地将现场难以溯源的情况用数据展现出来。另外把审计思路和方法转化为数据分析语句,通过大数据进行集中分析、摸清整体情况、发现疑点、精准定位,可以有针对性地集中力量组织现场核

---

[1] 参见赵鑫、郭相良:《地理信息技术辅助自然资源资产离任审计实践》,载《审计观察》2020年第10期。

查,使查核的问题既有整体覆盖面,又有典型案例支撑,有利于全面客观评价领导干部任期内的履职尽责情况。实践中应当注意的是,利用大数据采集敏感信息,必须依据审计准则的要求重视数据保密工作,及时与有关主管部门签订保密协议。此外,必须重视对大数据应用的质量控制,建立自然资源资产信息系统,确保数据的真实性。建立健全自然资源资产数据采集、存储、使用制度,审计人员在进行大数据应用时也要加强网络安全防护,并考虑实行数据授权使用制度,确保安全性。

第五十九条　【解放军和武警部队审计法律适用】

中国人民解放军和中国人民武装警察部队审计工作的规定,由中央军事委员会根据本法制定。

审计机关和军队审计机构应当建立健全协作配合机制,按照国家有关规定对涉及军地经济事项实施联合审计。

【立法目的】

本条对中国人民解放军和中国人民武装警察部队审计工作做出规定。

【条文解读】

中国人民解放军和中国人民武装警察部队必须依法开展审计监督工作(统称"军队审计"),其审计的直接依据是中央军事委员会制定的法律规范。本条为委任性条款,中国人民解放军和中国人民武装警察部队审计工作的具体的内容、条件和责任等内容授权中央军事委员会制定。《审计法》授权中央军事委员依据《审计法》制定专门的审计法律规范,《审计法》是其上位法。自1934年起,先后发布了多部审计条例,在2007年《中国人民解放军审计条例》的基础上,2017年颁布了《军队审计条例》,内容从8章58条扩充为11章77条,实质性修订220多处,自2017年1月1日施行。鉴于改革后武警部队审计机构全部撤销,对武警部队的审计监督工作由中央军委审计署统一负责,明确"对武警部队所有单位和各级领导干部的审计,按照对军队单位和领导干部审计的规定执行"。《军队审计条例》的修订,对进一步规范军队审计工作,建立严密的监督网络体系,促进军队党风廉政建设,均有重要意义。

从审计监督体制上看,军队审计实行"区域设置、统管统派"的审计监督体制。结合实际改革,明确中央军委审计署及其直属、派驻审计机构在中央军委领导下履行审计监督职能,将各级党委、领导的职责由领导本单位审计工作调整为支持配合审计机构工作,以及抓好问题整改、问责和审计结果运用。为确保审计工作的独立性、公正性,建立了干预审计工作行为登记报告制度,细化了审计回避的具体情形,规定审计机构不得参与与职权无关的议事协调机构。

在监督内容上,按照审计监督全覆盖的要求,军队审计必须开展政策法规审计、价格行为审计、无形资产审计、军民融合项目联合审计等内容,并把管钱管物列为后备、离任等领导干部审计为重点。在审计监督方式上,军队同样可以委托社会审计机构进行工程、物资、服务等采购价格审计,军队审计机构有权对其审计结果进行核查。

在审计职权和程序上,根据新形势下审计机构履行职责的需要,数据采集权、检察权和查询权、向国家和军队有关单位提请协助权属于军队审计的基本职权。为规范审计行为、强化审计管理,军队审计必须依法开展审计计划、审计准备、审计实施、审计终结等法定审计工作流程。

与《审计法(2021)》第58条明显不同的是,本条属于单纯的委托性条款,中国人民解放军和中国人民武装警察部队审计工作并非直接适用《审计法》,而是经授权由中央军事委员会根据《审计法》制定专门的法律规定,作为其专门的依据执行。

【理论分析】

中国人民解放军审计是由军队审计机关依法、独立对军队各级部队、部门及其他单位的财务收支、国有资产,以及有关经济活动的真实性、合法性、效益性进行审查的经济监督活动。1983年4月5日,中国人民武装警察部队成立后,在武警部队建制体系内按照解放军审计模式逐步开展了相应的审计监督活动,从而扩大了军队审计的范围。军队审计的目的是评价军队系统内部的经济责任,维护财经法纪审计,提高军队活动的效益,促进军事经济活动健康有序发展。军队审计是我国国家审计的重要组成部分。

军队审计最早产生于土地革命战争时期。1933年9月,中华苏维埃共和国成立中央审计委员会后,红军内部也成立了审计委员会,编设了稽查员。抗日战争时期,红军改编为八路军、新四军后,其审计组织也作了调整。中央军委财政委员会下设审计处,八路军总部设总审计委员会,各战略区或师设审计委员会,旅或军分区、团级单位设审计组,实行团为初审、旅或军分区复审、师、战略区或总部为决审的三级三审制度。新四军在苏北建立苏中区抗日根据地后,成立了苏中区、军分区、县三级审计委员会。解放战争时期,中国人民解放军各大战略区逐步完善了审计制度。1949年6月,中国革命军事委员会后勤部颁布《供给制度(草案)》,其中第四章是审计制度,统一了全军的审计机构和审计法规。

中华人民共和国成立后,军队审计延续了解放战争时期的做法,中华人民共和国成立初期曾提出要建立全军性的审计制度,由于抗美援朝战争爆发未能建立起来。后来,全国上下学习苏联,军队审计监督制度被军事财政监察制度取代,直到1961年5月,总后勤部颁发《中国人民解放军审计制度(草案)》,军队审计才重新提上议事日程。不久,文化大革命开始,军队审计中断。1985年7月,中央军委批准成立中国人民解放军审计局(1992年改称"人民解放军审计署")。各军区、军兵种相继成立审计局、审计处。1987年1月,中央军委主席邓小平签发《中国人民解放军审计工作条例(试行)》,1995年4月,中央军委主席江泽民签发《中国人民解放军审计条例》,从法规上确立了军队审计的地位。军队审计逐步走上法制化、制度化、规范化的轨道。

现代军事活动日趋广泛,耗费资源越来越多,各国对军队活动的审计也在不断扩大。以美国为例,2011年上半年美国审计总署发布的部分审计报告涉及的军事领域如下:2011年1月3日,军人、退伍军人的保健和残疾人利益;2011年4月1日,军事基地重组与关闭;2011年4月15日,移民问题;2011年6月3日,伊拉克、阿富汗和巴基斯坦问题;2011年6月14日,铁路安全;2011年6月21日,恐怖主义问题;2011年6月21日,国土安全措施;2011年6月23日,救灾设备、反应及重建,等等。美国审计总署对其中每一个问题,都有若干单项审计报告。军事审计法治化是审计法治化发展必不可少的内容,军事审计的开展对军事审计的立法要求也相当高。从世界范围来看,不同国家军队审计所依据的法律规范不同,有的采取单一模式,以国家审计法律法规为依据,将军队审计视为国家审计的一个部分,而不进行专门的针对性立法;大多数采取混合模式,以国家和军队审计法律法规为共同依据,兼顾军队审计的特殊性,即在遵守国家审计对预算开支监督的一般规律的同时,就军队审计进行一定的针对性单独立法。

按照新时代审计全覆盖的监督目标,我国的军队审计涉及预算、国有资源、国有资产和经济责任审计,都是审计监督的法定对象。军队审计顺应我国审计监督体系向集中统一、全面覆盖、权威高效的目标迈进。我国在军队审计制度构建上,实际上采取的是二元混合模式,以统一的宪法性审计法规范和《审计法》(含《审计法实施条例》和《国家审计准则》)为基础,对军队审计进行专门立法。但在军队审计法律制度的供给上需要进一步完善,因为我国的《审计法》是对国家进行规范的法律体系,具有专门性和领域的限定性,军队审计还存在审计对象覆盖不全、审计主体整合度不够、联合审计的依据缺乏针对性、现代审计技术手段利用不充分等问题,这些不足之处都是今后开展军队审计时,需要着力加以解决的。因此,实际开展军队审计监督时必须构建相应的法律体系,提供充分的法律依据,监管才能获得应有的效果。

在我国目前采取的具有中国特色的混合模式中,即军队审计以国家和军队审计法律法规为共同依据。此外,在我国,大量的政策性文件起到了很大的作用,替代并指导着军事领域的审计监督立法。我国历来重视军队审计立法,从 2007 年 1 月 15 日中央军委发布的《中国人民解放军审计条例》,到 2014 年 10 月 17 日中央军委主席习近平批准,原总参谋部、总政治部、总后勤部、总装备部发布的《军队领导干部经济责任审计规定》,尤其是自 2017 年 1 月 1 日起施行的《军队审计条例》都一以贯之地要求加强军队审计工作,今后应当更加明确地着力构建差异化的军队审计法律。在《审计法》的指引性和授权性规范的基础上,以专门的军队审计立法为基础开展立法。在审计实践中,充分发挥审计委员会制度、重大政策跟踪落实审计和经济责任审计等典型的具有中国特色的审计制度的优势。强化大数据审计信息系统、审计成果利用、审计信息披露、专门审计人才队伍建设等一系列军队审计保障机制建设。

【案例与实践】

美国审计署质疑驻伊美军作用[①]

——美国审计长沃克在美国参议院军事委员会的证词

今天我很高兴出席关于伊拉克政府是否已实现 18 项基准目标的报

[①] 参见审计署审计科研所:《美国审计署质疑驻伊美军作用——审计长沃克在美国参议院军事委员会的证词》,载《国外审计动态》2007 年第 16 期。

告,以及美国军备状态、退伍军人的健康、卡特里娜飓风灾后的恢复和 2007 年伊拉克责任拨款法案的讨论。该法要求审计署报告这些基准目标实现的状况。这与审计署的核心价值观和公正、公平的愿望是一致的,对于一些基准目标,我们也考虑并使用"部分达到"的评估方式。相比之下,该法要求政府报告实现这些基准目标是否正在取得令人满意的进展。基准目标涵盖了伊拉克政府需要采取的行动,以推动伊拉克社会和解、保障伊拉克人民的安全、为伊拉克民众提供必要的服务和促进经济繁荣。

为完成这项工作,我们审核了美国机构和伊拉克政府文件,并且约见了国防部、国务院和财政部的官员;驻伊拉克多国部队及其下级军官;国防情报局、中央情报局、国家情报局的官员以及联合国的工作人员。这些官员包括美国驻伊拉克大使瑞安·克罗克和驻伊联军司令大卫·H·彼特乌斯将军。2006 年至 2007 年期间,我们曾多次视察伊拉克,最近一次是 2007 年 7 月 22 日至 8 月 1 日。自 2003 年 5 月以来,我们完成了 100 多份有关伊拉克的报告和证词,增强了我们的分析。根据公认政府审计准则,我们进行了审查。

总之,我们发现这些基准目标是根据伊拉克政府在 2006 年 6 月首次承诺制定的。在 18 项基准目标中,伊拉克政府只达到 3 项目标、部分达到 4 项目标,有 11 项尚未达到目标。总而言之,主要法律未获通过,暴力活动依然猖獗而且目前还不清楚伊拉克政府是否会动用 100 亿美元的重建资金。这些并不能降低联军勇猛顽强的战绩和在一些领域取得的进展,包括在安巴尔省。

伊拉克政府达到 8 项立法基准目标中的一项即少数民族政党在伊拉克立法机构的权利得到了保障。该政府没有通过取缔复兴社会党、石油收入分享、省级选举、大赦和解除民兵武装的法律。

目前尚不清楚伊拉克境内的教派暴力活动是否已经减少——一项主要的安全基准目标,因为很难衡量肇事者的意图是否带有宗派性质,而且在有关民众安全的其他举措上,也有认识分歧。

国会考虑到伊拉克未来局势的走向,认为应在伊拉克 18 项基准目标的实现与军事进展以及与国土安全目标、外交政策目标和其他美国的目标进行权衡。

一、基准目标的起源

法案中包含的基准目标源自于 2006 年 6 月伊拉克政府的明确承诺以及伊拉克总理马利基在 2006 年 9 月和 2007 年 1 月的声明中再次确认

的。伊拉克政府最近一次是在 2007 年 5 月伊拉克国际协约会议上确定的这些基准目标承诺。

二、美国审计署对 18 项基准目标的评估

截至 2007 年 8 月 30 日,伊拉克政府达到了其 18 项基准目标的 3 项、部分完成了 4 项,有 11 项尚未达到目标。总体而言,关键立法尚未通过,暴力事件仍居高不下,目前尚不清楚伊拉克政府是否会动用 100 亿美元的重建资金。

三、大多数法律基准目标还要制定和实施

伊拉克政府达到了其中 8 项立法基准目标中的一项,即少数民族政党在伊拉克立法机关的权利得到了保障。伊政府还部分达到一项基准目标——制订和实施区域自治的法律;这部法律于 2006 年 10 月制定,但要到 2008 年 4 月才会实施。其他 6 项立法基准目标没有达到。特别是,审查委员会没有完成对伊拉克宪法的重要修订工作。此外,政府并没有制定取缔阿拉伯复兴党、石油资源收入分配、省级选举、大赦和解除民兵武装的法案。美国政府当局的报告列举了达到某些基准目标的进展情况,但在立法过程中采取什么步骤来满足每个基准目标方面,提供的信息很少。

四、实现安全基准目标的结果好坏参半

9 项安全基准目标中已经达到 2 项。特别是,伊拉克政府已成立多个委员会支持巴格达的安全计划,并在巴格达设立了几乎所有计划的联合安全检查站,其结果好坏参半。伊拉克政府部分达到了该项基准目标,提供训练有素、准备战斗的 3 个旅在巴格达执行任务,以及扫除供犯罪集团藏身的避风港。其他 5 个基准目标没有达到。政府尚未消除民兵对地方安全的控制、消除军事行动中的政治干预、确保执法工作不偏不倚、提高部队独立执行任务的能力并确保政治当局没有对安全部队做出虚假的指控。一个关键的安全基准目标即伊拉克宗派暴力活动是否有所减少现在还不清楚,因为对肇事者的意图很难估量,而且在有关民众安全的其他各种措施上,意见也不一致。从 2007 年 2 月至 7 月,每天针对平民的平均攻击次数依然保持不变。

五、美国审计署与美国政府部门评估的比较

公共法 110-28 要求美国审计总署须在 2007 年 9 月 1 日向国会提出报告,说明伊拉克政府是否达到了该法案中包括的 18 项基准目标和实现这些基准目标的情况。该法案规定政府当局应在 2007 年 7 月和 9 月报

告,说明在实现基准目标方面是否在取得令人满意的进展。如前所述,我们考虑在一些情况下,使用"部分达到"的评级。表 7-1 对两种评估作了比较。

表 7-1　美国审计总署评估报告与政府当局 2007 年 7 月基准目标评估报告的比较

基准目标	美国审计总署的评估	美国政府对进展的评估
1. 成立一个宪法审查委员会,然后完成宪法审查;	○	满意
2. 制定和实施取缔阿拉伯复兴党的立法;	○	不满意
3. 制定和实施立法,确保在没有教派和种族划分势力的前提下,公平地分配伊拉克的石油资源;制定和实施立法,以公平的方式确保逊尼派阿拉伯人、什叶派阿拉伯人、库尔德人和其他伊拉克公民在能源方面的利益;	○	不满意
4. 制定和实施关于区域半自治的程序立法;	⊙	满意
5. 制定和贯彻落实立法,建立独立的高等选举委员会,确定省选举法、省立法当局以及省选举的日期;	○	好坏参半
6. 制定和实施大赦的立法;	○	a
7. 制定和实施立法,制订一个强硬的民兵裁军计划,确保安全部队只对中央政府负责任和效忠于伊拉克宪法;	○	a
8. 设置支持伊拉克安全计划的政治、新闻媒体、经济和服务支援性的委员会;	●	满意
9. 提供 3 个训练有素可执行任务的伊拉克旅,支持巴格达政府的行动;	⊙	满意
10. 向所有执行这项计划的当局派遣伊拉克指挥官并制定战术和行动的决定,在排除政治干预的情况下,与美国军事指挥官进行磋商,包括追剿所有极端主义分子、逊尼派武装分子和什叶派民兵;	○	不满意
11. 确保伊拉克安全部队正在不偏不倚地执法;	○	不满意
12. 确保像布什总统和马利基总理所说的那样,"巴格达安全计划将不会向任何歹徒提供安全的避风港,不论他们是宗教主义者或是政治犯";	⊙	满意
13. 减少伊拉克宗派暴力活动的程度并解除民兵对地方安全的控制;	○	好坏参半

基准目标	美国审计总署的评估	美国政府对进展的评估
14. 在巴格达周边地区设置计划好的联合安全检查站;	●	满意
15. 增加可以独立执行任务的伊拉克安全部队的单位数量;	○	不满意
16. 保证在伊拉克立法机构中少数政党的权利受到保护;	●	满意
17. 在公正的基础上,为伊拉克的重建计划分配和动用100亿伊拉克政府的财政收入,包括提供必要的服务;	⊙	满意
18. 确保伊拉克的政治权力机构不会受到破坏并且伊拉克安全部队的成员不会受到无端的指控。	○	不满意
总计	3项达到;4项部分达到;11项尚未达到	8项满意;2项好坏参半;6项不满意

注释:●达到　⊙部分达到　○尚未达到

六、结论

截至2007年8月30日,伊拉克政府在其18项法律、安全和经济基准目标中,达到了3项、部分达到4项、有11项尚未达到。伊拉克政府没有实现其2006年6月最初作出的要促进伊拉克敌对派别之间民族和解以及提出立法、安全和经济措施的承诺。尤其令人关注的是,关于取缔阿拉伯复兴党、促使更多的逊尼派参与民族政府的立法和有关分配伊拉克巨额石油财富的油气综合立法尚无进展。8月下旬,伊拉克的什叶派、逊尼派阿拉伯长老和库尔德政治领导人签署了一项联合协议,这显示在促使实现更大的民族和解。这项协议涵盖了关于取缔阿拉伯复兴党和省级法律权力的立法草案,以及设立一个释放那些尚未指控而被拘留的逊尼派人士的机构。然而,伊拉克主要教派和种族群体的分化以及逊尼派系之间的冲突,进一步削弱了伊拉克执政联盟的稳定性和其制定促进教派之间和解必要立法的可能性。

和解也要有前提,前提就是减少暴力。尽管巴格达安全计划旨在减少教派暴力,但是暴力冲突是否已经减少尚不清楚。罪犯的动机不明确，所以很难对暴力活动进行评估。对于其他评估，诸如敌人发起攻击的次数，2007年7月的资料显示，暴力活动依然猖獗。

国会考虑到伊拉克未来局势的走向，认为应该将实现伊拉克18项基准目标与军事进展、国土安全、外交政策和其他的美国目标加以权衡。如果美国政府能清楚陈述每项立法基准目标的状况，从所有相关的美国政府机构那里提供更多定性和定量的暴力活动信息，并具体说明支援联军作战的伊拉克安全部队的绩效和忠诚情况，美国政府提供的有关基准目标的后续报告对国会将会更有用。

七、建议

在向国会提出后续报告时，要有助于提高实现基准目标取得进展的透明度，我们建议：

1. 国务卿向总统提供的资料要清楚说明起草、制定和实施伊拉克立法的情况；

2. 国防部长及其他相关机构负责人用适当的说明和更广泛的定量和定性的安全评估，向总统提供有关教派暴力活动趋势的信息；

3. 国防部长及其他相关机构负责人还应提供更多有关伊拉克安全部队支援巴格达安全计划的战备状态资料，特别是有关他们的忠诚和愿意协助确保巴格达安全的信息。

我们提供给美国政府相关机构的这份报告草案以及证言，已经过适当的归纳整理，供其审阅并提出意见。我们收到了国务院和国防部的书面意见，以及中央情报局与国家情报委员会的技术性评论，以上内容也收入报告中。国务院和国防部认同我们的建议，但不同意我们对某些基准目标的评估。虽然我们分析了机密数据，其中包括2007年8月国家情报评估委员会对伊拉克评估的数据，但证词和报告只能包含截至2007年8月30日的非机密资料。因此，我们发表了一份机密报告，以补充我们在报告中所讨论的资料。

案例点评： 与我国由中央军委审计署及其直属、派驻审计机构在中央军委领导下履行军队审计监督职能的单一制审计模式不同，国外欧美等国家采用的是国家监督与军队内部监督相结合的混合审计模式。如美国的军队审计机构包括国防部监察长办公室和国防合同审计局及陆、海、空军审计局等军种审计部门。监察长办公室负责国防部直属业务审计工作，国防局负责国防局及相关政府部门所有国防合同的审计工作，业务上要接受监察长办公室的指导。但在审计法治架构方面，美国十分注重统一的审计立法且在不断完善。军队审计主要适用政府审计准则,《美国政府审计准则》修订时还弥补了从前政府审计准则存在的漏洞,增加了对美国海外投资和军事活动进行审计监督的标准。不仅从审计独立性的保障机制、提高审计人员职业胜任能力和后续职业教育的标准、提高审计业务检查标准等方面提出规范,还对审计准则的国际互通提出了要求:审计师必须拥有适用所在国家或国际准则的资格,可以为美国政府、与美国注册会计师互相认证的国家或符合《美国政府审计准则》要求的相应的非政府审计机构提供服务。

英国国防审计体系由国防审计委员会、国防内部审计局和外部审计部门(国家审计署或外聘会计师事务所审计)组成,形成了既相互独立又相互制约的关系。审计人员可随时不受限制地调阅人事、财务、资产、装备以及作战等方面的数据和资料,提供独立的审计报告。意大利审计法院则属于该国司法系统,对军队有直接审计的权力。智利国防部和陆、海、空军均设独立的审计部门,相互之间无行政隶属和业务关系,但国家审计总署有权对国防部和陆、海、空军进行审计。

第六十条 【时间效力】

本法自1995年1月1日起施行。1988年11月30日国务院发布的《中华人民共和国审计条例》同时废止。

【立法目的】

本条对审计法实施时间进行规定。

【条文解读】

本条规定了《中华人民共和国审计法》的施行时间,以及新法和旧法之间的效力关系。由于本次《审计法(2021)》是采用修正方式修改,只对修正的条款规定一个新的生效日期,原法律的生效日期不变,因此,《审计法》是自1995年1月1日起施行。

【理论分析】

关于新《审计法》的生效日期问题,由于采用修正方式修改的法律只对修正的条款规定一个新的生效日期,原法律的生效日期不变,即未修正的条款的生效日期仍为原法律的生效日期。本次《审计法(2021)》修正的条款自 2022 年 1 月 1 日起施行,本条规定的施行日期仍是《审计法(2006)》规定的"本法自 1995 年 1 月 1 日起施行",未作任何修改,也不能作出修改。

附录　审计署关于《中华人民共和国审计法(修订草案征求意见稿)》向社会公布征求意见的通知

为全面贯彻落实党中央、国务院关于完善审计制度、加强审计工作的决策部署,推进审计法治化建设,保障依法独立行使审计监督权,充分发挥审计在党和国家监督体系中的重要作用,我们起草了《中华人民共和国审计法(修订草案征求意见稿)》。为提高立法公众参与度,推进科学立法、民主立法,现向社会公布征求意见。公众可以在 2019 年 4 月 15 日前,通过以下途径和方式提出意见:

一、通过电子邮件将意见发送至:sjsfgs@audit.gov.cn。

二、通过信函方式将意见寄至:北京市丰台区金中都南街 17 号审计署法规司(邮编:100073),并在信封上注明"审计法征求意见"字样。

附件:

1. 中华人民共和国审计法(修订草案征求意见稿)
2. 关于《中华人民共和国审计法(修订草案征求意见稿)》的说明
3. 意见反馈表(参考模板)

审计署
2019 年 3 月 15 日

附件 1　中华人民共和国审计法
（修订草案征求意见稿）

目　录

第一章　总则
第二章　审计机关和审计人员
第三章　审计机关职责
第四章　审计机关权限
第五章　审计程序
第六章　内部审计和社会审计
第七章　法律责任
第八章　附则

第一章　总则

第一条　为了加强国家的审计监督，维护国家财政经济秩序，提高公共资金、国有资产、国有资源的使用效益，促进经济高质量发展，促进全面深化改革，促进权力规范运行，促进反腐倡廉，保障国民经济和社会持续健康发展，根据宪法，制定本法。

第二条　国家实行审计监督制度。坚持中国共产党对审计工作的领导，构建集中统一、全面覆盖、权威高效的审计监督体系。

全国审计领域重大事项由中央审计委员会审议决定。地方各级审计委员会贯彻执行中央审计委员会的决定，审议决定本行政区域内的审计工作重大事项。审计委员会办公室设在同级审计机关。

第三条　国家机关、人民团体、国家的事业组织、国有和国有资本占控股地位或者主导地位的企业（含金融机构），其他管理、分配和使用公共资金、国有资产、国有资源的单位，以及其主要负责人，属于审计机关的审计对象，依照本法规定接受审计监督。

审计机关对前款所列单位财政收支、财务收支和有关经济活动的真实、合法、效益情况，其主要负责人履行经济责任、自然资源资产管理和生态环境保护责任情况，以及其他依照本法规定应当接受审计的事项，依法进行审计监督。

第四条 审计机关依照法律规定的职责、权限和程序，进行审计监督。

第五条 国务院和县级以上地方人民政府应当每年向本级人民代表大会常务委员会提出审计机关对预算执行和其他财政收支的审计工作报告。审计工作报告应当重点报告对预算执行的审计情况。必要时，人民代表大会常务委员会可以对审计工作报告作出决议。

国务院和县级以上地方人民政府应当将审计工作报告中指出的问题的整改情况和处理结果向本级人民代表大会常务委员会报告。

第六条 审计机关依照法律规定独立行使审计监督权，不受其他行政机关、社会团体和个人的干涉。

第七条 审计机关和审计人员办理审计事项，应当客观公正，实事求是，廉洁奉公，保守秘密。

第二章 审计机关和审计人员

第八条 国务院设立审计署。审计署在国务院总理领导下，主管全国的审计工作。审计长是审计署的行政首长。

第九条 县级以上地方人民政府设立审计机关。地方各级审计机关在本级人民政府行政首长和上一级审计机关的领导下，负责本行政区域内的审计工作。

第十条 地方各级审计机关对本级人民政府和上一级审计机关负责并报告工作，审计业务以上级审计机关领导为主。

第十一条 审计机关根据工作需要，经批准可以在其审计管辖范围内设立派出机构。

派出机构根据审计机关的授权，依法进行审计工作。

第十二条 审计机关履行职责所必需的经费，应当列入财政预算，由本级人民政府予以保证。

第十三条 审计机关履行职责所必需的人员，应当由本级人民政府予以保证。

审计机关根据工作需要，可以聘请具有与审计事项相关专业知识的人员参与审计工作。

第十四条 审计机关应当建设信念坚定、业务精通、作风务实、清正廉洁的高素质专业化审计干部队伍。

审计人员应当具备与其从事的审计工作相适应的专业知识和业务能力。审计机关可以对专业性较强的职位实行聘任制。

第十五条 审计人员办理审计事项,与被审计单位或者审计事项有利害关系的,应当回避。

审计机关和审计人员不得参加可能影响其依法独立履行审计监督职责的活动,不得干预、插手被审计单位的正常生产经营和管理活动。

第十六条 审计人员对其在执行职务中知悉的国家秘密、商业秘密、个人隐私,负有保密的义务。

第十七条 审计人员依法执行职务,受法律保护。

任何组织和个人不得拒绝、阻碍审计人员依法执行职务,不得报复陷害审计人员。审计机关应当建立健全干预审计工作行为登记报告制度。

审计机关负责人依照法定程序任免,非因法定事由不得随意撤换。

第十八条 地方各级审计机关主要负责人的任免,应当事先征得上一级审计机关同意;其他负责人的任免,应当事先征求上一级审计机关的意见。

第三章　审计机关职责

第十九条 审计机关对本级各部门(含直属单位)、下级政府,以及国有和国有资本占控股地位或者主导地位的企业(含金融机构)贯彻落实党和国家重大经济政策措施和决策部署的情况,管理、开发、利用国有自然资源以及有关生态环境保护情况,进行审计监督。

第二十条 审计机关对本级各部门(含直属单位)和下级政府预算的执行情况、决算和其他财政收支情况,以及有关经济活动,进行审计监督。

第二十一条 审计署对中央预算执行情况、决算草案和其他财政收支情况,以及有关经济活动,进行审计监督。

地方各级审计机关对本级预算执行情况、决算草案和其他财政收支情况,以及有关经济活动,进行审计监督。

第二十二条 审计署对中央银行的财务收支,以及有关经济活动,进行审计监督。

第二十三条 审计机关对国家的事业组织和使用财政资金的其他事业组织的财务收支,以及有关经济活动,进行审计监督。

审计机关对资产来源属于国家拨款或者社会捐赠、资助的其他组织的财务收支,以及有关经济活动,进行审计监督。

第二十四条 审计机关对国有和国有资本占控股地位或者主导地位的企业(含金融机构)的财务收支,以及有关经济活动,进行审计监督。

第二十五条 审计机关对政府投资和以政府投资为主的工程项目,以及其他关系国家利益和公共利益的公共工程项目的预算执行、决算以及有关建设、运营情况,进行审计监督。

第二十六条 审计机关对政府部门管理的和其他单位受政府委托管理的社会保障基金、社会捐赠资金以及其他基金、资金的财务收支,以及有关经济活动,进行审计监督。

第二十七条 审计机关对接受国际组织和外国政府援助、贷款项目的财务收支,以及有关经济活动,进行审计监督。

第二十八条 审计机关对地方各级党委和政府、纪检监察机关、审判机关、检察机关、中央和地方各级党政工作部门、国家的事业组织、人民团体等单位的主要负责人,以及国有和国有资本占控股地位或者主导地位的企业(含金融机构)的主要负责人,在任职期间履行经济责任的情况,进行审计监督。

第二十九条 审计机关对地方各级党委和政府主要负责人,以及各级承担自然资源资产管理和生态环境保护工作的部门(单位)主要负责人,在任职期间履行自然资源资产管理和生态环境保护责任的情况,进行审计监督。

第三十条 除本法规定的审计事项外,审计机关对其他法律、行政法规规定应当由审计机关进行审计的事项,以及有权机关交办的事项,依照本法和有关法律、行政法规的规定进行审计监督。

第三十一条 审计机关可以对被审计单位的特定事项进行专项审计。

第三十二条 审计机关履行审计监督职责,发现经济社会运行中的风险隐患以及新情况、新问题、新趋势的,应当及时反映,分析原因,提出审计建议。

第三十三条 中央审计委员会办公室应当每年向中央审计委员会提出中央预算执行和其他财政支出情况审计报告。审计署应当每年向国务院总理提出中央预算执行和其他财政收支情况审计结果报告。

地方各级审计委员会办公室应当每年向本级审计委员会提出本级预

算执行和其他财政支出情况审计报告。地方各级审计机关应当每年向本级人民政府和上一级审计机关提出本级预算执行和其他财政收支情况审计结果报告。

第三十四条 审计机关根据被审计单位的财政、财务隶属关系或者国有资产监督管理关系,确定审计管辖范围。

审计机关之间对审计管辖范围有争议的,由其共同的上级审计机关确定。

上级审计机关对其审计管辖范围内的审计事项,可以组织下级审计机关进行审计;上级审计机关对下级审计机关审计管辖范围内的重大审计事项,可以直接进行审计,但是应当防止不必要的重复审计。

第四章 审计机关权限

第三十五条 审计机关有权要求审计对象及时、准确、完整提供财务、会计资料以及与其履行职责有关的业务、管理等资料,包括管理、储存、处理和应用的电子数据和有关文档。审计对象不得拒绝、拖延、谎报,不得制定限制向审计机关提供资料的规定。

单位负责人对本单位提供资料的及时性、真实性和完整性负责。

第三十六条 审计机关进行审计时,有权检查被审计单位的财务、会计资料以及与其履行职责有关的业务、管理等资料,有权检查被审计单位的资产和信息系统。被审计单位不得拒绝。

第三十七条 审计机关进行审计时,有权向与审计事项有关的单位和个人进行调查。有关单位和个人应当支持、协助审计机关工作,如实向审计机关反映情况,提供有关证明材料。

审计机关经县级以上审计机关(含省级以上审计机关的派出机构)负责人批准,有权查询被审计单位在金融机构的账户。

审计机关有证据证明被审计单位以个人名义存储公款或者有证据证明被审计单位管理、分配和使用的公共资金违反国家规定流向其他单位、个人在金融机构的账户的,经县级以上审计机关(含省级以上审计机关的派出机构)主要负责人批准,有权查询有关单位、个人的相关账户。

第三十八条 审计机关进行审计时,被审计单位不得转移、隐匿、篡改、毁弃与审计事项有关的资料,不得转移、隐匿、毁损所持有的违反国家规定取得的资产。

审计机关对违反前款规定的行为,有权予以制止;必要时,经县级以上审计机关(含省级以上审计机关的派出机构)负责人批准,有权封存有关资料和违反国家规定取得的资产;对其中在金融机构的有关存款需要予以冻结的,应当向人民法院提出申请。

审计机关对正在进行的违反国家规定的财政收支、财务收支行为,有权予以制止;制止无效的,经县级以上审计机关(含省级以上审计机关的派出机构)负责人批准,通知财政部门和有关主管部门暂停拨付与违反国家规定的财政收支、财务收支行为直接有关的款项,已经拨付的,暂停使用。

审计机关采取前两款规定的措施不得影响被审计单位的正常生产经营和管理活动。

第三十九条 审计机关对取得的审计对象的电子数据等资料进行综合分析,需要向审计对象核实有关情况的,审计对象应当予以配合。

审计对象应当配合审计机关实施网络互联,给本单位信息系统配置标准化数据接口,为审计机关进行电子数据分析提供必要的工作环境和条件。实施网络互联的,应当遵守国家有关安全和保密规定。

第四十条 审计机关履行审计监督职责需要协助的,有关机关和单位应当依法予以协助。

第五章　审计程序

第四十一条 审计机关根据审计项目计划确定的审计事项组成审计组实施审计,并应当在实施审计前告知审计对象。

审计对象应当配合审计机关的工作,并提供必要的工作条件。

审计机关应当提高审计工作效率。

第四十二条 审计人员实施审计,可以审查会计凭证、会计账簿、财务会计报告,查阅与审计事项有关的文件、资料,检查现金、实物、有价证券和信息系统,向有关单位和个人调查等,并取得证明材料。

审计人员向被审计单位之外的单位和个人进行调查时,应当出示审计人员的工作证件或者审计机关的介绍信。

第四十三条 审计组对审计事项实施审计后,应当向审计机关提出审计组的审计报告。审计机关应当将审计组的审计报告送审计对象征求意见。审计对象应当自接到审计组的审计报告之日起十个工作日内,将其书面意见送交审计组。审计组应当将审计对象的书面意见和审计组对其采纳情况的书面说明一并报送审计机关。

第四十四条　审计机关按照审计署规定的程序对审计组的审计报告进行审议,并对审计对象对审计组的审计报告提出的意见一并研究后,出具审计机关的审计报告;对违反国家规定的财政收支、财务收支行为,依法应当给予处理、处罚的,在法定职权范围内作出审计决定或者移送有关主管部门处理、处罚;涉嫌违纪违法的,移送有关机关、单位依纪依法追究责任。

第四十五条　审计机关作出审计决定时,可以区别情况采取下列处理措施:

(一)责令限期缴纳应当上缴的款项;

(二)责令限期退还被侵占的国有资产;

(三)责令限期退还违法所得;

(四)责令按照国家统一的会计制度的有关规定进行处理;

(五)其他处理措施。

第四十六条　审计机关作出审计决定时,可以区别情况采取下列处罚措施:

(一)警告;

(二)通报批评;

(三)法律、行政法规规定可以采取的其他处罚措施。

第四十七条　审计机关应当将审计机关的审计报告和审计决定送达审计对象和有关主管部门。审计报告和审计决定自送达之日起生效。

第四十八条　审计机关认为被审计单位所执行的上级主管部门有关财政收支、财务收支的规定与法律、行政法规相抵触的,应当建议有关主管部门纠正;有关主管部门不予纠正的,审计机关应当提请有权处理的机关依法处理。

第四十九条　审计机关应当向社会公布审计结果,但涉及国家秘密等法律、法规规定不予公布的内容除外。

第五十条　审计报告反映的问题,被审计单位应当及时整改,整改情况作为考核、任免、奖惩领导干部的重要参考。

审计机关作出的审计决定,被审计单位应当执行。审计机关依法责令被审计单位上缴应当上缴的款项,被审计单位拒不执行的,审计机关应当通报有关主管部门,有关主管部门应当依照有关法律、行政法规的规定予以扣缴或者采取其他处理措施,并将结果书面通知审计机关。

第五十一条　被审计单位应当在审计报告及审计决定送达之日起

六十日内,将整改结果书面告知审计机关,同时向本级人民政府或者有关主管部门报告。被审计单位应当在审计机关公布审计结果后,向社会公布整改结果。

审计机关应当对被审计单位整改情况进行跟踪检查。

第五十二条　对审计机关移送的事项,有关机关、单位应当将处理结果及时反馈审计机关。

第六章　内部审计和社会审计

第五十三条　审计机关应当对依法属于审计机关审计对象的单位的内部审计工作,进行业务指导和监督。

依法属于审计机关审计对象的单位,应当依照有关规定建立健全内部审计制度。

第五十四条　内部审计机构应当在本单位主要负责人的领导下开展内部审计工作,向其负责并报告工作。

国有和国有资本占控股地位或者主导地位的大、中型企业(含金融机构)应当建立总审计师制度,设置总审计师;国家机关、事业组织根据需要,经批准可以设置总审计师。总审计师负责本单位的内部审计业务工作。

第五十五条　内部审计机构应当依照国家法律法规、政策规定、内部审计职业规范和本单位有关要求,对本单位及其所属单位的财政财务收支、内部控制和有关经济活动,以及所属单位主要负责人经济责任履行情况等,进行审计。

部门和单位应当支持、保障其内部审计机构和内部审计人员依法依规履行职责。

第五十六条　审计机关应当注重发挥社会审计的积极作用。

社会审计机构审计的单位依法属于审计机关审计对象的,审计机关有权对该社会审计机构出具的相关审计报告进行核查。

第五十七条　社会审计机构接受审计机关的委托实施审计的,应当遵循国家审计准则的规定。

社会审计机构接受依法属于审计机关审计对象的单位的委托实施审计的,应当遵循内部审计准则的规定。

第七章　法律责任

第五十八条　审计对象违反本法规定,有下列行为之一的,由审计机关责令改正,并可以要求其主要负责人督促改正;拒不改正的,依纪依法追究责任:

（一）拒绝、阻碍审计机关检查、调查的,或者拒不配合审计机关实施电子数据分析的;

（二）制定限制向审计机关提供资料的规定的,或者拒绝、拖延提供与其履行职责有关的资料的,或者提供的资料不真实、不完整的;

（三）拒绝、拖延就审计涉及的事项反映情况的,或者故意作出虚假陈述的;

（四）转移、隐匿、篡改、毁弃与审计事项有关的资料的,或者转移、隐匿、毁损所持有的违反国家规定取得的资产的;

（五）拒不整改审计发现的问题的,或者整改审计发现的问题时弄虚作假的;

（六）其他不配合审计监督的行为。

与审计事项有关的其他单位和个人违反本法规定,有前款第一项至第三项所列行为之一的,由审计机关责令改正;情节较重的,由审计机关向有关主管部门和单位通报。

第五十九条　报复陷害审计人员的,依纪依法给予处分;构成犯罪的,依法追究刑事责任。

第六十条　审计人员滥用职权、徇私舞弊、玩忽职守或者泄露所知悉的国家秘密、商业秘密、个人隐私的,依纪依法给予处分;构成犯罪的,依法追究刑事责任。

第六十一条　审计机关和审计人员应当自觉接受党内监督、国家机关监督、民主监督、司法监督、社会监督和舆论监督。

第六十二条　地方各级审计机关的预算执行、决算和其他财政收支情况,以及有关经济活动,应当接受上一级审计机关的审计。

审计署的预算执行、决算和其他财政收支情况,以及有关经济活动,应当按照有关规定接受外部专业人员的审计。

第六十三条　上级审计机关认为下级审计机关作出的审计决定违反国家有关规定的,应当责成下级审计机关予以变更或者撤销,必要时可以直接作出变更或者撤销的决定。

第六十四条 中央各部门(含直属单位)、地方各级人民政府和地方各部门(含直属单位)对审计机关作出的审计决定不服的,可以提请审计机关的本级人民政府裁决,本级人民政府的裁决为最终决定。

其他被审计单位对审计机关作出的审计决定不服的,可以依法申请行政复议或者提起行政诉讼。

第八章 附则

第六十五条 审计机关对党政机关、国有企业等单位主要负责人履行经济责任、自然资源资产管理和生态环境保护责任情况进行审计监督的,依照本法和党中央、国务院的有关规定执行。

第六十六条 中国人民解放军和中国人民武装警察部队审计工作的规定,由中央军事委员会根据本法制定。

经批准,审计机关和军队审计机构可以对军民融合发展有关事项实施联合审计。

第六十七条 本法自 年 月 日起施行。1994 年 8 月 31 日第八届全国人民代表大会常务委员会第九次会议通过的《中华人民共和国审计法》同时废止。

附件2 关于《中华人民共和国审计法（修订草案征求意见稿）》的说明

为全面贯彻落实党中央关于改革审计管理体制的重大决策部署，加强党对审计工作的领导，构建集中统一、全面覆盖、权威高效的审计监督体系，保障审计机关依法独立行使审计监督权，更好发挥审计在党和国家监督体系中的重要作用，根据十三届全国人大常委会立法规划，审计署在总结实践经验、深入调查研究、广泛征求意见、反复推敲论证的基础上，起草了《中华人民共和国审计法（修订草案征求意见稿）》。现将有关情况说明如下：

一、修订的必要性

现行《中华人民共和国审计法》（以下简称审计法）自1995年1月1日起施行，于2006年2月28日第十届全国人大常委会第二十次会议修正。审计法修订十多年来，对于保障审计机关依法独立行使审计监督权，促进国家重大决策部署贯彻落实，维护国家经济安全，推动深化改革，促进依法治国，推进廉政建设发挥了重要作用。党的十八大以来，党中央、国务院对审计工作提出了更高要求，社会各界对审计工作有了更多期盼，审计理论和实践也不断创新发展，现行审计法已经不能完全适应形势发展的需要，亟需修订完善。

（一）修订审计法是贯彻落实党中央、国务院关于审计工作决策部署的需要。党的十九大以来，党中央作出了改革审计管理体制的决策部署，组建了中央审计委员会，加强党对审计工作的领导，努力构建集中统一、全面覆盖、权威高效的审计监督体系，更好发挥审计监督作用，同时进一步优化审计署职责。在2018年5月23日召开的中央审计委员会第一次会议上，习近平总书记发表重要讲话，从新时代党和国家工作大局出发，深刻阐述了审计工作的一系列根本性、方向性、全局性问题，指明了新时代审计事业的前进方向，为新时代审计工作提供了根本遵循。党中央、国务院在《关于全面推进依法治国若干重大问题的决定》《关于加强审计工作的意见》《关于完善审计制度若干重大问题的框架意见》等重要文件中,也多次强调要完善审计制度,保障审计机关依法独立行使审计监督权。目前,党中央关于审计领域的各项重大改革顶层设计已经明确,正在顺利推进并取得明显成效,亟需通过修订审计法将党中央、国务院的决策部署转化为法律,做到重大改革于法有据,进一步完善中国特色社会主义审计制度,更好地引领和规范审计事业的改革发展。

(二)修订审计法是更好服务经济社会发展和推动国家治理现代化的需要。随着我国社会主义市场经济体制改革的不断深化、社会主义民主政治的不断发展和国家治理体系的不断完善,审计在党和国家监督体系中的重要作用日益凸显。习近平总书记在中央审计委员会第一次会议上强调,要加大对党中央重大政策措施贯彻落实情况跟踪审计力度,加大对经济社会运行中各类风险隐患揭示力度,加大对重点民生资金和项目审计力度。党的十八大以来,审计机关按照党中央、国务院要求,在审计实践中积极探索,不断加大对公共资金、国有资产、国有资源、领导干部履行经济责任情况和国家重大政策措施落实情况的审计力度,取得了较好成效,对于促进经济高质量发展,促进全面深化改革,促进权力规范运行,促进反腐倡廉发挥了重要作用。在此过程中,审计监督的范围不断拓展,现行审计法规定的审计机关职责已经无法完全适应审计实践发展的需要。为此,亟需按党中央、国务院的要求,根据宪法精神和实际工作需要,在审计法中对审计机关职责作出明确界定,为审计机关依法审计提供坚实的法律保障。

(三)修订审计法是审计机关依法履职的需要。近年来,党中央、国务院对审计工作提出了新的更高的要求,赋予审计监督新使命新任务。这一方面需要解决现行审计法赋予审计机关的审计手段难以满足全面履行审计监督职责,制约审计监督作用充分发挥的问题。如要求报送资料范围较窄,不完全适应审计工作,尤其是大数据审计的需要;被审计单位以及其他有关单位和个人配合审计的义务不够明确等。另一方面,需要加大对审计机关和审计人员的监督制约,进一步规范审计监督权力运行。因此需要修订审计法,既为审计监督提供必要的保障,确保审计机关依法全面履行审计监督职责,又从法律上进一步规范审计行为,加强对审计权力的制约和监督。同时,各级审计机关在实践中也进行了探索和创新,一些好经验好做法,需要以法律的形式固定下来,以适应审计工作科学发展的需要。

二、修订的总体思路

此次修订审计法,高举中国特色社会主义伟大旗帜,以习近平新时代中国特色社会主义思想为指导,全面贯彻落实党的十九大、十九届二中、三中全会精神和习近平总书记在中央审计委员会第一次会议上的重要讲话精神,坚持党对审计工作的领导,着力构建集中统一、全面覆盖、权威高效的审计监督体系,保障依法独立行使审计监督权,更好发挥审计在党和国家监督体系中的重要作用,促进国家治理现代化。在修订过程中,始终坚持党的领导,在宪法框架内进行,注意做好与现行法律的衔接;坚持问题导向,着力解决审计工作中的突出问题;坚持权责相符,既保障审计监督作用的充分发挥又规范审计机关和审计人员的行为;坚持开门立法,广泛听取各方意见,注重借鉴国外审计立法经验。

三、修订的主要内容

现行审计法共54条,此次修改了49条(修改后减少1条),新增14条,修订后共67条。主要是:

(一)坚持党对审计工作的领导。根据中央审计委员会第一次会议精神和《中共中央关于深化党和国家机构改革的决定》有关要求,为巩固审计管理体制改革成果,规定坚持党对审计工作的领导,构建集中统一、全面覆盖、权威高效的审计监督体系;全国审计领域重大事项由中央审计委员会审议决定;地方各级审计委员会贯彻执行中央审计委员会的决定,审议决定本行政区域内的审计工作重大事项;各级审计委员会办公室应当每年向本级审计委员会提出本级预算执行和其他财政支出情况审计报告。

(二)实行审计全覆盖。根据党中央、国务院《关于加强审计工作的意见》《关于完善审计制度若干重大问题的框架意见》等文件关于审计全覆盖的要求,结合审计实践的发展,进一步完善了审计机关职责,规定管理、分配和使用公共资金、国有资产、国有资源的单位及其主要负责人,属于审计机关的审计对象,应当依法接受审计监督;明确将重大经济政策措施和决策部署贯彻落实情况审计、领导干部自然资源资产离任审计等纳入审计监督范围。同时,为保障实现审计全覆盖,对加强全国审计工作统筹、坚持科技强审、建设高素质专业化审计干部队伍等方面作出规定。

(三)赋予审计机关依法履职所必需的权限。针对现有审计权限不能满足审计机关履行审计监督职责需要问题,根据习近平总书记关于各地区各部门要积极主动支持配合审计工作、依法自觉接受审计监督的要求,进一步完善了审计机关权限,明确将财务、会计资料以及与其履行职责有关的业务、管理等资料纳入审计对象需提供资料的范围,将上述资料以及有关资产、信息系统等纳入审计检查的范围;规定审计机关有证据证明被审计单位管理、分配和使用的公共资金违反国家规定流向其他单位、个人在金融机构的账户的,有权查询相关账户。同时,完善了审计机关提请协助权,规定有关机关和单位应当依法协助审计机关工作。

(四)增强审计监督的独立性和公信力。为保障审计机关依法独立行使审计监督权,规定审计机关和审计人员不得参加可能影响其依法独立履行审计监督职责的活动,不得干预、插手被审计单位的正常生产经营和管理活动;审计机关应当建立健全干预审计工作行为登记报告制度;地方各级审计机关主要负责人的任免,应当事先征得上一级审计机关同意。同时,为强化对审计机关的外部监督,规定审计机关和审计人员应当自觉接受各方面的监督,审计机关应当接受外部审计。

(五)增强审计监督的权威性和实际效果。为促进审计发现问题的整改,增强审计效果,规定被审计单位应当及时整改审计报告反映的问题;整改情况作为考核、任免、奖惩领导干部的重要参考;被审计单位应当报告和公布整改结果;审计机关应当对被审计单位整改情况进行跟踪检查;接受移送的机关、单位应当将处理结果及时反馈审计机关。同时,为贯彻政务公开原则,规定除涉及国家秘密等法律、法规规定不予公布的内容外,审计结果应当向社会公开。

(六)发挥内部审计和社会审计作用。为充分发挥各类审计的作用,切实加强审计对象内部风险防控,促进事业发展,形成审计监督合力,将有关内部审计和社会审计的内容单独成章表述,规定了依法属于审计机关审计对象的单位的内部审计领导体制、内部审计工作职责、内部审计履职保障、审计机关对内部审计工作的业务指导和监督等。同时,明确审计机关要注重发挥社会审计的积极作用。

(七)明确违反审计法行为的法律责任和被审计单位的救济途径。为确保严格执行审计法,维护审计法的权威,进一步明确了各类主体违反审计法行为的法律责任和追责的具体情形。同时,为切实保障被审计单位的救济权,按照单位类别分别规定其不服审计决定时的救济途径。

(八)对军地联合审计作出原则性规定。为适应军民融合发展的需要,在附则中规定经批准审计机关和军队审计机构可以对军民融合发展有关事项实施联合审计。

此外,对条文个别文字作了修改。

后 记

审计法在法学大家族中似乎不甚引人注目,但如果仔细探索其源头,却相当久远。我国春秋战国时期的魏国立法就有了上计制度,具体做法是:地方官将下一年各项租税收入的预算数字,写在木券上面,木券从中一剖为二,王执右券,主管官吏执左券。年终"岁课"时,地方官吏将各项实际收入写在竹简或木券上,同时写上各项费用开支,向君王报告一年来的财政收支。君王根据右券,对照所报告的数据"考绩"百官。"岁终奉其成功,以效于君,当则可,不当则废。"但是,拥有统一、完备的审计法律体系并不等于就是审计法治,因为人类历史上为法愈繁、为道愈损的现象并不鲜见。

现代审计法治缘起于世界法治文明的进程之中,最早始于英国从习惯法向普通法转变的历史时期,1215年的《大宪章》规定国王征税必须经贵族会议商量并听取民众的意见,"国王非经贵族和教士组成的大会议同意,不得向封建主征收额外的税金"。以此为开端,到14世纪,英国议会已基本控制了国家征税权。然而,对于国王控制国家的钱是如何花费,却未有真正的监督制度。于是,1314年,财政署设立国库审计师,开监督政府支出的历史先河。16世纪,伊丽莎白女王时期又设立了预付款审计师,正式负责对国库支付款项进行审计监督。到1688年,标志着英国法治国家建立的"光荣革命"之后,《权利法案》彻底否定了国王的财政权,改为议会管理国家财政,并通过审计实现了对国家公共财政的管理和监督。1785年,《更好地检查和审计本国王公共账目法案》创立了公共账目审计委员会,对公共财政的管理和监督更加完善。从1834年开始,国家增设国库审计长办公室,与已有的公共账目审计委员会合作,共同负责财政收入的审计监督。1861年,英国议会下院设立决算审查委员会,专门负责对决算进行审查并向议会报告。1866年颁布的《英国国库和审计部法》设立主计长职位以及国库审计部,对政府部门和公共机构进行审计，为确立英国现代国家审计制度奠定了法律基础。可以看出，英国自1688年"光荣革命"起历经近500年的动荡后才真正建立法治，其中一个至关重要的内容是通过审计法治的不断积累和完善，最终确立了审计相关的法律——代表人民，对财政进行监督的"终极权威"。

现代审计法治在我国也经历了同样复杂和艰难的历程。根据《中国审计大辞典》，民国时期是我国近代审计的产生和形成阶段。民国初年，北洋政府颁布《审计条例》《审计法》等审计法规，设置审计处、审计院等审计机构进行政府审计。民国七年（1918年）又实施会计师制度进行社会审计，开中国会计师进行社会审计之先例。由此，开始了我国现代审计法治的历史进程，直至新时代全面依法治国背景下审计法治达到新的历史阶段，也标志着我国的审计法治不断地从形式法治走向实质法治，形成了马克斯·霍克海默（Max Horkheimer）所说的相对独立的"自己的运动"。

我国历来重视审计立法工作，每一种法律文本、每一次重要的立法都披尽泥沙始见金，邀请各个学科、不同领域的专家学者和实务工作者座谈、研讨并在网络上公开征求意见，力争做到精益求精。笔者曾参加了我国审计立法中多个法律规范的立法论证，2009年5月13日，在北京参加了修订《中华人民共和国国家审计准则》的专家研讨会。2021年7月8日，受全国人民代表大会常务委员会法制工作委员会的委托，中国法学会在北京组织"中华人民共和国审计法（修正草案）专家咨询会暨中国法学会2021年第22期（总第223期）立法专家咨询会"，笔者有幸应邀参加此次会议，并因此萌生了对《审计法（2021）》体系构造和制度实现进行研究的想法，试图从看似"了无趣味"的法律规定出发，解释法条，并在这样一个特定的视域来认识和处理审计法领域待决的问题。通过"在规范与事实之间目光的往返流转"，运用"法律科学"的证成方式来寻找解决特定问题的理性判断根据。

审计法是实践性极强的部门法，为便于研究，书中援引了大量案例和素材，在此对各位作者表示深深的谢意。本书能够顺利出版，得益于北京大学出版社各位编辑老师的细致编校，在此也一并表示衷心的感谢。书中内容为个人观点，难免存在谬误之处，敬请读者批评指正。希望本书的出版能够弥补审计法研究的空缺并推动我国审计法治的进步。

胡智强

2022年2月于金陵